国家社会科学基金青年项目（批准号：21CGJ044）研究成果

RTAs框架下数字贸易规则“美式模板”及其贸易效应研究

陈寰琦　著

U0823393

中国财经出版传媒集团
中国财政经济出版社

图书在版编目（CIP）数据

RTAs框架下数字贸易规则"美式模板"及其贸易效应研究 / 陈寰琦著. -- 北京：中国财政经济出版社，2022.12

ISBN 978-7-5223-1808-0

Ⅰ.①R… Ⅱ.①陈… Ⅲ.①国际贸易－电子商务－研究 Ⅳ.①F740.4

中国版本图书馆CIP数据核字（2022）第246417号

责任编辑：武志庆 张 军　　责任印制：张 健
封面设计：卜建辰　　责任校对：徐艳丽

中国财政经济出版社 出版

URL：http://www.cfeph.cn

E-mail：cfeph@cfeph.cn

社址：北京市海淀区阜成路甲28号 邮政编码：100142

营销中心电话：010-88191522

天猫网店：中国财政经济出版社旗舰店

网址：https://zgczjjcbs.tmall.com

北京鑫海金澳胶印有限公司印刷 各地新华书店经销

成品尺寸：170mm×240mm 16开 13.75印张 218 000字

2022年12月第1版 2022年12月北京第1次印刷

定价：62.00元

ISBN 978-7-5223-1808-0

（图书出现印装问题，本社负责调换，电话：010-88190548）

本社质量投诉电话：010-88190744

打击盗版举报热线：010-88191661 QQ：2242791300

序

基于美国商务部经济分析局（USBEA）的界定，本书将数字贸易界定为“可数字化的服务贸易”。近年来数字贸易发展迅猛，成为推动经济增长的新动能，但同时也给传统贸易规则带来了巨大挑战。多边贸易体制迄今仍难以适应数字贸易的发展变化。美国是数字贸易大国。由于在数字产业上具有显著的“比较优势”，美国积极参与和引领全球数字贸易规则体系的构建，希望能为美国数字产品及服务对外输出营造良好的制度环境。自里根政府以来美国出台了一系列有利于本国数字经济发展的国内立法，本着将国内法国际化的基本逻辑，美国在其主导的区域贸易协定（RTAs）中不断输出符合自身利益诉求的数字贸易规则。这些规则不断发展完善与演进升级，形成了一套规则体系，即数字贸易规则的“美式模板”。在此背景下，本书以国家社科基金项目为依托，围绕“美式模板”的典型特征、发展趋向及贸易效应展开研究。随着笔者在这一领域的研究不断深入，成果的影响力也不断增加。笔者主持了国家社科基金项目《美式数字贸易规则在“一带一路”的扩展及中国应对研究》，同时在《世界经济》《国际贸易问题》《世界经济研究》等经济类专业期刊上发表10余篇，其中人大资料全文转载3篇。

本书是近年笔者对数字贸易规则“美式模板”研究的系统性总结，其依托内容被评为对外经济贸易大学2021年度优秀博士学位论文（全校共5名）。

首先，本书基于经典的经济学理论，对美国推出数字贸易规则“美式模板"背后的政治经济考虑进行理论阐释。第一，根据国际经济一体化中的"轮轴—辐条"理论，为谋求在区域贸易协定体系中"轮轴国"的领导地位，美国通过主导签订多个 RTAs 的方式来对外输出"美式模板"。第二，为追求生产的规模经济效应以及消费的正外部性，美国在数字贸易谈判中会极力施压对方做出更多的市场准入开放承诺。第三，收集大量消费者数据以提供"差异化产品"和实施"差别定价"，是美国极力推进数据跨境自由流动的根本动因。第四，为捍卫美国在数字产品市场上的"知识垄断"地位，数字知识产权保护规则成为了"美式模板"的重要组成部分。

其次，本书对"美式模板"的形成基础、发展阶段、典型特征及具体规则展开分析。美国数字经济相关的国内立法体系是"美式模板"的规制基础。"美式模板"经历了分别以 KORUS、TPP 和 USMCA 为代表的三个发展阶段，具有三个典型特征：应对数字贸易给现行规则带来的挑战；在"跨境服务"章引入了机制创新元素；出台专门的数字贸易规则。本书对以下"美式模板"核心规则的演变历程和主要内容、出台动因及其引发的多方博弈进行了解析。一是对数字贸易关键术语的界定。二是要求"电子传输永久免关税"。三是不得限制"跨境数据自由流动"。四是"数据存储非强制本地化"，禁止实施计算机设施的本地化。五是"加强知识产权保护力度"，包括"源代码保护"和"技术非强制转移"。六是"技术选择的灵活性及非歧视性"，禁止要求投资者选择、购买或使用特定技术。七是"网络中介责任豁免"，防止因过度追究第三方责任而损害网络服务提供商的权益。八是明确传统贸易规则（如"非歧视性待遇"）对数字产品的适用性。九是基于"负面清单"承诺既有数字贸易规则可自动适用于新服务。在此基础上，本书分析和预测了"美式模板"的演进升级和扩展适用趋向：一方面，"美式模板"未来可能会"推进知识产权正当使用""提高数据可获得性""规范数字产品的边境后措施"；另一方面，不少美国未参与的 RTAs 也就美式数字贸易规则进行了承诺，但不同规则的受欢迎程度存在差异；在 WTO 框架下"美式模板"被全盘接受的难度较大。

再次，本书对 RTAs 框架下代表性美式数字贸易规则的数字贸易效应展开经验研究。本书选择“电子传输免关税”“跨境数据自由流动”“数据存储非强制本地化”“源代码保护”“网络中介责任豁免”“技术非强制转移”“数字产品非歧视性待遇”这七项规则作为美式数字贸易规则的代表，基于2010—2018年的经验数据，应用扩展的静态面板引力模型对RTAs框架下代表性美式数字贸易规则对数字贸易的影响展开研究，结果表明贸易双方在其签署的RTAs中涵盖美式数字贸易规则可显著促进双边数字贸易发展。在七项代表性美式数字贸易规则中“跨境数据自由流动”“数据存储非强制本地化”“源代码保护”规则所带来的贸易促进作用最为显著。美式数字贸易规则对“金融”“保险”“其他商业服务”贸易的正向促进效果最显著，对“个人娱乐”贸易的促进作用不明显。贸易双方经济发展水平差距越大或双方互联网发展整体水平越低，美式数字贸易规则对双边数字贸易流量的促进作用越大。

最后，基于前文对数字贸易规则“美式模板”所做分析，本书认为中国应该对“美式模板”予以重视。在战术上，中国应尝试理性对接“美式模板”中的合理要价，如提升数字知识产权保护水平、不实施“一刀切”的数据流动限制和本地化要求等；在战略上，中国应结合自身改革开放和发展数字贸易所需，构建中式数字贸易规则，提高中国在数字贸易国际治理领域的话语权。

相比于既有研究，本书具有以下理论和实践意义。一是本书基于传统国际贸易理论视角，对美国推出数字贸易规则“美式模板”背后的政治经济逻辑进行解释。该理论分析可为后文对“美式模板”的进一步研究夯实理论基础。二是着眼于数字贸易规则“美式模板”的典型情况，包括发展历程、主要构架、核心内容、典型特征及发展演变趋向等内容，进行全面系统的梳理和分析。这有助于准确勾勒全球数字贸易规则的发展轨迹、掌握核心议题及进展，并对其演进趋向进行科学合理的展望。三是致力于对全球数字贸易治理体系构建过程中，数字贸易“美式模板”的焦点数字贸易议题在各经济体间引发的利益博弈进行分析，如深入探讨“欧美博弈”“中美博弈”和“美加博弈”等分歧和弥合。这有助于由点到面、客观科学地对“美式模板”

体系本身和发展进程做出多维度观察和理性研判。四是探析 RTAs 中代表性美式数字贸易规则对数字贸易流量的影响，为中国制定数字贸易规则“美式模板”应对之策提供数据支撑。五是为构造中式数字贸易规则提出客观理性的政策建议。这有助于中国在纷繁复杂的国际环境中，客观科学地应对“美式模板”所带来的现有挑战。更进一步，有助于中国在全球数字贸易治理体系的构建中做出更科学、更精准的战略定位，在数字贸易谈判中权衡利弊，提出适合自身发展诉求的中式数字贸易规则。

陈寰琦

2022 年 12 月

目　　录

第1章 引言

1.1 研究背景

近年来，传统货物贸易增长停滞甚至下降，但全球数字贸易发展迅猛，并逐渐成为推动经济增长的新动能。尽管对数字贸易的发展规模和速度，各界尚未推出统一的测度标准，但通过两个变量可对其“管中窥豹”。

一是信息通信技术（Information Communications Technology，ICT）服务贸易占全球贸易的比率。ICT 是互联网连接和数据流动的基础。世界银行(World Bank，WB)① 的数据显示，近年来 ICT 服务贸易占全球服务贸易的比例增加了 1 倍多，从 2000 年的 5.2% 上升到 2017 年的 10.6%。

二是互联网使用人数与数据流的体量及其经济影响。近年来互联网使用人数和数据流体量激增。据统计，2018 年全球用户是 1998 年的 10 倍；预计到 2020 年，全球互联网用户将超过 40 亿（Baller et al.，2016）。在互联网的普及下，全球数据流体量在 2005—2014 年增长了 45 倍，预计到 2021 年将上升 9 倍（CRS，2017）。以上互联网以及数据流的规模扩展给世界经济带来了巨大影响，2016 年全球互联网带来的经济收益高达 42000 亿美元，规模不亚于全球第五大经济体（CRS，2019）。其中，基于互联网发展起来的全

① 数据来源：世界银行. https://data.worldbank.org/indicator/BX.GSR.CCIS.ZS. 访问日期：2019 年 9 月 3 日。

球电商零售额在 2018 年已攀升至 2 万亿美元。

以上统计数据说明，数字贸易的增速及其经济影响不容小觑。但是数字贸易在迅速发展的同时，也给传统贸易规则带来了巨大的挑战，原因如下：

第一，数字贸易属于新兴事物，关于数字贸易的一些基本理论问题，学者们尚未形成共识。如：“数字贸易的定义”“数字产品属于货物还是服务”和“数字贸易与电子商务的区别”等。在基础理论问题尚未得到很好阐释的情形下，要制定合理的贸易规则对其进行管制和约束，是比较棘手的。

第二，贸易规则的制定和实施本身就是一个多方利益博弈的繁复过程。受以互联网为代表的 ICT 发展影响，数字贸易领域中受创新驱动的新议题层出不穷。由于数字贸易谈判涉及技术、经济和政治等多方面的利益均衡问题，要在短期内对传统贸易规则进行调整甚至改革以应对这些新变化，也非易事。

尽管如此，为对传统贸易规则进行改进以营造更有助于数字贸易发展的环境，一些大的经济体尝试在诸边、区域和双边层面推出能彰显和拓展其价值理念的数字贸易规则。数字贸易规则究竟应如何构建和实施，逐渐成为这些谈判中的焦点问题。在数字贸易新规则的制定浪潮中，美国是当之无愧的引领者。美国是数字贸易强国，2017 年股票市值全球排名前 15 的互联网企业中就有 10 家来自美国。这 10 家互联网巨头企业在 2017 年的总市值达到 34629 亿美元，占美国 GDP 的 17.86%①。因此，出于推动自身经济增长、促进就业的目的，美国不遗余力地制定符合自身利益的数字贸易规则，以推动美国本身数字经济的发展。如今，美国所倡导的数字贸易规则已自成体系。2000 年，以《美国－约旦 FTA》中首个无约束力的“电子商务章”为起点，美国循序渐进地在其所主导的 10 余个区域贸易协定（Regional Trade Agreements，RTAs）中不断细化、深化和扩展能充分表现其意志的规则内容。尤其是在近年来的巨型区域贸易谈判中，围绕美国提出的数字贸易规则核心议题如“跨境数据自由流动”“数据存储非强制本地化”和“源代码保护”等的争论已进入白热化阶段，成为全球数字贸易规则谈判的关键问题所

① 数据来源：作者根据各企业年度财报、福布斯排行榜、百度股市通资料和维基百科和统计数据整理所得，10 家美国企业分别为 APPLE，Google，Facebook，Priceline，Amazon，ebay，Netflix，Salesforce，Expedia，Uber。

在。尽管特朗普上台之后，他特立独行的行事风格让他国难以预测美国在贸易规则制定的下一步具体行动，但可以预见的是，由于数字经济及相关产业是美国的比较优势和核心利益所在，数字贸易治理问题必定是美国的长期关切。这一特点在特朗普政府2018年主导签订的《美国、墨西哥和加拿大协定》(United States - Mexico - Canada Agreement，USMCA) 中有着充分体现。

中国也是数字贸易大国。在以互联网为代表的ICT带动下，基于互联网平台提供的零售服务在中国飞速发展。据统计，2017年跨境电商营业额加起来达7.6万亿元人民币，占中国进出口总额的27.17%。在股票市值排名居全球前15的互联网科技公司中，有4家是中国企业[①]。阿里巴巴和京东是著名的电商平台，其发展势头令人瞩目，两者的市场份额占全球电商市场27%（美国亚马逊仅占13%）[②]。值得注意的是，中国作为数字贸易大国，在数字贸易治理中与美国的利益诉求存在差异。受数字产业相关利益驱动，中国也有必要积极参与建设全球数字贸易治理体系。在此过程中，中国既要与“美式模板”进行部分对接，还有必要出台符合自身诉求的中式数字贸易规则。因此，有必要对数字贸易规则“美式模板”的典型特征、发展趋向及贸易效应展开深入研究，并在此基础上为中国参与数字贸易治理提供政策建言。

1.2 数字贸易的概念界定

本书的研究核心是数字贸易规则“美式模板”。“数字贸易”和“美式模板”多次在本书出现。但目前各界并未对这两个概念进行清晰统一的界定。“电子商务”和“数字经济”这两个概念虽与“数字贸易”多有重合之处，但它们之间的区别也有待厘清。故本书分别对“数字贸易”和“美式模板”，以及“电子商务”和“数字经济”等相关概念与“数字贸易”的区分和联系说明如下。

---

① 四家中国企业分别为京东、百度、腾讯和阿里巴巴，数据来源见注释②。

② 数据来源：https：//www.internetretailer.com/. 访问时间：2018年9月17日。

第一，“数字贸易”。近年来，受 ICT 支撑的互联网普及率在全球范围内迅速攀升，在互联网环境下进行交易已经发展成为国际贸易的新常态。这种基于 ICT 基础设施及相关技术发展起来的新贸易形式被称为数字贸易。但国际上对数字贸易的定义和范围的界定并不一致，主要有两种类型。一是把受互联网驱动的货物和服务贸易都视作数字贸易。如世界贸易组织（World Trade Organization，WTO）、联合国贸易和发展会议（United Nations Conference on Trade and Development，UNCTAD）和欧洲联盟（European Commission，EC）。联合国亚洲及太平洋经济社会委员会（United Nations Economic and Social Commission for Asia and the Pacific，UNESCAP，2016）指出，尽管这些机构所给出的具体表述不一，但都一致地采用宽口径，从货物和服务两个方面来界定数字贸易。二是将数字贸易界定为基于互联网所进行的服务贸易。相比前者而言，这种界定方式比较狭窄，美国的相关机构主要是基于后者来对数字贸易进行界定（见表 1－1）。

表 1－1　国际机构对数字贸易及相关术语的定义

组织	术语	定　义
世界贸易组织（WTO，1998）	电子商务	以电子方式生产、分销、营销、销售或交付货物和服务
联合国贸易和发展会议（UNCTAD，2015）	电子商务	通过计算机网络进行的采购和销售
欧洲联盟（EC，2016）	创建“数字单一市场”的目标	在公平竞争的条件下，无论其国籍或居住地如何，个人和企业都可以无缝地访问和执行在线活动的领域
美国商务部经济分析局（USBEA，2016）	数字贸易	可数字化的服务贸易（PICTE：可潜在地被信息通信技术化的服务贸易）
美国国际贸易委员会（USITC，2013）	数字贸易	即通过固定线路或无线数字网络交付产品和服务（排除了大多数实物产品的商业活动）

资料来源：本书整理各国际机构对应报告所得，详见文末各机构对应参考文献。

如表 1－1 所示，WTO（1998）并未直接定义“数字贸易”，而是通过诠释“电子商务”这一术语来界定范围。WTO 把以电子形式生产、分销、营销和交付的货物和服务都纳入“电子商务”的范畴。可见 WTO 所定义的

“电子商务”范围较为广泛。但WTO在多边框架下只对其中少部分数字贸易内容制定了相关贸易规则。UNCTAD（2015）将数字贸易界定为基于计算机网络进行的采购和销售行为。该定义的广泛程度与WTO相近，认为数字贸易既涵盖数字形式提供的产品和服务，也包括基于“电子商务”交易的实物商品。EC（2016）并没有直接说明数字贸易是否包含货物或服务，而是在构建“单一数字市场”目标的同时定义了相关概念。“单一数字市场”是个人和企业可以跨国际、跨区域无缝访问和执行在线活动的领域。“单一数字市场”目标不仅通过改革来改善数字贸易经营环境，还升级了数据和隐私保护的相关措施，以及促进了电信领域的竞争。

美国的政府机构则倾向于将数字贸易视作服务贸易的组成部分。美国不同部门所界定的范围存在些许区别，其中最具有代表性的定义有两种。一是美国国际贸易委员会（United States International Trade Commission，USITC）所定义的“任何行业领域的公司以及智能手机和互联网连接传感器等相关产品在互联网上提供的产品和服务”，即通过互联网传输产品和服务的国内商务和国际贸易活动（USITC，2013）。虽然该定义包括提供电子商务平台和相关服务，但不涵盖在线订购的实体商品的销售价值，以及具有数字对应物品的实体商品（如书籍，载有电影、音乐和软件的CD或DVD光盘）。USITC（2013）将数字贸易分成四类：基于网络传输的内容（数字内容）、社交媒体、搜索引擎及其他产品和服务（如软件服务、通过云端交付的数据服务）。USITC所属的美国贸易代表办公室（United States Trade Representative，USTR）沿用这一分类方法，同时强调数字贸易不仅包括在互联网上销售的个人消费品以及在线服务提供，还包括全球价值链所依托的数据流、实现智能制造的服务及其他平台和应用（USTR，2017）。

值得注意的是，美国商务部下属的美国经济分析局（U.S. Bureau of Economic Analysis，USBEA）作出的界定（USBEA，2016）。虽然USBEA没有直接定义数字贸易，但可从USBEA对数字贸易的测量口径得出USBEA所认可的数字贸易范围。美国商务部（U.S. Department of Commerce，2018）也重申了这一数字贸易统计口径，称为“可潜在地被信息通信技术化的服务贸易（Potentially ICT-Enabled Services Trade，PICTE）”。PICTE的服务大致上可分为两类。一是通过ICT实现的网络远程交付的服务（例如保险服务、金融服务和工程服务)，它是 PICTE 的主要成分。二是 ICT 服务。ICT 服务能使信息处理和沟通更加便利。与此同时，USBEA 根据服务的产业属性又将 PICTE 的服务分为五类：①保险服务；②金融服务；③知识产权使用费；④电信、计算机和信息服务；⑤其他商业服务（见表 1－2）。

总体来看，美国所指的数字贸易属于服务贸易的范畴，而 WTO 和 UNCTAD 则把货物也涵盖进数字贸易。

表 1－2　　USITC 和 USBEA 的数字贸易分类

USITC（2013）		USBEA（2016）	
数字贸易分类	分类涵盖内容	数字贸易分类	分类涵盖内容
基于网络传输的内容	音乐、游戏、视频、书籍	保险服务	—
社交媒体	社交网络网站、用户评论网站	金融服务	—
搜索引擎	通用搜索引擎、专业搜索引擎	知识产权使用费	产业（加工）过程、计算机软件、商标、专营权、视听相关产品、其他知识产权
其他产品和服务	软件服务、通过互联网提供的通信服务、通过云计算提供的数据服务和计算平台服务	电信、计算机和信息服务	电信服务、计算及服务、信息服务
—	—	其他商业服务	研发服务、专业和管理咨询服务（建筑和工程服务、工业工程、培训服务和其他 PICTE 的服务内容）

资料来源：见参考文献 USITC（2013）；USBEA（2016）。

目前，将数字贸易视作服务贸易组成部分的观点变得越来越为各界接受。如：中国商务部发布的研究报告强调数字服务贸易是以数字技术为载体来实现的服务贸易。中国商务部等政府部门将数字服务界定为“采用数字化技术进行研发、设计、生产，并通过互联网和现代信息技术手段为用户交付的产品和服务”，并将数字服务贸易分为三大类，一是信息技术服务贸易，包括软件、社交媒体、搜索引擎、通信、云计算、卫星定位等；二是数字内容服务贸易，包括数字传媒、数字娱乐、数字学习、数字出版等；三是其他通过互联网交付的离岸服务外包（中华人民共和国商务部，2018；2019）。

鉴于美国将数字贸易视作服务贸易的观点逐渐为各界所重视和接受，另外由于本书研究对象是美国构建的数字贸易规则体系，在充分借鉴美国相关机构对数字贸易所做定义的基础上，本书将数字贸易界定为依托于以互联网为代表的信息通信技术所开展的服务贸易。在数字贸易的部门分类和具体范围界定上，本书主要参考美国政府机构 USBEA（2016）的做法。这是由于 USITC（2013）的界定过于狭隘，容易出现遗漏，而 USBEA（2016）所涉及的范围比 USITC（2013）相对宽泛一些。此外，在 USBEA（2016）的数字贸易定义里，"个人、文化和娱乐服务"并未在一级分类中出现，而是被涵盖在"知识产权使用费"和"其他商业服务"类别中。考虑到"个人、文化和娱乐服务"内容是美国数字贸易输出的重要组成部分，也是近年来数字贸易大国产生纷争的重点领域，本书将该部门作为一个数字贸易的分支单独列出（本书的数字贸易具体分类和范围见图1-1）。

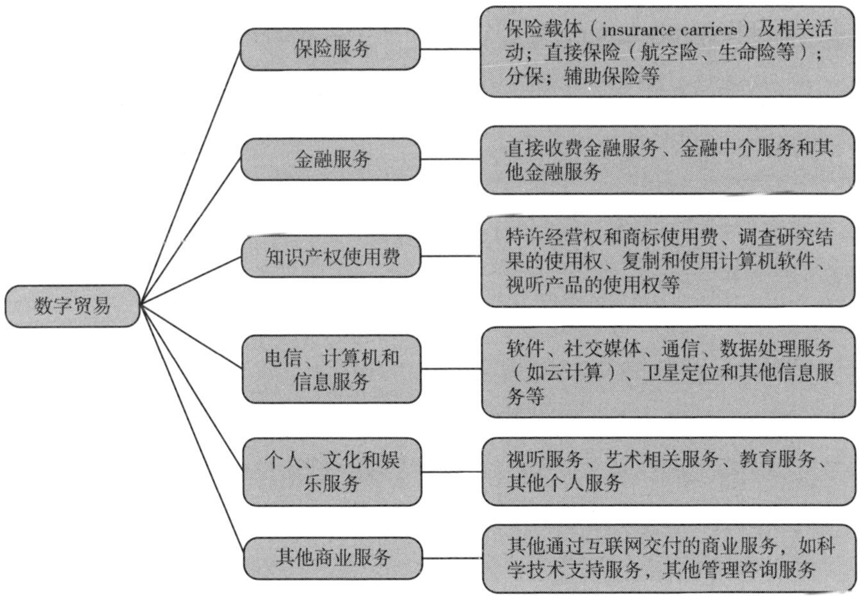

图1-1　本书界定的数字贸易范围

第二，"电子商务"和"数字经济"。本书认为，"电子商务"是数字贸易的一个组成部分，电子商务是基于互联网所开展的零售和批发服务。根据

USBEA（2018）和 OECD（2014）的定义，数字经济包括①计算机网络存在和运行所需的数字驱动基础设施，②使用该设施进行的数字交易（或“电子商务”），以及③数字经济用户所创建和访问的内容（数字媒体）。根据中国统计局（2021），数字经济是指以数据资源作为关键生产要素、以现代信息网络作为重要载体、以信息通信技术的有效使用作为效率提升和经济结构优化的重要推动力的一系列经济活动。数字经济产业包含数字产品制造业、数字产品服务业、数字技术应用业、数字要素驱动业、数字化效率提升业 5 个产业大类，涵盖范围广泛。前四类为数字经济核心组成部分。可见数字贸易从属于数字经济，是数字经济中的一个有机组成部分。

第三，数字贸易规则“美式模板”。自《美国 - 约旦 FTA》签订以来，美国近 20 年在其主导的 RTAs 中陆续输出数字贸易规则。这些协定所涵盖的数字贸易相关规则不断发展完善和演进升级。现阶段这些规则已能较充分地代表美国在数字贸易上的立场和雄心，成为各经济体推动全球数字贸易治理发展过程中的重要内容。本书将在 RTAs 框架下符合美国利益诉求、能够彰显美国意志的数字贸易规则集合称为数字贸易规则“美式模板”。本书中所谓的美式数字贸易规则则是构成“美式模板”体系的一个个独立的规则个体(条款)。

1.3 研究内容与意义

在数字贸易日趋重要，美国和中国都积极参与数字贸易发展和治理的背景下，本书研究主要围绕如下五个问题展开，这些研究对于把握数字贸易规则“美式模板”和全球数字贸易规则体系以及制定中国高标准数字贸易规则而言，无疑具有重要的理论和现实意义。

（1）本书基于传统国际贸易理论视角，对美国推出数字贸易规则“美式模板”背后的政治经济逻辑进行解释。美国积极构建数字贸易规则构建的动机是什么，美国在区域层面签订多个协定并构造规则体系“美式模板”背后有什么驱动因素，为什么美国会关注数据和知识产权保护等特定数字贸易内容？对于这些疑问，本书尝试从经济学理论视角出发，解读美国推出“美式模板”背后的一系列现象和事实。虽然区别于传统贸易，数字贸易带有不少特殊属性，但仍可基于经典的国际贸易理论来剖析上述问题背后的机理。该理论分析可为后文对“美式模板”的进一步研究夯实理论基础。

（2）本书着眼于数字贸易规则“美式模板”的典型情况，包括发展历程、主要构架、核心内容、典型特征及发展演变趋向等内容，进行全面系统的梳理和分析。数字贸易的快速发展给传统贸易规则带来了巨大挑战。数字贸易规则“美式模板”在推进数字贸易自由化方面已取得了较大进展，传统贸易规则面临的部分挑战在“美式模板”中已得到解决。毫无疑问，无论是从规则签订的“广度”还是“深度”来看，美国所构建的数字贸易规则在推进全球数字数字贸易治理上都起到了引领作用。目前新一代数字贸易规则中，“跨境数据自由流动”“数据存储非强制本地化”和“源代码保护”等议题是美国主导的数字贸易谈判的焦点所在，也引起其他经济体的重视。全面梳理“美式模板”有助于准确勾勒全球数字贸易规则的发展轨迹、掌握核心议题及进展，并对其演进趋向进行科学合理的展望。

（3）本书致力于对全球数字贸易治理体系构建过程中，数字贸易“美式模板”的焦点数字贸易议题在各经济体间引发的利益博弈进行分析，如深入探讨“欧美博弈”“中美博弈”和“美加博弈”等分歧和弥合。数字贸易规则构造是个多方博弈的动态过程。数字贸易规则“美式模板”是美国从发挥其自身数字贸易优势的角度出发，发展和构建出的规范体系。“美式模板”代表的是美国的数字贸易利益，其他大型经济体在谈判中与它发生冲突在所难免，如“跨境数据自由流动”这一议题在欧盟的推进一波三折、困难重重。面对美国提出的数字贸易规则，中国、欧盟和加拿大会作出什么反应以及如何应对值得探究。通过全面厘清美国、中国和欧盟等大型经济体在全球数字贸易治理中的基本立场，梳理数字贸易规则“美式模板”所引发的各方经济体之间的矛盾和冲突，有助于由点到面、客观科学地对“美式模板”体系本身和发展进程做出多维度观察和理性研判。

（4）探析 RTAs 中代表性美式数字贸易规则对数字贸易流量的影响。含有“美式模板”元素的不仅是美国签订的 RTAs。在美国的影响下，不少美国并未直接参与的协定也开始涵盖美式数字贸易规则，如欧盟、日本、韩国所引领的区域贸易谈判。值得注意的是，这些协定就同一核心数字议题的承诺“广度”和“深度”都存在较大差异。为测度“美式数字贸易规则”在RTAs框架下的发展情况，本书用“赋值法”刻画各贸易协定对代表性美式数字贸易规则的差异化接纳水平。在此基础上，采用引力模型考察“美式模板”核心规则对数字贸易流量的影响。由于数字贸易是中美两国的利益核心所在，中美两国在今后的贸易谈判中不可避免地会就数字贸易进行交涉。把握数字贸易规则对贸易的实际影响可为中国制定数字贸易规则“美式模板”应对之策提供数据支撑。同时，本书也将基于实证结果为中国将来尝试对接数字贸易规则“美式模板”提供参考建言。

（5）探讨中国在全球数字贸易规则制定中的应对之策。中国是数字贸易大国，数字贸易规则是中国制定对外贸易谈判政策时的重要关切。尤其是近期备受关注的中美摩擦以及中美贸易谈判中，涉及的“金融”“电信”和“知识产权”等多个可数字化服务贸易部门的对外开放问题，也使这些部门的规制问题受到了广泛关注。但中国数字贸易规则构建进程与中国作为数字贸易大国的地位形成巨大反差。在2020年以前，相比于“美式模板”的稳步发展，中国在国际贸易规则层面所承诺的数字贸易相关内容甚少，且议题多停留在早期的“第一代数字贸易规则[①]（早期在区域贸易谈判层面达成普遍共识的数字贸易规则）”。在这一时期，中国同时采用了贸易规则以外的规制构建方式。如由阿里巴巴所倡导的“电子世界贸易平台（简称eWTP）”——一种基于非官方力量通过“从下到上（由民间带动政府）”的方式推进规则构造。但无论是哪种方式，中国的数字贸易规则构建进程都处于起步阶段，符合中国利益诉求的数字贸易规则体系亟待完善。而在2020年以后，中国签订《区域全面经济伙伴关系协定》（Regional Comprehensive Economic Partnership，RCEP），申请加入《数字经济伙伴关系协定》（Digital Economy Partnership Agreement，DEPA）和《全面与进步跨太平洋伙伴关系协定》（Comprehensive and Progressive Agreement for Trans－Pacific Partnership，CPTPP）。中国在数字贸易规则方面体现了较大进展，但在核心数字贸易规则的构建上存在较大细化和完备空间。本书拟在充分梳理数字贸易规则“美式模板”、把握全球数字贸易规则发展脉络的基础上，综合参考欧盟、加

① 如“电子商务的定义和范围”“电子传输免关税”和“贸易无纸化”等。

拿大等经济体应对“美式模板”冲击的措施以及考虑中国的具体国情，为构造中式数字贸易规则提出客观理性的政策建议。这有助于中国在纷繁复杂的国际环境中，客观科学地应对“美式模板”所带来的现有挑战。更进一步，有助于中国在全球数字贸易治理体系的构建中做出更科学、更精准的战略定位，在数字贸易谈判中权衡利弊，提出适合自身发展导向的中式数字贸易规则。

1.4　结构安排

数字技术迅猛发展的背景下，国际贸易的格局相较于 20 年前发生了巨大改变。这些变化给国际贸易带来新的机遇，也给传统国际贸易规则带来了巨大挑战。为了应对这些变化，美国作为数字贸易引领者，致力于在国内和国际上制定符合自身诉求的数字贸易规则。经过一系列努力，美国已经在其主导的 RTAs 中构建出彰显其数字贸易雄心的数字贸易规则“美式模板”。本书先探寻美国构建“美式模板”背后的理论解释，然后厘清数字贸易规则“美式模板”的发展脉络以及主要特征，再采用实证分析的方式来考察代表性美式数字贸易规则的贸易影响，最后基于这些特征和影响来为中国参与全球数字贸易治理提出政策建议。

第 1 章是引言，主要描述数字贸易规则产生的背景、关键概念的界定、以及本书的研究意义、文献综述、所使用的研究方法、创新点和结构安排等。

第 2 章是文献综述。与本书选题相关的文献可大致分为四类。一是 WTO 框架下传统数字贸易相关规则的研究。二是区域、双边层面数字贸易规则的研究。主要分析以美国为首的大型数字经济体在构建数字贸易规则时的立场诉求、演变轨迹和发展趋向。三是数字贸易规则制定过程中的大型经济体博弈研究。文献围绕核心议题，梳理各经济体基于自身政治经济利益所提出的不同规则内容。四是数字贸易影响因素的经验研究。

第 3 章是理论阐释，为美国在 RTAs 框架下推出数字贸易规则“美式模板”寻求经济学解释。本章从传统国际贸易理论的视角探究美国推出“美式模板”的利益驱动因素，深度剖析美国推动数字贸易发展、基于 RTAs 路径输出“美式模板”以及构建核心美式数字贸易规则的根本动机，及阐释其行事逻辑。

第 4 章对“美式模板”形成的时代背景、根本动力和规制基础进行分析。首先是时代背景方面。分析了 ICT 变革给国际贸易的规模、结构、参与主体带来的影响，并整理国际机构发布的数字贸易规模相关数据，以掌握数字贸易的发展情况。在此基础上，本章探讨数字贸易的发展给多边框架下的传统贸易规则带来了何种挑战。其次是根本动力方面。着眼于美国本身在数字产业所拥有的比较优势，通过整理美国数字产业的概况和特征以探讨美国构建“美式模板”的内在动力。最后是规制基础方面。为了应对数字贸易发展给贸易规则带来的挑战，美国在国内法层面构建符合自身利益诉求的数字贸易相关的法律法规。本章将整理分析这些支撑数字贸易规则“美式模板”的国内法规定。

第 5 章总结和提炼数字贸易规则“美式模板”的发展历程、典型特征及主要内容。美国致力于在 RTAs 框架下输出数字贸易规则。从 2000 年的《美国－约旦 FTA》到 2018 年的 USMCA，经过近 20 年的发展，数字贸易规则“美式模板”已然成型并不断演进升级。数字贸易规则“美式模板”尝试对数字贸易给既有贸易规则所带来挑战进行了部分的应对。本章根据涵盖议题的范围和雄心水平，对“美式模板”发展历程进行了阶段划分，然后从整体上把握“美式模板”的典型特征和主要内容。

第 6 章解读和分析数字贸易规则“美式模板”的核心条款。本章主要从美国的利益诉求出发，对美国构造特定美式数字贸易规则进行动因分析；同时结合这些规则的发展趋势，以及各方经济体在特定议题上博弈情况来进行规则的深入研究。这些核心条款在近年来美国所签订的 RTAs 中不断被加以强调巩固，一些最关键的条款还不断被加以深化和拓展。这些规则主要包括：一是和数据传输相关的条例：“电子传输永久免关税待遇”“跨境数据自由流动”及“数据存储非强制本地化”；二是特别部门的市场准入条款：“网络开放及技术中立原则”和“技术非歧视性待遇”；三是知识产权保护条款：禁止以“开放源代码”作为市场准入的前提条件并引入“密钥保护”条款和“非强制技术转移”等规则。此外，还有明确传统贸易投资规则对数字服务的适用性、既有数字贸易规则对新服务的自动适用性等。

第7章对“后USMCA时代”的“美式模板”发展趋势进行前瞻性研究。虽然USMCA在《跨太平洋伙伴关系协定》（Trans - Pacific Partnership Agreement，TPP）的基础上实现了部分规则升级，但美国仍有一些利益诉求没有在USMCA中得以全部实现。本书预测后USMCA时代中“美式模板”在RTAs框架下的演进升级趋势，及分析“美式模板”在区域和多边层面的拓展适用趋势。

第8章是对美式数字贸易规则的数字贸易效应进行计量分析。在对数字贸易规则“美式模板”进行定性分析的基础上，本章对这些贸易规则的数字贸易的数字贸易促进作用进行量化和异质性分析。本章从经济合作与发展组织（OCED）双边服务数据库中摘取可数字化的服务贸易作为“双边数字贸易”的代理变量。基于扩展的引力模型，本章对两经济体（包括国家或地区，下同）间双边数字贸易的决定因素进行回归分析，其关键是刻画两经济体缔结的RTAs所涵盖的美式数字贸易规则即区域层面的“美式数字贸易规则”对数字贸易的影响。

第9章对中国如何参与数字贸易治理进程提出政策建议。这主要从两个层面出发，一是战术层面如何理性对接数字贸易规则的“美式模板”，二是在战略层面上尝试构建中式数字贸易规则。

1.5 研究方法

本书力求事实、实证和理论相结合，对数字贸易规则“美式模板”进行多维度分析。本书研究主要采取理论分析、文本研读、数据分析、法规比照和实证分析等研究方法，具体如下：

（1）理论结合实际分析法。根据实际情况的不同，理论的运用也会存在差异。数字贸易是从传统的国际贸易发展演变而来的，因此传统的贸易理论依然可以用于阐释数字贸易中的一系列重要现象。但与此同时，数字贸易作为一种特殊的贸易形式，和传统贸易存在不少区别，因此运用传统贸易规则对其进行的经济学解释时也会存在不同之处。有鉴于此，本书力求在把握数字贸易本身现实特征的基础上，运用传统国际贸易理论来对美国构建“美式模板”背后的经济学逻辑进行解释。

（2）国际规则文本比较分析法。本书拟使用这一方法，分别从纵向和横向对贸易规则文本进行分析。一方面，基于时间维度纵向比照关键经济体不同时间节点在“美式模板”核心议题上的立场诉求，可以清晰把握这些经济体在关键议题上的动态立场演化路径，并在此基础上预判该经济体未来在这些议题上的立场发展趋势。另一方面，横向对比不同地域上关键经济体的贸易协定文本。分析不同经济体在贸易协定中对特定“美式模板”议题所做承诺，以求从国际视野出发对数字贸易规则“美式模板”展开多维度的阐释和评价。

（3）宏微观数据分析和法规比照相结合。一方面，数字贸易是一个新兴话题，而数字贸易谈判是一个长期博弈过程。不少经济体虽然数字贸易参与度较高，但并未在国际贸易协定中体现自身的立场诉求。本书将依托各经济体的国内法，来判断该经济体在贸易谈判中的立场。另一方面，针对同一议题，经济体间的立场经常不一致。出现这一现象的根本原因在于背后的经济竞争力。本书将通过数据分析来明晰关键经济体贸易决策背后的经济产业因素。概括而言，分析国内法规可以明确各经济体的立场和诉求，梳理相关的产业和贸易数据有助于掌握各经济体立场诉求的来龙去脉。两者相结合，可为本书预判“美式模板”在多边框架下的扩展适用趋向提供数据和事实支撑。

（4）实证分析法。本书为分析美式数字贸易规则对贸易流量的影响，构建了扩展的静态面板引力模型，以考察签订美式数字贸易规则的数字贸易促进效应。在核心解释变量的构造上，本书除了采用虚拟变量来代表“是否签订特定美式数字贸易规则”，还基于自然语言文本分析，采用“赋值法”来根据承诺水平的深浅，对样本区域贸易安排中所有代表性美式数字贸易规则的承诺深度进行打分加总，以刻画协定对特定美式数字贸易规则的接受程度。相比单纯构造虚拟变量，为特定规则进行赋值的做法更能充分体现规则本身的信息，使研究结果更为准确可靠。在回归方法上，本书采用双向固定效应、滞后变量以缓解遗漏变量及样本选择偏误带来的内生性问题，同时验证了核心解释变量的外生性（如不具有自选择偏误）。另外，本书通过更换变量指标等途径来验证回归结果的稳健性。在进一步分析中，本书采用聚焦于规则个体、细分数字贸易类目以及引入交互项的方式，测度美式数字贸易规则差异化、部门差异化、缔约国和地区发展水平差异化和整体互联网普及率差异化所带来的美式数字贸易规则出口促进效应的非均衡性。基于实证结果，本书对数字贸易规则“美式模板”的国际贸易影响进行了更为准确的分析和把握。

1.6 创新之处

近年来，数字贸易的迅猛发展使之成为多边和区域贸易谈判的热点话题。相比多边框架下谈判进程受阻，区域贸易谈判中的数字贸易规则发展较快。其中尤以美国所主导的 RTAs 中的数字贸易谈判成果最为显著：除了回应传统贸易规则的部分难题以外，美国还在其主导的 RTAs 中纳入一系列代表美国利益的关键议题，成为全球数字贸易规则的引领者。本书拟由点及面地分析数字贸易规则“美式模板”，再具体研究个别核心议题的发展轨迹、演变趋向及贸易影响。概括而言，本书有以下几个方面创新。

（1）在理论研究方面，基于传统的国际贸易理论视角，考虑数字贸易及“美式模板”中的一些特有元素及其为传统理论带来的变化，为美国推出“美式模板”的动因、路径以及核心诉求构建理论支撑。数字贸易是一种新兴事物，针对数字贸易乃至其背后的规则构建，目前并没有一套完整的经济学框架提供解释。鉴于数字贸易是国际贸易的一种特殊形态，因此在结合传统国际贸易理论对其进行阐释时，有必要捕捉一些理论运用时的典型特征，以更好地理解“美式模板”形成背后的经济学逻辑。

（2）在研究视角方面，对数字贸易规则“美式模板”进行多维度分析。数字贸易涵盖的范围非常广泛，涉及多方面的内容。为把握“美式模板”的全貌，需要从整体上结合贸易协定中多个产业部门（如金融、投资、电信、跨境服务和知识产权）的贸易规则进行全面的梳理分析。但既有文献多局限于研究“数字贸易”章或者“电子商务”章。为此，本书在议题选择上着眼于多个服务相关部门，力求不遗漏美国在个别数字贸易相关部门的关键诉求。更进一步，本书从时间维度纵向分析“美式模板”核心规则的发展历程，深入发掘并刻画美国在核心利益议题上的动态立场演化路径，再从横向角度研究重要经济体在关键议题上与美国的博弈过程以及在“美式模板”冲突下的应对策略，力图多维度补充并深化对“美式模板”的评价。

（3）在论据整理方面，将数据分析和案例实证研究相结合，用以深度解读美国在构建数字贸易规则的过程中的立场和决策，以及“美式模板”所引发的全球数字贸易治理纷争。经济利益是数字贸易规则形成背后的重要推手，而国内法律则是“美式模板”规则文本的根源所在。因此产业数据分析、法规案例研读是深入理解“美式模板”形成因素的重要手段。本书坚持以问题为导向，围绕数字贸易规则“美式模板”，通过分析美国数字贸易产业的发展分布情况以及梳理支撑“美式模板”发展的国内法制，以全面把握既有现象和疑问背后的现实基础。

（4）在数理实证研究方面，将引力模型应用于数字贸易进行回归分析。引力模型广泛应用于国际贸易的影响因素分析，近年来也有不少文献针对服务贸易，通过在引力模型中构建虚拟变量来考察贸易协定的签订对服务贸易的影响。但是，考察数字贸易规则的签订对数字贸易流量影响的文献却相当匮乏。因此，本书基于既有文献中引力模型的构建基础，结合规则承诺深度的刻画方法，分析美式数字贸易规则对可数字化服务出口的影响。在计量分析中，本书可能的边际贡献有以下三点：一是对美国所主导的 RTAs 中的“电子商务”章或“数字贸易”章以及其他章节中与数字贸易密切相关的规则进行全面梳理和考察，从中提炼出七个关键规则（“电子传输免关税”“跨境数据自由流动”“数据存储非强制本地化”“源代码保护”“网络中介责任豁免”“技术非强制转移”“数字产品非歧视性待遇”）作为“美式数字贸易规则”的典型代表，以此来全面刻画美国在数字贸易治理上的核心诉求。二是量化代表性美式数字贸易规则的雄心水平。本书采用文本语言处理方法，基于时间维度捕捉这七个规则在过去 20 年里自身的动态演进轨迹，并根据其体现的数据流动、知识产权保护和市场准入等方面的雄心水平对七条规则的发展阶段进行区分和赋值。然后基于这一评分体系，针对样本 RTAs 中出现的相应代表性美式数字贸易规则进行打分量化，以测度“美式模板”在全球 RTAs 中的渗透水平。本书研究有助于对美式数字贸易规则对 RTAs 文本的渗透水平进行动态量化监测和评价。三是基于对样本 RTAs 所涵盖的美式数字贸易规则的雄心水平进行量化评估，本书采用引力模型对区域美式数字贸易规则所带来的贸易效应展开回归分析，并基于规则差异、部门差异、经济体经济发展水平差异和互联网普及水平差异对这些规则贸易效应的异质性展开拓展性分析。

（5）在政策咨询方面，基于实证结果的同时结合国情和相关法制，为中国参与数字贸易规则构建提供参考建议。中美同为数字贸易大国，不可避免地会在全球数字贸易规则中对接。但迄今为止，中国在数字贸易规则构造上仍处在初级阶段。如中国所签订的协议中，只有《中国－韩国 FTA》和《中国－澳大利亚 FTA》涵盖了独立的电子商务章，且议题仍停留在“第一代数字贸易规则”。本书将基于特定关键贸易规则对贸易流量的影响分析，结合中国在国内法（如《网络安全法》）、企业建言（如阿里巴巴提出的 Electronic World Trade Platform，eWTP）和中国所签订的国际贸易规则中所体现的立场态度，参考国际上重要经济体已经较为成熟的应对之策，为中国如何应对“美式模板”以及如何构建符合自身利益的中式数字贸易相关规则给出政策建议。

1.7 研究路线图

本书的研究路线见图 1－2：

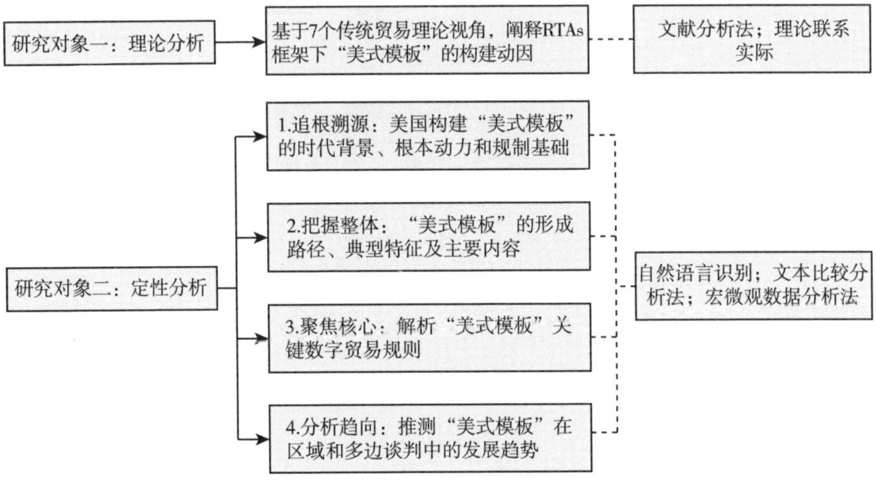

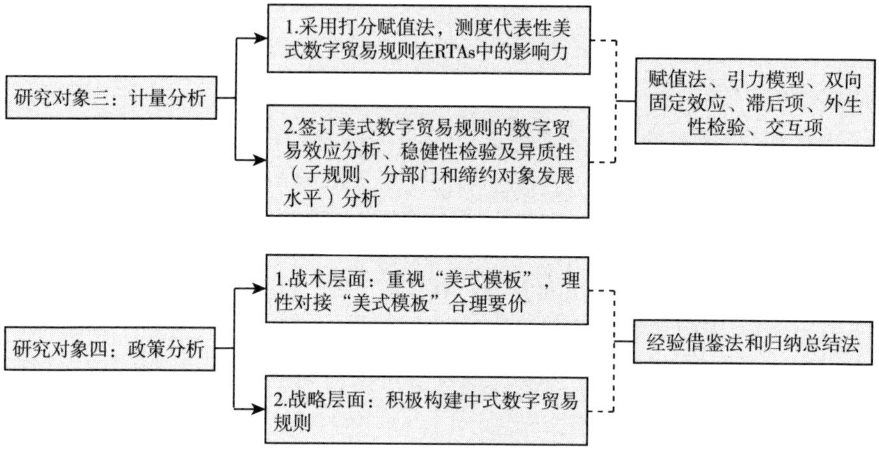
研究对象三：计量分析
1.采用打分赋值法，测度代表性美式数字贸易规则在RTAs中的影响力
2.签订美式数字贸易规则的数字贸易效应分析、稳健性检验及异质性（子规则、分部门和缔约对象发展水平）分析
赋值法、引力模型、双向固定效应、滞后项、外生性检验、交互项
研究对象四：政策分析
1.战术层面：重视“美式模板”，理性对接“美式模板”合理要价
2.战略层面：积极构建中式数字贸易规则
经验借鉴法和归纳总结法

图 1－2　研究路线图

| 第 2 章 |

文献综述

伴随数字贸易的快速发展，数字贸易规则成为各经济体、国际组织和学术界近年关注的热点。区别于传统贸易，数字贸易发展带来了不少新议题，也给多边框架下的国际贸易规则带来诸多挑战。传统多边贸易规则已然跟不上数字贸易发展步伐。为推进数字贸易治理体系的发展，近年美国和欧盟等大型经济体将规则制定的重心从多边转移向区域，并取得了卓越的成绩。诸多既有文献研究了数字贸易规则。在多边框架的视角下，不少学者剖析了数字贸易规则发展情况其所面临的挑战。而针对区域贸易协定框架下的数字贸易规则发展演变过程、典型特征以及在数字贸易规则博弈过程中各大经济体的趋同和分歧进行研究的文献也数量可观。另外，不少学者探讨了签订特定数字贸易规则所带来的潜在经济影响，亦研究了影响数字贸易发展的因素。但受制于统计数据的可获得性，定量分析文献中考察既有数字贸易规则之数字贸易效应的并不多见。概括而言，与本书直接相关的既有研究可分为如下四类。

2.1 WTO 框架下数字贸易相关规则研究

数字贸易规则在 WTO 多边体制下早已初现端倪，但这些贸易规则不仅在文本设计，而且在操作执行上也困难重重（Bellia et al.，2018）。不少学者尝试对 WTO 框架下多个数字贸易相关协议所存在的问题进行了分析与整理。

事实上，WTO 框架下的一些规则与数字贸易是密切相关的。《关税贸易总协定（1994）》（General Agreement on Tariffs and Trade，GATT）涉及支撑互联网运作的 ICT 产品（如电缆、服务器和路由），针对 ICT 硬件关税减免提出非歧视性待遇及“当地成分”剔除条款（Sauvé et al.，2016；Burri，2013）。《信息技术协定》（Information Technology Agreement，ITA）致力于对 ICT 产品（包括手机半导体等）实施零关税（Burri，2013；Ahmed et al.，2015）。《技术性贸易壁垒协定》（Agreement on Technical Barriers to Trade，TBT）对国内技术在国际上的标准实施管制。技术标准对数字贸易的顺利展开颇有帮助，如统一宽带网络、加密管理、隐私和数据存储有着非常重要的作用。《贸易便利化协定》（Trade Facilitation Agreement，TFA）则致力于减轻少额低值货物的通关成本。但是这些规则只是涵盖数字贸易的个别内容，并未深入和全面地解决数字贸易中的非关税壁垒（周念利等，2018a）。《与贸易有关的知识产权协定》（Agreement on Trade - Related Aspects of Intellectual Property Rights，TRIPS）虽然给数字知识产权内容保护提出了最低的要求并在成员间达成共识，但缺乏实施力度（Meltzer，2017）。

相比而言，《服务贸易总协定》（General Agreement on Trade in Services，GATS）是 WTO 框架下与数字贸易最为相关的贸易协定。这是由于数字贸易是服务贸易的有机组成部分，服务相关的贸易规则对于数字贸易而言非常重要。关于协定的涵盖内容，GATS 的“最惠国待遇”、基于肯定列表的“市场准入”和“国民待遇”有助于为跨境服务和商业存在的投资营造稳定环境。GATS 的电信附件载有促进电信竞争的规则条例，旨在防止主要电信供应商从事反竞争行为；同时规定服务提供者可使用公共电信设施传输数据。GATS 的金融附件规定各成员不限制基于网络平台的金融服务数据的流动（Meléndez - Ortiz et al.，2016）。另外，GATS 也致力于升级既有条款以适应数字贸易的发展诉求，如 2005—2007 年就 CRS（Computer and Related Service）类目（包括搜索，服务器托管软件和云计算）的开放进行协商（Porges et al.，2016）。值得注意的是，虽然 GATS 的争端解决机制在数字贸易中的应用不多，但是近年来也不乏数字贸易相关案例，如 2017 年美国、日本、加拿大和澳大利亚针对中国的《中华人民共和国网络安全法》（简称《网络安全法》）发起诉讼，担心中国的《网络安全法》会冲击 ICT 产品的贸易。

同时，美国指出《网络安全法》会限制数据流动，导致美国无法在中国的 WTO 承诺范围内提供服务。

但梅尔策（Meltzer，2019）认为，GATS 的数字贸易相关规则依然存在不少问题。一是各方对数字产品内容的限制会影响 WTO 成员兑现 GATS 承诺。如果成员在 GATS 中对特定服务进行了承诺，那么该成员就要允许数据流动方能实现该服务的提供。但事实上数据流动已经在成员间受到了不同程度的限制。服务提供本身亦因此受到制约。二是一些新兴服务（如云计算、网络搜索和在线赌博）是否归属于 GATS 的分类列表，是否适用成员在 GATS 中的承诺，这些问题依然没有定论。由于 GATS 签订时这些数字技术并未出现或没发展到如今水平，且多年来 GATS 没有随着数字技术的发展进行突破性革新，因此包括美国和欧盟在内的成员对自己早年的 GATS 承诺对新技术的适用性亦会持有否定意见。

WTO 框架下的特定数字贸易规则亦有待制定（Malkawi，2019）。虽然 WTO 认识到数字贸易对世界经济的重要性，并自 1998 年起推出了一个“电子商务工作计划”以实现数字贸易便利化，但是在特定数字贸易规则的制定上却进展甚微。阻碍的根源在于 WTO 没有厘清数字产品是属于货物还是服务，应该适用于 GATT 还是 GATS。近几年在 RTAs 框架下，以 USMCA 为代表的“美式模板”提出了不少数字贸易规则新内容，可谓是打破了 WTO 在构造数字贸易规则中的困局，也促使各大经济体就 WTO 上推进数字贸易规则的革新达成了共识。2019 年的达沃斯世界经济论坛上，包括美国、日本、欧盟和中国在内的 76 个经济体同意在 WTO 框架下展开数字贸易谈判。在各经济体的提案之中，提及较多的议题包括开放的贸易环境/贸易便利化，关税，隐私保护和在线安全，数字贸易的基础设施，数字支付和无纸化交易，知识产权，数据本地化，国内规制，发展中国家和发达国家的利益，也包含了微型和中小型企业（Garcia - Israel，2019）。

2.2　RTAs 框架下的数字贸易规则研究

多边框架下数字贸易规则构造进程缓慢的同时，RTAs 框架下的规则构建取得了不少发展。由于 WTO 框架下的多边数字贸易规则在执行决策上的局限性，不少经济体将数字贸易规则制定的重心从多边转向双边和诸边体制，以解决数字贸易的规则缺失带来的燃眉之急（Wu，2017）。

围绕区域贸易协定中数字贸易规则的缔结状况，梅尔策（2019）和洛佩兹冈萨雷斯等（López González et al.，2018）进行了宏观分析。总体来看，目前至少有 70 个 RTAs 含有“电子商务”章节。成员于 2014—2016 年通知 WTO 的 RTAs 中，有 2/3 涵盖了数字贸易相关规则。数字贸易规则在 RTAs 层面发展的早期，主要是美国、澳大利亚和新加坡等经济体牵头和参与规则的构建。而随着时间的推移，越来越多的经济体意识到数字贸易规则的重要性，也参与到区域层面的规则构建中。如哥伦比亚和哥斯达黎加也在 FTA 中引入了“电子商务”章节。值得注意的是，比起多边框架下的传统贸易议题如“非歧视性待遇”和“市场准入”，区域贸易协定所涵盖的议题覆盖范围更广，且更关注于特定的议题如“消费者保护”“隐私”“数据流动”等（Burri，2017a）。

总体来看，考虑到数字经济体量以及在数字贸易规则构建中的积极性，学界对 RTAs 框架下数字贸易规则的研究多集中在美国、欧盟、中国和日本这 4 个经济体上。

2.2.1 美国主导的数字贸易规则

美国是数字贸易治理体系的重要参与者。尤其在 RTAs 框架下的数字贸易规则层面，美国所主导的区域贸易协定对数字贸易监管环境的影响颇为显著。布里（Burri，2017a；2017b）和文特森（Wunsch - Vincent，2003）分析，作为数字贸易大国和强国，美国一直致力于克服信息技术对传统贸易规则带来的挑战，而构建 RTAs 是美国确保实施其“数字议程”的关键渠道。21 世纪以来，美国先后与新加坡、智利、澳大利亚和韩国等经济体签署了协议。从章节构造上看，这些协议涵盖的数字贸易关键部门有“跨境服务”和“知识产权”等传统章节，也有独立的“电子商务”章节。从承诺水平上看，“美式模板”涵盖了不少 WTO +（超越已有的 WTO 承诺）和 WTO - X（WTO 中未涵盖的条款）内容，并随着时间的推移不断深化拓展。这些“美式模板”元素不仅出现在美国主导的协议，还对日本、澳大利亚、新西兰和哥伦比亚牵头的 RTAs 产生了颇深的影响，典型的协定包括《新加坡 - 澳大利亚 FTA》《泰国 - 澳大利亚 FTA》《泰国 - 新西兰 FTA》《日本 - 新加坡 FTA》。

对“美式模板”这一数字贸易规则体系的内容本身进行研究的文献并不鲜见。早期文献主要针对美国国内电子商务的相关立法、态度及战略进行探讨，如：韦伟（2000）、张楚（2000）、文特森（2003）和宋玉萍（2007）。

近年来，学者们逐渐将视线转向美国主导的国际贸易协定中的数字贸易规则。概括而言，不少学者曾针对早期（第一代）数字贸易规则如“电子商务的定义和范围”“电子传输免关税”“贸易无纸化”“透明度”和“数字产品非歧视性待遇”进行梳理和评述。文特森（Wunsch - Vincent，2008）和王立武等（2013）认为，这些议题呈以下三个显著特征。一是以“列举 + 参照”的方式来界定数字贸易的“定义和范围”。“美式模板”通过“列举”的方式定义了“数字产品”和“以电子方式提供的服务”，承认了“电子认证”和“电子签名”的效力；“参照”则是通过提及“一般条款”里 WTO 规则在数字贸易中的适用性问题，给理解数字贸易保留了弹性，以便于未来将 RTAs 对接于 WTO 规则。二是模糊了 WTO 框架下数字贸易是属于货物还是服务的界限，把“国民待遇”从 WTO 中的“特定承诺”上升至“一般义务”，实质上提高了“非歧视性待遇”的适用性水平。三是重视数字产品免关税待遇。“非歧视性待遇”和“电子传输免关税”是这一时期“美式模板”的核心条款。陈靓（2015）则认为，截至 2007 年的《美国 - 韩国 FTA》（United States - Korea Free Trade Agreement，KORUS），围绕议题数字产品的“最惠国待遇”，“美式模板”还在“服务”“投资”“金融服务”部门中保留了既有协定的例外条款，因此数字贸易的自由化水平离美国的预期还有一定的距离。不过从总体来看，美国所构建的数字贸易规则，从最开始仅聚焦于数字贸易的性质界定等少数问题，慢慢向一个涵盖多方面数字贸易议题且成熟完善的数字贸易规则体系发展。

随着 ICT 的发展，数字贸易的市场范围和服务类型不断扩大，很多新议题随之出现。较能体现美国意志并取得新进展的条款有“源代码的转移或访问”“跨境数据自由流动”“网络接入与使用”“个人信息保护”“主动电子商务信息”“当地成分要求”等（Weber，2015；Burri，2015），这些议题大多是现阶段全球数字贸易规则的焦点所在。

由于这些议题最开始出现在 TPP（2015）中，因此学者多以 TPP 或《全面与进步跨太平洋伙伴关系协定》（Comprehensive Progressive Trans - Pacific Partnership，CPTPP），以及基于 TPP 发展起来的 USMCA 为文本基础来分析“美式模板”。其中，“跨境数据自由流动”“源代码保护”“数据存储非强制本地化”是美国的核心诉求，也是学者们分析美国数字贸易立场的焦点所在（弓永钦等，2016；李杨等，2016）。

针对这三大核心数字贸易规则，布里（Burri，2017b）基于 2017 年达成基础性共识的 CPTPP 来梳理其内容和研判不足之处①。一是在数据管制方面，“跨境数据自由流动”“数据存储非强制本地化”是关键议题。Burri 强调数据是数字贸易中的关键资源。但对于数据流动，越来越多不充分和不相容的国家法规构成了数字贸易壁垒。出于降低壁垒的目的，各经济体在数字市场致力于为“数据流动”达成一些基本规则。在这一问题上，KORUS 取得了重要进展，但其规则并不具有约束力。相比而言，CPTPP 中的“跨境数据自由流动”强制性开放范围则涵盖了大多数通过互联网传输的跨境数据。而且，CPTPP 还明确限制使用数据本地化措施这一数字贸易壁垒。但与此同时，CPTPP 对“跨境数据自由流动”和“数据存储非强制本地化”保留了“合理公共政策目标”下的例外条款，这给缔约方提供了更多监管自主权的同时，也可能导致规则滥用及法律整体在实践上的不确定性。相对于为削减数字贸易壁垒所承诺的跨境数据流动高自由化水平，“美式模板”对数据所设定的保护标准显然较低。如“消费者保护”和“非应邀信息”这两项条款都不具备实践上的约束力。二是在数字知识方面，CPTPP 强调不可强制转移源代码，解决企业对专有代码和知识产权安全性的担忧，以保护企业的源代码所有权和软件企业。但是该条款只适用于大众市场的软件以及涵盖该软件的产品，却不包括定制产品及用于关键基础设施和商业谈判合同的软件。综合来看，该条款在“源代码保护”上的实际效用是较难预测的。

另外，梅尔策（Meltzer，2016）通过分析 TPP 文本来解读数字贸易规则

---

① CPTPP 虽然没有美国的参与，但几乎完全保留了美国所主导的 TPP 数字贸易规则体系，因此可被视为与 TPP 等价的“美式模板”集大成者。

“美式模板”，对数字“知识产权保护”的研究进行了补充。“美式模板”在推进知识产权保护条款的同时，也构造了“知识产权的平衡使用”条款，即在推进知识产权保护的同时保留例外和限制条款，要求缔约方在知识产权法律体系中在出于“教育、评论和新闻报道”等目的时允许合理使用知识产权。同时，美国为了进一步推进“平衡使用知识产权的目的”，设立了“避风港”条款，豁免网络服务提供商在“第三方知识产权侵权”中的责任（简称“网络中介责任豁免”）。

USMCA 则以 TPP 为逻辑起点，进一步发展了“美式模板”。在 USMCA 中，美国构建数字贸易规则的重点关切所在依然是数据。美国国际贸易委员会（USITC，2019）和国会研究服务（Congressional Research Service，CRS，2019）指出，USMCA 构建数字贸易规则的核心目标是确保跨境数据自由流动，以及避免缔约方采取过于严格的数据限制措施，实现网络开放。总体来看，USMCA 的“数字贸易”章节涵盖了主要的数字贸易相关规则，适用于除政府采购、政府处理的数据及金融服务内容以外的所有产业。其余的数字贸易规则散落在“金融服务”“知识产权”“电信”等章节中，如“金融服务”含有金融服务相关的数字支付和金融数据的内容。温树英（2019）通过比对 USMCA 和 TPP，整理了 USMCA 在推动金融跨境数据传输和放开管制这一方面所取得的进展。

与此同时，USMCA 也注重结合国际贸易合作中的既有成果来发展数字贸易规则。这是因为国际上就数字贸易监管合作达成了一个共识，RTAs 可以通过引入这些国际上的既存法律框架，来发挥本身的规范作用。如 USMCA 在构造各方隐私框架时，提出要考虑相关国际机构的原则和指导方针，包括《APEC 隐私框架》和《OECD 隐私指南》（Meltzer，2019）。

2.2.2　欧盟主导的数字贸易规则

除美国以外，欧盟也是学者们研究区域层面数字贸易规则的核心对象。张茉楠等（2019）和周念利等（2018）指出，欧盟相当重视数字及经济的发展，致力于为数字贸易的发展构造公平的竞争环境。概括而言，欧盟所构建的数字贸易规则呈以下特点：一是欧盟尤其重视隐私、数据和文化产业保护，因此在开放数据传输以及视听产业市场准入方面态度较为保守，如欧盟2018年推出的《通用数据保护条例（*General Data Protection Regulation*，GDPR)》就体现出其高标准的隐私保护立场。二是针对不同缔约对象，欧盟所倡导的数字贸易规则存在分化，规则呈现零散化的特征。无论是在欧盟内部协商还是对外谈判，欧盟都存在立场不一致的情况。如在欧盟内部，各经济体就是否征收数字服务国内税这一问题存在分歧；在对外谈判如《跨大西洋贸易与投资伙伴协议》（*Transatlantic Trade and Investment Partnership*，TTIP）和《欧盟－越南FTA》中，欧盟针对议题“数据存储非强制本地化”所体现的相关立场并不一致。

“数字知识产权保护”也是欧盟构建数字贸易规则的核心所在。雷蒙德（Raymond，2010）和积家（Jaeger，2010）梳理了欧盟在数字知识产权领域所构建的早期规则，姜萌（2010）、张猛（2013）和孙益武（2015）分别针对欧盟在新近签订的协议如《欧盟－韩国FTA》《反假冒贸易协议》（*Anti－Counterfeiting Trade Agreement*，ACTA）和《综合性经济贸易协议》（*Comprehensive Economic and Trade Agreement*，CETA）的发展趋向作了细致的整理。安德烈（Andrej，2018）则分析了欧盟在网络平台中的知识产权规则框架，认为相比起激发平台的活力及新的价值，欧盟更重视通过构造“公平的竞争环境”来保护内容提供者。

在RTAs框架下，“欧式模板”构建数字贸易规则的雄心水平并不高。伍（Wu，2017）指出，欧盟较为注重在监管层面构造数字贸易规则，而在规则范围上的雄心水平远不如亚太地区的RTAs。如欧盟在《日本－欧盟经济伙伴关系协议》中就议题“跨境数据自由流动”提出三年内再作讨论。这种做法为谈判设置了期限，但未就相关自由化问题作出较为明确的承诺。尽管如此，欧盟在数字贸易规则构建上还是有所作为的。梅尔策（Meltzer，2019）认为，欧盟和美国一样，将在多边框架中难以实现的数字贸易诉求付诸区域谈判。如在多边框架下，欧盟于GATS中承诺不限制计算机相关服务的市场准入和国民待遇。但在数字贸易成为国际贸易重要组成部分的大环境下，部分GATS既有承诺便成为涉及高水平开放数字贸易市场的敏感内容。出于应对数字贸易新情况的需要，欧盟想对既有承诺进行限制，但这些诉求却难以在多边层面实现。因此欧盟另辟蹊径，转而在区域层面的CETA中明确表明国民待遇、最惠国待遇、以及国内规制不适用于不在《联合国临时主要产品分类体系》（*UN Provisional Central Product Classification System*，CPC）框架下的新议题。

2.2.3　日本主导的数字贸易规则

对于日本所构建的数字贸易规则，蓝庆新等（2019）分析了日本在RTAs框架下的数字贸易规则构建立场。作为大型数字经济体，日本也对数字贸易规则较为关注。虽然日本在谈判中的影响力不如美国，也没有欧盟的市场资源优势作为筹码，但是在美国退出TPP后，也借TPP之势主导了CPTPP的签订。分析日本数字贸易立场诉求的既有文献多侧重于探讨以下两大议题。一是“跨境数据自由流动”。伍（Wu，2017）认为，日本和美国都注重推进“跨境数据自由流动”，同时致力于减少数字保护主义以推动数字市场开放的经济体。但是，应该如何平衡出于“合理的公共目标”所实施的限制措施与数字保护主义之间的关系？这成为日本在数字贸易规则谈判中所面临的一大难题。对此，日本在2019年的G20峰会上，提出了“基于信任的数据自由流动机制（Data Free Flow with Trust，DFFT）”（G20，2019）。基于《美日数字贸易协定》（*U. S. - Japan Digital Trade Agreement*，UJDTA），施罗特（Schroeter，2019）分析，日本倾向于安全的“跨境数据自由流动”，即在强调数据的跨境自由流动的同时，也需要严格的隐私标准和安全性。二是关于数字知识产权保护这一内容。UJDTA是以TPP为蓝本进行微调得出的，添加了两条知识产权相关条款，即禁止公开软件的算法和ICT的加密信息（Nakagawa，2020）。国会研究服务（CRS，2019）指出这些日本在UJDTA中承诺的数字贸易规则是数字贸易谈判的“黄金标准”，与美国在数字贸易的立场是志同道合的。

2.2.4　中国主导的数字贸易规则

近年来，中国基于互联网平台提供的零售服务发展迅速。但是，郭鹏（2010）、何其生（2012）、李忠民等（2014）认为，虽然中国是数字贸易大国，但其数字贸易相关法律是不成熟的。中国需要积极构建国内法以及相应的数字产品市场准入规则。对于构建符合中国自身立场的数字贸易规则，梅尔策（Meltzer，2016）提出中国的比较优势在基于互联网平台提供的零售服务，因此更加关注能实现跨境货物贸易自由化、便利化的数字贸易规则。这有助于建立企业和消费者对交易的信心，推动货物贸易发展。具体便利化内容包括：实现电子传输以及低价值货物免关税、加强消费者及个人信息保护、完善法律及金融支付机制，构建跨境电商争端解决机制等。现阶段，中国的数字贸易相关政策有所发展。阿里研究院（2017）倡议建立“世界电子贸易平台（简称 eWTP）”。该平台致力于促进政府和企业间的合作，力图把复杂的规则简单化以适应数字贸易的发展。李晓龙等（2018）分析了 eWTP 的可行性和探索了 eWTP 框架下数字贸易相关规则的构建路径。在对全球数字贸易规则的应对上，戴振华（2015）、王健（2016）和沈玉良等（2018）就中国如何应对国际数字贸易规则中免关税、数据保护和市场准入等带来的挑战提出了政策建言。

2.3 数字贸易规则治理中的各方博弈研究

数字贸易规则的构建是一个多经济体博弈的过程。因为各经济体存在不同的立场诉求，在规则制定的过程中难免存在冲突和矛盾，需要各经济体不断磋商和谈判。由于美国是全球数字贸易规则的引领者，因此数字贸易规则“美式模板”的核心议题既是各经济体博弈的焦点，也是既有文献对博弈进行分析时所关注的主要内容。

对于各经济体之间的博弈，既有文献主要从两个角度进行分析。一是从一特定经济体立场出发，分析其他经济体对该数字贸易核心议题的相关政策，刻画出这些特定议题在全球推广时面临的挑战和机遇。美国官方常以这种方式来编排政府官方报告。第一，针对“数据”内容，美国贸易代表署（USTR，2019）认为其他经济体对“美式模板”设置的主要数字贸易壁垒如下：中国的数据本地化要求及对跨境数据流动的限制、中国对云计算设置的市场准入措施、中国的网络过滤和对合理网站的封锁、欧盟和欧盟成员的数字服务税、印度的数据存储本地化要求等。此外，印度尼西亚、肯尼亚、韩国、尼日利亚和俄罗斯等经济体在“跨境数据自由流动”“数据存储非强制本地化”或“网络服务”上的各种限制措施亦被认为对数字贸易自由化带来了负面影响。第二，针对数字“知识产权保护”相关议题，美国认为欧盟的立场过于严苛：欧盟对地理标识的“过度保护”不利于美国的商标使用，还降低了美国产品在欧盟的市场准入水平。同时，不少发展中国家所要求的外资技术转让也不利于知识产权保护，形成了数字贸易壁垒。对于这些知识产权问题，美国贸易代表署（USTR，2019）整理了比较详细和全面的报告。但是由于这些议题是站在美国立场上来判定其他经济体的行为是否侵犯了数字贸易自由化，因此内容可能会失之偏颇。

二是基于中立的原则来研究比对大型经济体在特定议题上的立场演变。单纯基于美国的视角研究“美式模板”是不完备的，从旁观者的角度分析主要经济体之间的冲突和矛盾，可以多维度地补充单向研究的缺漏。“美式模板”的研究亦是如此。对此，既有文献多聚焦于美国和欧盟、中国和加拿大在数字贸易规则构造中的趋同和弥合来进行分析。

在早期的文献中，帕特里克等（Patrick et al.，1998）认为，一方面，欧美在数字贸易规则中存在共同点。欧美在基本理念（如网络特性和私营部门的重要性）和知识产权相关议题上的立场是一致的。另一方面，欧美之间也存在以下纷争。一是在国内税或者关税问题上存在分歧，但仍有就一个有建设性的提案达成共识的可能。二是网络非法内容和内容配额等美国重视的问题没有出现在欧盟的贸易谈判议程中。三是在隐私保护和加密恢复等议题上，欧美也存在难以调和的矛盾。宋玉萍（2007）通过对比欧美在电子签名、数据隐私权、网络服务提供商、消费者保护的相关法律，来分析欧美在数字贸易规则博弈中既存和潜在的冲突。

哈恩等（Hahn et al.，2016）从 CETA 中提炼了欧盟和加拿大多年来在数字贸易相关领域里的固有立场：不对“文化部门”承诺开放市场或者构建实质性规则。“文化例外”是近年来欧美、美加数字贸易谈判冲突中的焦点议题。桂畅旎（2016）、Meltzer（2016）和李墨丝（2017）强调了在线数据保护对欧盟的重要性。对个人数据实现“隐私保护”、保证自身数据安全是欧盟在数字贸易谈判中反复强调的内容。欧盟限制个人数据流向美国，并要求将涉及国家安全的数据保留在本地。这些数据政策与美国在“跨境数据自由流动”上的诉求相悖，欧美亦因此屡次在数据保护问题上出现摩擦。数据流的限制和保护成了欧美数字贸易规则博弈的冲突焦点所在。

由于欧美间没有直接签订协议，因此沃尔夫（Wolfe，2019）以加拿大为连接点，通过对比欧盟和加拿大签订的 CETA、美国和加拿大参与的 TPP 在隐私相关议题上的立场来观测美国和欧盟在隐私问题和数据流动上的偏好。在这两个协定中，欧美甚至在最基本的数字贸易定义上的立场也是不一样的。这意味着欧美将在未来的谈判（如 WTO 和 TTIP）中面临着种种挑战。

但与此同时，欧美也有一致的数字贸易诉求。布里（Burri，2017a）认为欧美在“知识产权保护”上的诉求是相近的。欧美都在区域贸易协定中引入了不少“TRIPS +”元素，以及一系列数字版权规范，如世界知识产权组织（World Intellectual Property Organization，WIPO）网络法规，技术保护条例和网络服务责任。

阿伦森（Aaronson，2018）从全球视角出发，认为国际数字贸易规则以美国、欧盟和中国为代表，构成了三个数字贸易规则阵营。这三个经济体构建的是截然不同的数字贸易规则体系，它们利用市场准入、网络基础设施援助等利好来吸引他国加入阵营。对于数据流动所涉及的隐私保护问题，三个经济体采取的态度存在分歧。美国倾向于依靠非官方力量来进行监控，如官方协定 USMCA 删除了 TPP 中的承诺——“以数据保护为规则构建基础”。这一变动也给参加阵营的其他经济体带来矛盾，如加拿大在 USMCA 中对美国的承诺是不满足欧盟在 GDPR 对隐私保护之要求的。三方在数字贸易规则上的鸿沟也给 WTO 框架下的电子商务改革带来了挑战和机遇。

2.4 数字贸易影响因素的经验研究

数字贸易规则的构建对贸易流量产生了怎样的影响，对此进行定量分析的文献并不多见。不过，既有文献中有为数不少的研究考察了贸易流量的影响因素，相关研究主要从以下三方面展开。一是作为数字贸易基础设施的互联网。弗洛因德等（Freund et al.，2004）认为，网络基础设备的普及对贸易增长是有利的。值得注意的是，互联网对穷国贸易的影响强于富国。林（Lin，2015）为解决内生性问题，采用了 Freedom House 公布的公民自由指数作为工具变量，运用异方差识别及系统 GMM（广义矩估计）来进行估计，结果显示互联网对贸易具有强大的促进作用。二是“距离”对数字贸易的影响。弗洛因德等的研究结果显示，在互联网时代距离对贸易的影响依然存在。百隆等（Blum et al.，2006）表明，即使互联网时代数字产品的交易成本几近为零，但依然不能排除距离在贸易中的重要作用，如美国人更有可能访问那些与自己相近的国家网站。三是影响数字贸易的制度障碍和壁垒。数字贸易限制指数是重要的解释变量。米尔纳（Milner，2006）研究了会对互联网普及率产生影响进而也会影响数字贸易的制度因素。跟技术和经济因素比较而言，政治制度因素对互联网普及的影响更大。与专制政府相比，民主政府更有助于促进互联网的传播，继而缩小“数字鸿沟”。费拉坎等（Ferracane et al.，2018）通过对多个国家管制数据的政策措施进行加权统计，构建出 DSTRI 指数来评估这些国家的数据政策限制水平。计量分析结果显示，严格的数据限制政策对数据密集型服务贸易的作用是负向的。

2.5　对既有文献的评价

总体来看，对数字贸易规则进行分析的文献不胜枚举。在既有文献中，学者们指出了多边框架下既有数字贸易相关规则所存在的其他问题，如“非歧视性待遇”对数字产品的适用性。同时，学者们还分析了近期 WTO 框架电子商务谈判中的新进展。但是，近年来区域层面的数字贸易规则构建成果远比多边瞩目。美国、欧盟、日本和中国是区域数字贸易规则相关文献重点研究的经济体。其中，美国、欧盟和中国形成了全球数字贸易规则中的三大主要阵营。由于美国是数字贸易规则的引领者，因此既有文献多聚焦“美式模板”的数字贸易规则，重点研究美式数字贸易规则及其引发的冲突和分歧。也有学者对数字贸易流量的影响因素进行了研究，这可为本书研究美式数字贸易规则的数字贸易效应提供参考。

尽管不少既有文献已对数字贸易规则，尤其是“美式模板”展开了研究工作，但仍有以下问题有待解决。

首先，“美式模板”是以其国内法为基础发展起来的。虽然不少文献分析了美国数字经济相关的国内法和美式数字贸易规则，但并没有将两者联系起来，或者仅对少数的个别议题进行分析，却没有从整体上梳理美国基于国内法构建国际数字贸易规则的发展脉络。本书认为对两者建立联系是有必要的。因为美国国内法是支撑其构建国际规则的法制基础。虽然现阶段美式数字贸易规则已然成型，但受到多方博弈的制约，美国的诉求尚未能在国际舞台上得以完全实现。相比而言，美国国内法能更全面地表达美国在数字贸易中的诉求。从源头上厘清“美式模板”从国内法到国际法的发展脉络，有助于更清晰地把握美国在数字贸易规则中的诉求，并更好地预判“美式模板”在国际上的发展趋向。

其次，既有研究多集中在特定的热点领域，如“跨境数据自由流动”的相关条例。但是事实上，数字贸易规则还涉及金融、电信和 ICT 合作等很多领域，但这些在学术研究领域受到了冷落，或者被放在数字贸易的框架内进行统一分析。事实上，由于数字贸易所涵盖的范围很广，与多个传统贸易部门的内容之间存在不少交集，因此除了“美式模板”中独立的“数字贸易”章节（或“电子商务”章节）以外，还有不少数字贸易相关的内容散落在“金融服务”“电信”“跨境服务”和“投资”等章节中。本书认为，需要对这些内容进行梳理，方能对“美式模板”有一个全面的认识。

再次，是研究的滞后性。国际数字贸易规则发展演变速度快，例如特朗普政府在国际层面不断挑起贸易纷争，这些举措无疑会冲击区域层面的数字贸易规则谈判进程，也会对多边框架下的电子商务谈判带来不确定因素。在这些新的冲击下，美国今后的数字贸易规则立场和诉求会呈现怎样的发展轨迹？除美国以外其他主要经济体在这背景下会做出怎么样的应对之策？当前，既有文献多停留在特朗普 2018 年主导的 USMCA 相关规则解析上，而甚少针对最新的数字贸易规则发展以及国际形势变化展开进一步分析。而新出现的议题如数字税和知识产权保护的扩展范围等内容都是数字贸易谈判的焦点，值得进一步关注。

最后，是缺乏数字贸易规则对贸易流量影响的相关文献。虽然美国在区域层面已经构建了颇具规模的规则体系“美式模板”，并成功影响了其他经济体在制定数字贸易规则时所承诺的协定文本内容。但既有文献多聚焦于数字贸易影响因素分析，甚少从定量角度量化数字贸易规则对数字贸易流量带来的影响。因此，本书对美式数字贸易规则背后的理论驱动因素进行分析，并研判规则文本的内容及其贸易效应，以期对数字贸易规则“美式模板”的研究进行补充。这也有助于为中国参与全球数字贸易治理提供决策参考。

第3章 美国推出数字贸易规则“美式模板”的理论阐释

美国是数字贸易大国和强国。美国致力于在RTAs框架下推出数字贸易规则的“美式模板”，为全球数字贸易发展及其治理带来了深刻变化。事实上，数字贸易规则“美式模板”背后的故事值得探究。为什么美国会有动力积极参与甚至引领全球数字贸易发展及治理，美国为什么会通过主导一系列RTAs的方式来对外输出“美式模板”，美国积极谋求对外出口数字产品及服务的目的何在，美国为何在贸易谈判中如此重视促进数据流通和知识产权保护，为什么扩大美国数字产品和服务在他国市场的准入对美国如此重要等等。这一系列重要的现象和事实背后，究竟隐藏着怎样的政治经济逻辑，如何对其进行解读，确实值得深思。本书认为虽然数字贸易是区别于传统国际贸易的特殊贸易形式，但经典的经济学理论在运用于解释数字贸易发展及治理时，仍具有相当的生命力，只是在具体的运用时会呈现一些典型特征。有鉴于此，本章结合“美式模板”的发展动态，尝试基于七个经典经济学理论的视角对美国推出数字贸易规则“美式模板”的基本逻辑进行理论阐释。

3.1 基于“比较优势”视角分析“美式模板”的形成动因

“比较优势”是一个相对的概念，指生产一种产品比其他产品具有更高的效率。经济人在做出和执行各种行为决策时，是需要衡量其“机会成本”的，即因做一件事情而放弃其他事情所面临的最大代价。当厂商生产具有“比较优势”的产品时，放弃其他产品所需承担的机会成本较低。因此，理性的厂商往往会选择生产具有“比较优势”的产品以实现利润最大化。古典贸易学派的李嘉图（2013）用“比较优势”理论解释了国际贸易分工：即使一个国家生产的两种产品都处于劣势（即无绝对优势），也可以选择劣势较小的产品生产，再从他国进口劣势较大的产品。最有效的国际贸易分工方式即每个经济体都通过这种比较成本的方式，生产具有“比较优势”的产品并进行贸易。最终参加贸易的国家都获得自己等量投入所能得到的更多产品，实现共赢的结果。因此如果一个国家在某产业具有比较优势，会拥有对外输出相应产品的强大动力，以在国际贸易分工中实现利润最大化。

经济发展水平高的国家往往抱有较强烈的对外输出数字服务的意愿，这是因为它们在以下四类数字产业中具有“比较优势”。

（1）数字基础技术。数字技术的发展和运用需要坚实的基础设施作为后盾，如电信部门中的通信服务和云服务。这些产业的研发往往需要不少资金和技术资源上的投入，因此发展程度比较高的大国在这方面具有优势。

（2）知识产权和版权许可服务。软件等知识产权密集型产品凝结了创作者的智慧。这些产品的发展多是建立在前人的知识产权成果之上的。而经济强国掌控了大量这方面的资源。为在技术外溢前保证回收成本和赚取利润，这些国家在对外输出产品时，常以出售知识产权产品、版权和许可服务的方式来提供数字产品。

（3）视听娱乐产业。因为视听娱乐产业属于文化部门。当一个国家在经济上具有强势地位，其文化价值观也较容易为其他经济体所认同和欢迎，因此也更愿意致力于对外输出数字视听等服务，进而占据海外市场。

（4）基于数字技术提供的金融保险服务。经济强国往往在金融和保险服务面的发展水平较高。因此它们积极采取数字形式对外输出国内的相关服务。同时相比于其自身的其他产业而言，同样的投入可以获得更多的产出，具备比较优势。

美国在数字技术、知识产权和视听文化娱乐等数字贸易部门中都具有显著的比较优势，甚至是绝对优势（详细产业数据见第 4 章）。因此美国在制造业市场不断萎缩的背景下，积极对外输出数字服务。这可有效促进美国出口，乃至改善其经常项目收支。但是，当前美国数字产品的对外出口受到了不少他国的限制。其中一个关键的原因在于，如果美国大规模对外输出其具有优势的数字产品，将威胁到不少他国处于比较劣势的数字产业。其他经济体因此设置了贸易壁垒以限制美国的数字产品进口。由于数字贸易是规则敏感型的，部分贸易壁垒甚至完全屏蔽了美国对外输出的数字服务，因此他国的限制性法规可以轻易地冲击美国的数字贸易。为减少和消除这些障碍，美国近年来积极地在 RTAs 中构建符合其自身利益的数字贸易规则。当前，除了不断升级既有的数字贸易规则，美国还陆续在 RTAs 引入新的数字贸易内容，力图完善既有协定的不足，为美国的数字产业出口营造良好的国际法规环境。

3.2　基于“轮轴—辐条”视角分析“美式模板”的输出路径

“轮轴—辐条”概念最初由著名国际贸易学家巴格瓦蒂提出，用于描述 20 世纪末全球 RTAs 不断增加进而形成协定网络的现象（Baldwin, 1994; 2008）。在该模式中，一个国家处于缔结 RTAs 的中心地位，分别与多个国家签署 RTAs。这个主导国家如同“轮轴”一般带动着 RTAs 的发展，因此被称为“轮轴国”。而那些与“轮轴国”签订协议的国家相互之间并没有缔结 RTAs，在协定网络中如同“辐条”一般没有交集，故被称为“辐条国”。

从扩大市场和提高规则制定时的影响力的角度来看，“轮轴国”从“轮轴—辐条”模式得到的利益远高于“辐条国”。

（1）在市场扩张方面。首先，“轮轴国”可以获得更多的“辐条国”市场，促进本国贸易出口。其次，虽然“辐条国”也可因此进入“轮轴国”市场，但“轮轴国”的市场是有限的，会随着“辐条国”的不断增加而被相应分割削减。而且，由于在协定网络中“辐条国”相互间的联系并不紧密，也未能顺利进入对方市场。最后，“轮轴—辐条”模式中的国家是具有“先发优势”的。越早加入该体系的“辐条国”所得福利越多。因此不断有体系外国家希望能够尽快加入“轮轴—辐条”体系，成为新的“辐条国”，以获取新的市场。由此占据“先发优势”的“轮轴国”进一步扩大其海外市场。

（2）在提高规则影响力方面。由于“辐条国”为了获得更多的福利而争取更早地加入“轮轴—辐条”体系，因此各“辐条国”在缔结协定成为成员方时相互间是一种竞争关系。“轮轴国”可利用这种竞争关系，结合各种特惠措施，让谈判中的“辐条国”在压力下接受其他“辐条国”已经签订的规则。同时，通过签订协议获得“先发优势”不断吸引新“辐条国”加入，进一步扩大“轮轴国”在贸易规则制定上的话语权，扩大“轮轴国”的“要价”在RTAs框架下的接受度。基于以上逻辑，“轮轴—辐条”体系会不断地对外扩张，“轮轴国”也在这一过程中扩大基于自身诉求所构建的规则之影响力，不断地收获利益转移。国际贸易中的利益逐渐向“轮轴国”聚集，贸易利益的分配将愈发不均衡。

数字贸易的主体是服务贸易，数字贸易发展所遇到的主要障碍是非关税壁垒（如边境后采取的各类限制性措施）。但跟关税削减比较而言，减少或剔除非关税壁垒会牵涉改变一国国内规制甚至要求让度部分主权，所以推进数字贸易自由化规则相对困难。因此，当前多边框架下的既有服务贸易协定并未普遍对数字贸易内容进行深度承诺，不少数字贸易新议题尚处于悬而未决的状态，全球数字贸易治理体系有待发展和完善。在这个数字贸易规则存在空白的阶段，不少数字大国都致力于将自身诉求深度植入全球数字贸易规则体系中。但是若仅签订少数几项RTAs，在国际上的影响力是远远不够的。相反，如果经济体对外积极构建数字贸易规则网络，尽快在区域贸易谈判层面成为“轮轴国”，则可充分发挥“轮轴—辐条”效应。除了扩大海外市场，还可获得规则构造上的“先发优势”，对外输出彰显雄心的数字贸易“要价”。

美国是新区域主义背景下典型的“轮轴国”。美国本身具备强大的经济影响力，而且带有对外输出符合自身诉求之规则的强烈意愿。为实现主导数字贸易治理的目的，美国积极与多经济体达成涵盖数字贸易规则的RTAs。经过不断努力，美国的主要贸易伙伴几乎都与其签署了至少一项RTAs，而美国的缔约对象之间通常并未缔结RTAs。在美国营造的区域数字贸易治理网络里，美国如同车轮中心的“轮轴”，其缔约对象如同“辐条”。美国在

“轮轴—辐条”体系中引入数字贸易内容的动力是通过“辐条国”的不断增加来扩大美国的数字贸易市场、提高“美式模板”在全球数字贸易治理中的接受度。当美国不断对外缔结协定成为“轮轴国”，“轮轴—辐条”效应可以不断带来新的“辐条国”的加入。而随着“辐条国”成员的不断增加，美国作为“轮轴国”，又可以进一步提高自身在数字贸易规则制定上的话语权。在多边贸易体制迄今尚未随数字贸易的发展做出突破性改革的背景下，为尽快实现美式数字贸易规则的对外输出，美国利用其在区域数字贸易治理网络中的“轮轴国”地位对其他国家施加压力，是一个可行的有效途径。事实上，在目前全球数字贸易治理体系中，“美式模板”的核心议题已多次出现在了美国未直接参与的多个协定，只是在承诺的“深度”和“广度”上存在区别。

3.3 基于“规模经济”和“外部性”视角分析市场准入扩张诉求

3.3.1 基于“规模经济”视角分析市场准入扩张诉求

“规模经济”理论把产品总成本分为固定成本和变动成本。固定成本是生产第一件商品时所必要的投入，包括研究开发、用地和基础设施等。该理论假设无论产品是一件还是多件，总的固定成本都是不变的。由于这些成本投入后不会因后续操作而发生改变和撤回，因此被称为“沉没成本（sunk cost)”。变动成本则是每多生产一件产品需要额外投入的技术、材料和劳动。克鲁格曼（Krugman，1988）认为，“规模经济”即随着生产规模的扩大，平均总成本不断下降从而引起经济效益增加的现象。“规模经济理论”中应用较多的是“内部规模经济”模型。该模型中产品固定成本随着产量的增加而减少，实现“规模经济”；贸易参与者因成本降低而从贸易中获益。

相比传统产品，数字产品的“规模经济”效应会更显著。根本原因在于数字产品本身具有很强的非排他性，复制成本极低且能保证质量，因此可变成本很低（余世英，2011）。在多数情况下，数字产品的总成本被认为只涵盖不变成本，可变成本趋近于0，固定成本在总成本中的比重则增加。以互联网服务为例，其不变成本主要是基础设施投入成本，可变成本则是提供互联网联通服务所需要的带宽费用等，可变成本远低于固定成本。当数字产品的销售规模达到一定的门槛时，固定成本将占数字贸易总成本的绝大部分份额。根据“规模经济”理论，固定成本会随着产量下降而减少。随着市场规模的扩大，平均成本会不断下降，边际成本较少甚至不断趋向于0，最终实现规模经济。此时其他竞争者相比之下缺乏成本优势，即使强行参与竞争也会导致双方企业都在非最优的水平上运营，因此不会参与竞争。以上分析表明，数字产品的所有者是否盈利，与其销售规模休戚相关。这促使数字贸易强国追求扩大其数字产品出口规模。

美国是数字贸易强国，也力求让自身的数字产业在国际上获取最大的边际利润。“规模经济”的经济效益激励着美国追求扩大数字产品的出口市场。因此，扩大数字产品的市场，实现规模经济成为美国对外扩张数字贸易市场的重要目标。实现这一愿景的基本条件有两个：一是确保数据流动的畅通无阻；二是让其他经济体降低各种非关税壁垒，承诺开放自身的数字贸易各大部门或者产业的市场。美国为满足这两个条件，积极对外缔结数字贸易规则，以确保顺利接入境外市场。

3.3.2　基于“外部性”视角分析市场准入扩张诉求

“外部性”即生产者或消费者行为对其他个体乃至社会利益产生的影响。在传统的国际贸易理论中，外部性影响不会体现在产品价格上，生产者和消费者本身不需为外部性支付私人成本（private cost），也不会因外部性得到额外利益。存在外部性的情况下，政府未干预的市场资源配置是无效的，社会成本曲线和需求曲线决定了最优产出水平。外部性的差异会导致社会产量出现过多或过少的情况。

根据“外部性”的影响，可将其分为正外部性和负外部性两种类型。存在正外部性时，社会成本（social cost）小于私人成本。最优产出水平高于均衡数量，市场产出量低于社会需求量（最优产量）。典型的正外部性如：每人都在家门口安装照明设施，那么夜晚整个区域会拥有比较好的视野。但作为个体而言，安装灯的每户人家不会有额外的收益。当存在正外部性，产商提供的商品是不能满足市场真实需求的，厂商需要将外部性的影响也考虑进去，以实现最优产出。与之相反，存在负外部性时社会成本高于生产成本，社会产出水平小于无外部性时市场的均衡值，社会需求量低于无外部性时的均衡产量。如汽车排放尾气，虽然产生了污染环境的负面效果，提高了社会成本，但汽车生产商和车主不需要额外支付生产成本和个人成本（Mankiw，2020）。

为使市场配置在外部性作用下依然有效，政府常采用将社会成本纳入生产成本的方式进行成本调整。具体而言，政府可对产生负外部性的企业（如造成环境污染的铝企业）采取收税的办法以提高其成本；对产生正外部性的企业（如产生技术外溢的高科技企业）提供补贴，以补偿其虽给社会带来福利却不能直接入手的利益。科斯定理则考虑了政府未介入时调整外部性带来的资源配置问题：可通过市场解决外部性。当谈判交易成本为 0 时，无论产权归属如何，非政府双方的谈判都可使市场资源得到有效配置。但事实上，交易成本为 0 的情况并未很好地匹配现实，因此政府在调整资源配置时起到重要作用。

数字产品具有很强的外部性。区别于传统产品，数字产品的“外部性”效应会体现在价格之上。另外，数字产品近年体现出愈来愈明显的正外部性，这主要呈现在如下两方面。

第一，数字产品具有显而易见的正外部性，越多人使用某一数字产品，将提升相应产品的价值。如图 3－1 所示，当数字产品价值上升，消费者愿意支付的价格也随之提升，整个社会的均衡点将从 C1 向右偏移至 C2，社会均衡价格和产量也相应提高。典型的例子如：网络游戏的玩家越多，这个游戏就更加有趣味；软件使用的人越多，则该软件越容易成为行业标准，从而垄断市场；当越多用户习惯于使用特定平台时，软件开发商则会更多地使用该平台。因此，这些数字企业会争取尽快进入海外市场以充分发挥“先发优势”，成为行业标准以实现“正外部性”。

第二，数字产品（服务）的部分负外部性逐渐向正外部性转移。这是数字技术快速进步和广泛应用带来的影响。虽然过去用户数量的增加会造成严重的网络拥堵，大幅降低用户体验。但正如摩尔定律所言，互联网的性能（如带宽和数据流通速度）正以几何级数的增长速度在发展。因此网络拥堵

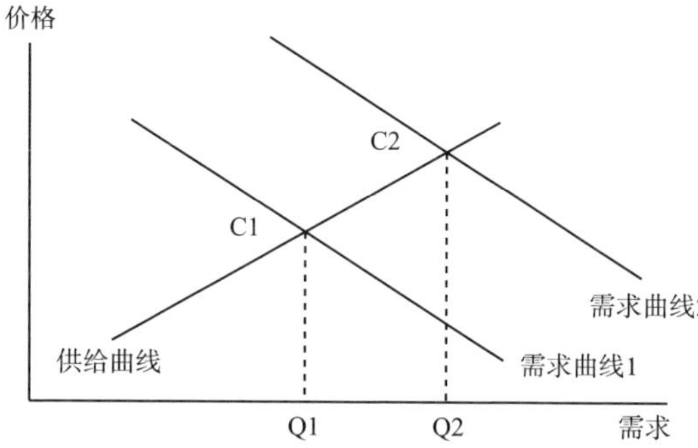

图 3 – 1　数字产品的正外部性

资料来源：基于高鸿业（2014）图 2 – 7 制作。

等造成的负外部性现象得到很大的改善。与此相反的是，由于越来越多的消费者使用互联网，互联网成为受众多数字产品依托的技术标准，具有了难以替代的竞争力，即呈现正外部性。负外部性能转成正外部性的另一个例子则是最初跨境电商服务的发展打击了传统实体商户，其原因在于，实体商户未能及时顺应数字时代的变迁，仍采用传统的物流、成本和信息获取方式，其运营成本高于电商平台。但随着线下与线上融合发展，线上运营不仅是给虚拟用户提供平台，更有助于提升实体商户的销量和知名度。传统实体用户通过与线上操作相结合，能够接触到更多的机遇和市场。此时电商平台用户的增多亦逐步给这些传统实体用户带来正外部性。

总体来看，由于数字产品和服务具有显而易见的正外部性，且随着数字技术和基础设施的发展完善，其负外部性正在逐渐转向正外部性。数字产品的消费规模越大，生产者或服务提供者受益越多。

对美国而言，当其数字产品的销售超越一定的门槛值时，可以发挥数字产品的正外部性效用，实现利润最大化。“正外部性”与“规模经济”所带来的经济效益激励着美国致力于谋求拓展海外数字产品市场，以提高美国数字产品的对外销售数量。因此，在当前数字经济发展腾飞的大背景下，扩大数字产品“市场”成为美国对外输出数字贸易规则时的关键目标。事实上，美国在“美式模板”中构建了不少具有雄心的数字贸易规则，以降低各种数字贸易壁垒，提高市场准入水平，进而实现扩大市场的目的。

3.4 基于“产品差异化”和“差别定价”视角分析跨境数据流动诉求

3.4.1 基于“产品差异化”视角分析跨境数据流动诉求

在经济学的标准完全竞争模型中，不同的竞争者在市场中提供的产品是一样或同质的，价格是影响消费者购买决策的唯一重要因素。单个厂商将面临一个平稳的需求曲线，稍微抬高价格都可能会大幅减少其市场份额，甚至完全丧失市场（如图 3 -2 所示）。

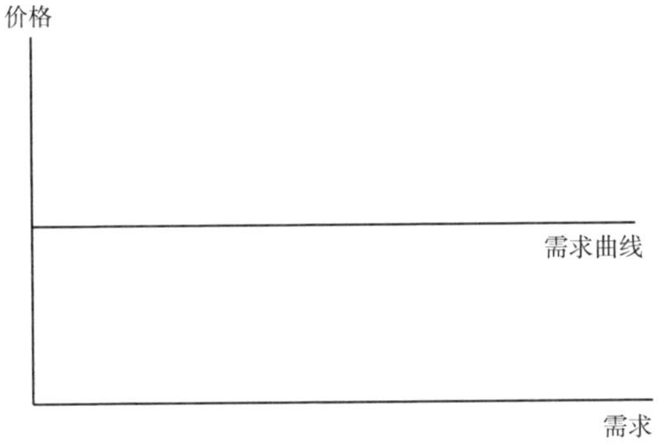

图 3 -2　完全竞争市场的需求曲线

资料来源：基于高鸿业（2014）图 2 -18 制作。

区别于传统完全竞争模型中的单一产品，差异化生产的产品虽属同一类别，但相互间是存在区别的，如咖啡中的黑咖啡和卡布奇诺，企业就同种产品推出不同系列和品牌等。产品差异化可分为两种，一是水平差异化（Horizontal Differentiation），产品的差异体现在产品的外观和用户偏好的不同上（Hotellling，1929）。如对于同一款鞋子，有的人偏好白色，有的人偏好黑色，则在价格一样的情况下，每一种偏好的颜色将均分市场。企业还可细分用户更深层次的偏好进一步实现差异化并赚取利润。

如图 3 -3 所示，纵坐标代表产品的价格，横轴表示消费者对颜色的偏好。厂商 A 和厂商 B 分别生产白色和黑色的同质鞋子，两者的价格一样，各占据了一定的市场份额。如果厂商 A 提高了价格，两个厂商的市场交界线将向左迁移，厂商 A 所占市场份额随之减少。消费者甲和乙分别喜欢白色和黑色，则各自会偏好厂商 A 和厂商 B 生产的产品。但是厂商 A 和厂商 B 所生产的产品都和甲、乙所期待的存在偏差。如图 3 - 3 所示，甲所期望的白色与企业 A 生产的标准白色（点 C）是不一样的，差距越大则所需额外支付给厂商的价格就越高。

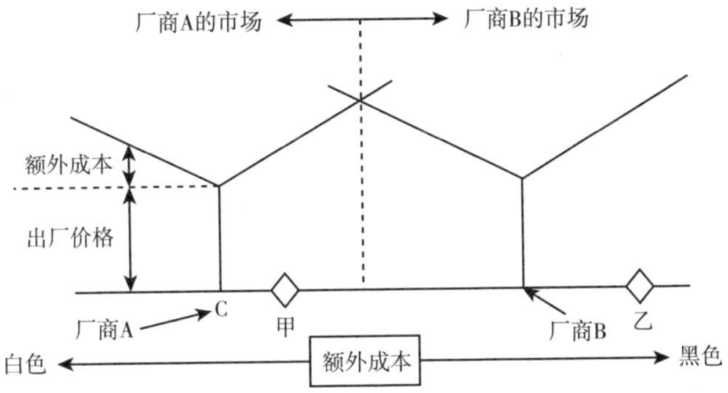

图 3 - 3　横向差异化产品

资料来源：崔（Choi，1997）第 317 页图 8 - 1。

二是纵向差异化（Vertical Differentiation）。纵向差异化产品在性能和属性上会有本质上的区别，如具有不同硬件配置的个人电脑。由于不同的产品品质所需要投入的生产成本（包括技术和劳务）存在差距，因此纵向差异化产品间通常会有价格差距。纵向差异化和横向差异化是可能同时存在的，如两家横向差异化的视频网站都提供在线视频观看服务，其中一家还有连接电视的播放服务，在纵向上更能满足家庭用户的需求。

正是由于存在两方面的异质性，每种产品在产品空间上都有自己的特定位置，在某细分市场上，产品的差异化特性使其不能被轻易取代，具备了排他性。此时提供该产品的厂商在市场上能处于垄断地位（Chamberlin，1933）。这意味着，区别于同质化产品，差异化产品因价格变动而丧失所有市场的可能性较低。所以产品差异化是厂商追求的理想状态。

区别于传统产品，数字贸易中产品差异化的实践运用更为广泛。数字产品能实现产品差别化并获得市场支配地位的关键因素有两点。一是数据的可获取性。这是由于数据流动快、规模大的性质，使数字贸易厂商相较于传统厂商更容易获得丰富且详细的用户偏好资料，并基于此提供符合个性需求的差异化服务。二是为差异化服务提供接近于零的额外生产成本。数字产品本身具有非常强的可修改性，因此对数字产品进行差异化生产的成本也不高（Choi，1997）。数字产品具有更强的异质性导致其所有者具有更强势的市场地位。数字产品差异化生产时，厂商所面临的消费者需求弹性较小，具有一定的市场支配能力，其他厂商并未能自如地进出市场。即使厂商抬高了某差异化产品价格，其市场份额也不会因此大幅缩减。如图 3－4 所示，差异化产品的需求曲线相对陡峭，相比同质产品可以给厂商更大的价格调整空间。与此同时，即便市场中其他同类产品价格下降了，也不会侵吞差异化产品的市场份额。这意味着差异化产品的厂商会在一定程度上起到市场支配者的作用，尤其是对于存在特定产品偏好的消费者。因此差异化厂商可以在获取用户信息的基础上，根据市场需求制定可获得最大利润的价格水平，而非成为价格的接受者。需要注意的是，这种价格和垄断是短期的，因为利润的优势会随着新厂商的进入而消失。

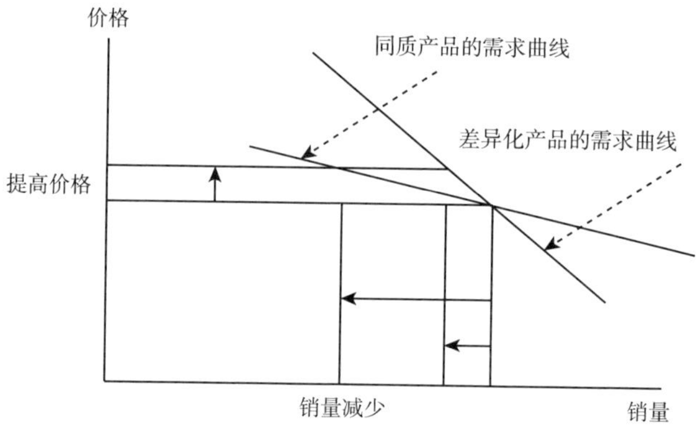

图 3－4　差异化数字产品垄断市场前后对比

资料来源：Choi（1997）第 320 页图 8－2。

美国在数字产业具有领先的技术优势，当美国根据消费者的个性化需求对数字产品进行差异化生产时，调节甚至改造所需要的技术成本较低。依托于这些数字技术基础，如果美国能在对外输出数字服务时能充分实现数字产品差异化，那么至少在短期内由于这些产品的需求弹性较低，美国可获得强势的市场主导地位，提高自身在价格制定上的话语权。由于实现产品差异化的前提条件是大量获取其他经济体的数据资源，因此大力促进跨境数据的流通，以最大限度地获取他国用户信息以及机构信息也是美国构建数字贸易规则“美式模板”时的重要关切。但跨境数据的获取涉及数字贸易中的用户隐私、个人数据安全甚至国家安全等问题。因此对数据的监管程度成为各大经济体制定数据相关的数字贸易规则时的分歧所在。

3.4.2　基于“差别定价”视角分析跨境数据流动诉求

差别定价即针对同一产品，根据用户的不同需求和特性进行区别定价。不同用户对同一产品所愿意支付的价格也是不一样的。例如，相比收入低或需求低的消费者，收入高或有更高需求的群体可能愿意支付更高的价格。企业可基于用户的最大支付意愿进行差别定价，对前者征收较低的价格，对后者则制定较高的价格。相比起制定统一的价格，差别定价可使厂商尽最大可能地榨取消费者剩余，获得更多的利润。如图 3 -5 所示，当企业对某一产品施行统一定价时，总收益为区域 ECDO。当企业能根据消费者的需求进行区别定价时，对处于 A 点的用户可采用最高价格售出产品，对于处在 C 点的用户则采用统一定价时的价格。区域 ADC 的消费者剩余也会成为总收益的一部分，差别定价可增加总收益。

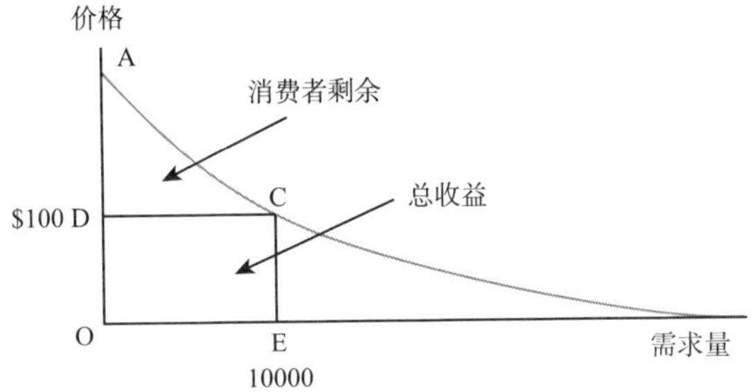

图 3 -5　差别定价前后的收益

资料来源：Choi（1997）第 322 页图 8 -3。

但是，传统经济中要实现完全的“差别定价”是有难度的。一是因为要精准定位用户“画像”，就需要投入极高的调研成本方能准确获知用户个体的偏好。因为没有识别用户个体购物动机的有效手段，传统的有效竞争性市场多采用统一的定价，而不考虑不同消费者独自的产品评价；也可能是仅停留在以消费者群体为单位，或者根据动机来制定不同的价格。二是差别定价这种模式需要防止消费者间的转售，即需求曲线左边估价较高的用户从需求曲线右边估价较低的用户处购买。因为转售者可以通过“低价买，高价卖”的方式，以低于厂商制定价格的水平卖出并从中套取利润。如果以传统的贸易模式交易，转售的现象将难以避免。这些限制会导致厂商的差别定价策略受挫。

数字贸易中，数据速度快、信息量丰富且可获得性强的独有特性让高度的差别定价运营模式成为可能。基于互联网中介所提供的服务至少可从以下三方面为差别定价提供技术基础和实践环境。一是企业可以获得详细的消费者信息。与传统产品相比，数字贸易中通过数字技术收集消费者的相关信息成本更低，途径更多，也更便利。这可以让企业区分不同消费者的情况以及购买动机并制定相应的价格。二是由于云计算服务的普及，让企业可以高效地针对不同的消费者制定不同价格。三是让消费者单独付账的技术较为成熟，可以有效地防止转售情况的发生。而在传统的实物市场中，实现这些条件都需要较高的成本。数字贸易中厂商可基于这些有利的技术条件，让每个单独的消费者支付其所愿意的最高价格（Choi，1997）。

美国是全球人工智能和云计算等数字服务的提供大国，美国厂商希望能更多地获得详细的用户信息，由此区分不同消费者的购买动机并制定差异化的价格。这可在不增加生产成本的同时，提升销售或者出口总额。“跨境数据自由流动”和“数据存储非强制本地化”是收集消费者相关信息，进而实现“差别定价”的一个基本前提。但如前文所述，虽然数字技术的发展让大量获取市场信息成为可能，但是获取涉及用户喜好的数据，会牵涉消费者隐私、言论自由甚至是国家安全等法律问题。事实上，当前对于因数据管制力度不够所引发的隐私侵权问题，无论是美国本身还是其他国家都有不少反对的声音。而对于数据流动和隐私保护之间的矛盾，数字贸易规则“美式模板”则侧重于从一国的经济发展以及产业利益出发，推动数据的流动和获取。相比于在数据流动上的雄心水平，美国在数字贸易规则层面为保护隐私所采取的数据监管措施标准较低。

3.5　基于“市场垄断”视角分析数字知识产权保护诉求

“市场垄断”理论认为，如果企业是产品的唯一卖家，该产品在市场上没有相近的替代品，那么该企业会被认为是垄断厂商。产生垄断的根本原因是其他企业参与竞争的门槛太高。门槛主要有三类，一是关键资源高度稀缺；二是政府所构建的独特许可；三是技术原因和规模经济所导致的。在传统经济学中，垄断和竞争是一组相互矛盾的概念。当一组产品在市场占据了垄断地位，其需求就很少受到其他产品价格上的竞争威胁。竞争的缺乏导致市场资源配置失灵，企业可基于市场需求来控制和操纵价格。由于垄断产品的需求弹性低，垄断产商通过控制供给量来抬高价格，会使消费者的需求得不到满足：消费者将成为垄断产品价格的接受者，其享有的消费者福利也将降低（Mankiw，2020）。

数字产品多是知识密集型的，强化知识产权保护能捍卫市场垄断地位。依托于互联网流通的数字产品具有可复制性强、扩散速度快和范围广等特殊属性。未经授权的数字产品传播是不可控的，会严重侵蚀知识产权所有者的市场。如果不对产品的扩散加以限制，将导致一个产品只能卖出一件，第二件之后被无限制复制并形成盗版横行的局面，获取成本将很小甚至为0。

在数字贸易领域，一些基于智力发展出来的知识产权产品（如软件），往往需要投入企业很多时间和精力来研发和创造。如果企业获取利润的权利得不到保障，投资得不到回报，企业将不再投入研发知识产权产品，这不利于技术创新和进步，从长远来看将损害公众利益。因此，政府和企业都致力于保护知识产权，来限制数字产品未经授权的复制和传播。政府部门制定了包括版权法在内的知识产权保护规制，以确保数字知识产权所有者的产业利益不受侵害。企业则对数字产品进行加密和更新以防止知识产权泄露。这些措施成为保护数字知识产权的重要手段。由于这些数字产品需要较高的技术水平作为研发基础，因此限制使用知识产权将导致其他企业在没有许可或者授权的情况下，难以进入该产品市场。在法律和技术的共同作用下，该数字产品在市场上占据了垄断地位。

但区别于传统的垄断市场，这种数字产品的垄断是暂时性的。数字贸易市场具有很高的不确定性，企业如果没有因应市场需求对产品进行更新换代，垄断产品将很容易被新出现的数字产品所取代。事实上，即使一种数字产品占据了垄断地位，拥有高技术水平的竞争者也会不断进入市场，形成新的竞争。因此，数字贸易中的垄断与竞争并非相互对立的关系，这一点与传统意义上的垄断是不一致的。这也导致垄断企业在制定数字产品价格时受到市场竞争的制约。这种情况下，成为行业标准是保持竞争地位的有力手段。扩大市场规模是成为行业标准的重要前提。垄断厂商需要低价销售数字产品，消费者的福利也因此得以提高（Choi，1997）。

值得注意的是，数字知识产权的垄断还面临着“鼓励创新”的挑战。如果出于保护市场的目的，对数字知识产权实施过强的保护，不利于知识的运用和创新，因此需要对知识产权进行适度保护。对此，政府往往在赋予知识产权所有权或者版权的同时，要求“促进科学和艺术进步”（如美国《版权法》）。这是出于公众利益所提出的要求，即在不侵犯版权的前提下进行知识产权使用（即“正当使用”）。如何取得知识产权保护和正当使用中的平衡，成为捍卫数字知识产权垄断地位的一大挑战（Choi，1997）。

美国的数字产业中包含了大量数字知识产权密集型产品，在 RTAs 框架下关于数字贸易中的“知识产权保护”问题，美国的利益诉求主要聚焦于两点：一是保护依托信息通信技术实现跨境传输的数字内容产品的版权、著作权等；二是保障云计算、人工智能等新兴产业（产品）中关键技术的非强制转让权。美国主张对数字知识产权实施强保护，主要是希望能巩固其“知识垄断地位”，具体包括两点动因：一是可避免数字知识产权侵权以保障美国数字产品的市场垄断优势地位。“美式模板”从源代码、算法以及技术保护等角度出发，要求对数字知识产权保护设定高标准。这是为了让厂商免受侵权之扰，捍卫其数字产品的市场竞争优势地位。美国致力于发展数字知识产权规则，以期能有效保护美国知识产权不受侵权。这可以避免美国数字知识技术外溢，此时缺乏底层核心技术的其他经济体厂商要靠自主研发来开发数字产品会较为困难。因此知识产权门槛可从根源上阻碍其他经济体产品进入市场，美国的数字产品可持续保持市场垄断地位。二是让知识密集型的数字产品成为竞争性市场的行业标准进而垄断市场。在竞争性垄断市场中，美国数字企业并不会轻易地利用其垄断地位来减少数字产品的供给，抬高数字产品的价格。相反，有时候它们甚至会降低价格进行销售，如微软在发展中国家大幅调低操作系统的价格。降价销售可让美国的产品快速占领海外市场，进而成长为“行业标准”并保持产品竞争力，以夯实其垄断地位。

值得注意的是，在贸易谈判中，过强的知识产权保护水平往往会引起发展中国家的不满。同时考虑到需要“鼓励创新”进而保障公众利益，美国在 RTAs 和国内法中提出，需要探讨如何确定“正当”使用知识产权的标准，以促进数字知识产权的合理使用。

3.6　本章小结

数字贸易是一种新兴事物，它与传统贸易有着非常紧密的联系，又有着一些本质上的区别，如数字产品所具有的流通速度快、复制成本低等性质。因此，一方面，传统经济学理论可以用来阐释美国构建数字贸易规则“美式模板”时的决策动机；另一方面，这些理论在数字贸易的应用上与传统贸易也存在差异。把握数字贸易区别于传统贸易的新特征，方能更好地发挥传统贸易理论对数字贸易新现象的解释作用。

本书基于传统国际贸易理论视角，解释了一些重要的数字贸易现象和事实，以寻求美国积极构建数字贸易规则“美式模板”背后的利益驱动所在。第一，数字贸易是基于比较优势开展的。美国的数字产业具有比较优势，出口数字服务可提升美国的福利，因此美国积极构建数字贸易规则以推动数字贸易的发展。第二，“轮轴—辐条”模式中，“轮轴国”能获取更多的福利，包括自主对外扩张的“辐条国”市场，以及“轮轴国”在规则制定上的话语权和影响力。因此美国积极主导与签订大量 RTAs，以更快地实现数字贸易规则对外输出，及更快速和有效地占有更多的缔约方市场。第三，是数字产品的“规模经济”效应。数字产品的输出具有较强的规模效应。因为不少数字产品的产出需要在硬件上投入固定的沉没成本，而边际成本为零，因此数字产业的发展对市场规模具有较强的依赖性。美国通过对外输出数字贸易规则，争取为美国的数字产品和服务获得更广阔的市场空间，以收获规模经济效应。第四，数字贸易体现了较强的“外部性”。大部分数字产品具有正外部性，使用的消费者越多，数字产品的价值也会随之提高。与此同时，一部分数字产品具有负外部性，会随着消费者的增多而给产品本身带来负担，也会给传统行业带来冲击。但随着 ICT 的广泛应用和发展，这些负外部性也逐渐消失，转化为正外部性。因此获取更大的市场和更多的用户是美国构建数字贸易规则的核心目标之一。第五，数字贸易中细化市场、精准定位消费者群体以进行“差异化生产”成为常态。而这需要大量的消费者数据资源作为后盾。因此大量获取消费者数据成为美国构建“美式模板”的重要诉求。第六，美国希望通过大量获取消费者数据，以根据消费者的需求就同一产品进行“差别定价”。这也是“美式模板”致力于推进和深化数据跨境流动自由化水平的根本动因。第七，是厂商对数字知识产权产品的垄断行为。数字产品多是知识产权密集型的，需要在研发初期投入大量成本。数字产品具有容易复制传播的特性，因此在法规上构建数字知识产权保护规则以及在技术上防止核心内容非法扩散，对于知识产权权利所有人而言是非常重要的。但与此同时，这一系列措施也会导致数字产品垄断现象的发生，过度的知识产权保护会不利于产品的创新升级。美国在数字技术上具有优势，因此致力于推动知识产权密集型的产品输出。另外，除了保护知识产权，美国厂商亦会采取其他营销策略来发挥其在知识产权上的垄断优势。针对因在知识产权上具备优势而处于垄断竞争性市场的数字产品，美国厂商有时会利用降价来占据海外市场，通过让产品成为行业标准来保持产品竞争力，进而实现市场垄断。

第4章

"美式模板"形成的时代背景、根本动力和规制基础

信息通信技术（Information and Communications Technology，ICT）的发展和广泛应用为数字贸易提供了最为关键的技术支持。如今数字贸易依托于ICT，已发展成为全球经济中不可或缺的一部分。但与此同时，数字贸易的发展也给传统贸易规则带来了不少挑战。作为世界领先的数字贸易经济体，美国近年来积极应对这一难题，在区域层面构建代表其产业利益的数字贸易规则"美式模板"。从规则发展的源头来看，"美式模板"的发展具备了强大的动力和坚实的规制基础。一方面，美国在数字贸易中强大的比较优势是美国推动规则构建进程的根本动力。符合自身诉求的规则体系可以为数字产品的输出营造良好的法制环境；另一方面，美国在国内层面上早已对数字经济构造了一套比较完整的国内法，为近20年来美国构建"美式模板"提供了一套成型的规制基础。追根溯源，本章将就美国推出"美式模板"的时代背景、背后的经济动力以及支撑"美式模板"的国内法制框架展开分析。

4.1 "美式模板"形成的时代背景

4.1.1 ICT给国际贸易规模和结构带来了深刻影响

近年来，随着ICT在全球范围内的发展与广泛应用，世界经济发展的潜

力得到了空前提升。ICT 是第三次工业革命的基础，且作为汇集数字、生物和物理技术的强大组合，被认为是“第四次工业革命”不可或缺的推动力。根据 2003 年 OECD 国际版权分类法（International Patent Classification，IPC）和日本版权办公室（Japan Patent Office，JPO）所做分类（详情见附录 A）（Inaba et al.，2017），ICT 不仅涵盖互联网设施、计算机硬件软件、通信电缆和半导体等为数字产业运作夯实基础的相关设施和技术，还包括电子传输技术、秘密编码技术、电子支付技术和广播等。本书中的 ICT 是指支撑数字服务运作的信息通信技术。结合前述两种 ICT 分类方法，本书认为 ICT 包括高速网络（数字通信技术）、移动通信（蜂窝系统、无线局域网等网络）、安全（身份验证、电子支付）、高速数据处理技术（计算机程序和操作系统）和大容量的高速存储和信息分析（如数据库、大数据和云存储）。

20 世纪 90 年代以来，以互联网为代表的 ICT 迅速发展，给国际贸易带来了新气象。目前国际上有不少用来衡量 ICT 发展水平的指标，通过互联网渗透率来测度是比较常见的做法。观察国际电信联盟（International Telecommunication Union，ITU）公布的 ICT 网络基础设施数据可以发现（见表 4－1），过去的 10 余年中使用“移动网络的个人”和“拥有上网设施的家庭”的比率都实现了翻倍。其中“移动宽带用户”在 2018 年的有效用户比率达到了 10 年前的 10 倍，在全球普及率接近 70%。巴勒等（Baller et al.，2016）预计，到 2020 年全球联网设备将超过 260 亿件，互联网用户将超过 40 亿人。随着 ICT 网络基础设施在全球的广泛应用，人们通过网络接入与世界接轨成为一种普遍现象。

表 4－1　全球 ICT 渗透率：每百人/户中使用该类别的人/户

类别＼年份	2008	2009	2010	2011	2012	2013	2014	2015	2016	2017	2018
移动蜂窝电话用户	59.7	68.0	76.6	84.2	88.5	93.1	96.7	97.4	100.7	103.6	107.0
有效的移动宽带用户	6.3	9.0	11.5	16.9	21.9	27.4	36.8	45.1	52.2	62.0	69.3
固定宽带用户	6.1	6.9	7.6	8.6	9.2	9.7	10.1	11.4	12.3	13.3	14.1
有电脑的家庭	32.8	34.5	36.0	38.1	40.2	42.4	43.9	44.9	45.9	46.9	48.3

续表

类别 \ 年份	2008	2009	2010	2011	2012	2013	2014	2015	2016	2017	2018
可在家上网的家庭	25.5	28.0	30.1	33.5	37.9	42.0	45.1	48.9	51.5	54.4	57.8
可使用网络的个人	23.1	25.5	28.9	31.3	34.3	36.9	39.9	43.0	45.8	48.6	51.2

资料来源：见 ITU 官网统计数据：Key ICT indicators for developed and developing countries and the world（totals and penetration rates）https：//www.itu.int/en/ITU - D/Statistics/Documents/statistics/2014/ITU_Key_2005 - 2014_ICT_data.xls 访问时间：2019 - 09 - 09。

得益于以互联网为代表的 ICT 发展，数据得以畅通无阻地流动，给国际贸易带来了新的增长点，也让全球经济摆脱了停滞不前的状态。总体来看，ICT 对国际贸易主要有以下影响。

1. ICT 促进了国际贸易规模的增长

ICT 主要在以下两方面为国际贸易提供了技术支持，促进了国际贸易的规模增长。

一是 ICT 的普及改变了传统的贸易模式。ICT 的使用大幅降低了信息成本和定价成本，使贸易双方的交流更为顺畅。这使贸易产品更为多样，促进了贸易便利化。最具代表性的是基于互联网平台的零售服务。以 ICT 为关键技术基础，如今贸易双方可以通过互联网平台达成交易，不需要再像传统贸易一样克服时间和空间上的各种难题来进行面对面交易。这降低了贸易门槛，让更多行为主体获得了参与国际贸易的机会，也让在传统贸易中难以跨越国境的产品进入了国际市场。

二是 ICT 被运用到了各行各业中，并催生出了很多新产业。云计算、大数据和开源代码运行系统让国际贸易的供给链管理更加有效，物联网、无人机大幅提高了生产率，企业基于大数据提高管理水平和优化服务。以上 ICT 的运用让各行业更有活力，生产率得到大幅提高。这些都对促进国际贸易发展有着重要作用。据统计，全球电子商务作为依托于 ICT 发展起来的新兴贸易模式，从 20 世纪 90 年代的零起点到 2013 年的 19.3 万亿美元，再到 2016 年的 27.7 万亿美元（USITC，2017），规模不断上升。全球货物中 ICT 相关部门增加值的增长速度高于全球货物贸易出口。与此同时，依托于 ICT 的服务贸易对国际贸易有着重要的推动作用。如 1995—2011 年，全球“计算机和电信相关的增值服务”的年出口增长率为 8.8%，高于世界出口总额 7.6% 的增长率。电信和计算机相关服务的增值占总出口额的比例从 1995 年的 2.7% 增加到 2011 年的 3.3%（UNESCAP，2016）。这些数据说明了 ICT 的运用已经颠覆了传统贸易的格局，充分体现出 ICT 对促进国际贸易增长的重要性。

2. ICT 改变了服务贸易结构

自 20 世纪 90 年代以来，依托于 ICT 的技术密集型服务贸易占总服务贸易比例越来越高，而传统的劳动力密集型服务贸易占比则相应地下降（黄建锋等，2005）。如表 4－2 所示，“运输”和“旅游”是劳动密集型服务，2018 年占服务贸易的比重相较 2005 年下降了 2～3 个百分点。与货物相关的服务贸易占比变化则不明显。与此形成鲜明对照的是，“其他商业服务”从 2005 年的 47.55% 上升到 2018 年的 53.83%，占据了服务贸易的大半部分。“其他商业服务”主要涵盖的是“保险”“金融服务”“知识产权费用”“电信、计算机和信息服务”“个人、文化和娱乐服务”等技术密集型的服务贸易，表明依托于 ICT 的服务贸易在总服务贸易中的重要性。

表 4－2　　全球服务贸易的构成及贸易额发展情况

部门	2005 年贸易额（10 亿美元）	2018 年贸易额（10 亿美元）	2005 年占比（%）	2018 年占比（%）
其他商业服务	1236.77	3105.58	47.55	53.83
运输	576.34	1016.60	22.16	17.62
旅游	698.31	1436.52	26.85	24.90
货物相关服务	89.39	210.98	3.44	3.66
总服务	2600.82	5769.67	100.00	100.00

资料来源：WTO 数据库；截至日期：2019 年 9 月 10 日；网址：http：//data.wto.org/en。

究其根源，ICT 主要是从以下两方面改变了服务贸易的结构。一是 ICT 的发展模糊了货物和服务的界限，让以服务的形式跨境提供传统意义上的货物成为可能。如以往书籍、音像制品和电影需借助物理载体方可实现跨境流通，属于货物贸易的范畴，如今这些数字内容可通过互联网传输出境；3D 打印技术使本需要依靠物流运输的货物转化为可以线上传播的编码，厂商可先将数字内容输出海外并在传输的目的地打印成实物。这些技术都是通过模式1“跨境提供”方式输出服务来实现的，转变了交易标的物的货物和服务属性。二是一些传统观念上难以跨境提供的服务也可基于互联网出现在国际贸易大舞台上。如“其他商业服务”中教育、医疗和娱乐等以往需要当面交易的服务，现今可以通过互联网实现跨境传输。可见，ICT的发展扩张和增加了服务贸易的规模和种类，促进了国际服务贸易的发展。

3. ICT使普惠制贸易时代正式到来

在网络应用的普及下，OECD经济体95%以上的企业在经营活动中使用互联网（OECD，2012）。依托于ICT来运行的互联网应用给予了中小企业甚至个人等微观主体更多从事国际贸易的机会。概括而言，网络接入主要从三个方面推进了中小企业参与到全球贸易中。

一是降低了中小企业从事贸易的成本。互联网使中小企业能以低成本获得信息和资源，如：能让中小企业以更低成本获得全球价值链（Global Value Chain，GVC）的国际分工需求信息。同时，在基于互联网平台进行的交易中，网络服务提供商（Internet Services Providers，ISPs）可以通过构建信用评级机制来增加买卖双方的互信，大大降低了中小企业在全球贸易中因为不了解对方而产生的风险成本，也为信用良好的中小企业带来更多的客户。

二是加强了中小企业与国外客户的连接。网络服务平台的出现使微观主体能更轻松地与外国客户建立连接，从而成为国际贸易中的一员。事实上，比起大型跨国企业，中小企业更倾向于依托网络平台来参与到国际贸易之中。依托于平台的大数据，中小企业亦可更好地识别出用户需求。Facebook的数据显示，2015年入驻Facebook的中小企业有5000万，相比2013年的2500万实现了翻倍（James et al.，2016）。

三是ICT促进了中小企业从事技术创新，让其能更好地融入全球贸易之中。有志于发展数字经济的国家不断鼓励企业学习以及充分利用ICT，以促进企业发展自身和更好地融入这场全球性的变革中。ICT在推进企业融入全球化的同时，以技术为基础的创新又反过来释放创新压力，提高企业的竞争力（WTO，2016）。总体来看，ICT的发展不仅降低了从事跨国间交易的门槛，还为国际贸易提供了新的沟通形式。许多领域在生产流程中实现了协同创新。那些擅长促进数字活动的国家在加速传统部门发展的同时，也构建了不少新的工业部门。这在推动国际贸易发展的同时，也使世界经济的发展潜力得到了空前的提升。

4.1.2 数字贸易在全球贸易中的地位变得更加重要

虽然数字贸易的统计口径不一，但从数据流量及可数字化服务的规模和变化趋势可以看出，近年来数字贸易发展势头迅猛，在全球贸易中确实发挥着越来越重要的作用。

一是可数字化服务贸易规模以及其在全球服务贸易中的占比不断提升。联合国贸易和发展会议（UNCTAD）对2005—2017年全球贸易中可以数字形式提供的服务贸易的发展情况进行了统计（见图4-1）。数据显示，无论是贸易体量还是占总服务贸易的比例，可数字化服务贸易都表现了上升的趋势，年平均增长率为10.7%，高于全球服务贸易的年平均增长率8.8%[①]。自2014年以来，可数字化服务贸易已开始占据了总服务贸易的半壁江山，可数字化服务贸易的发展关系到国际贸易的兴衰。

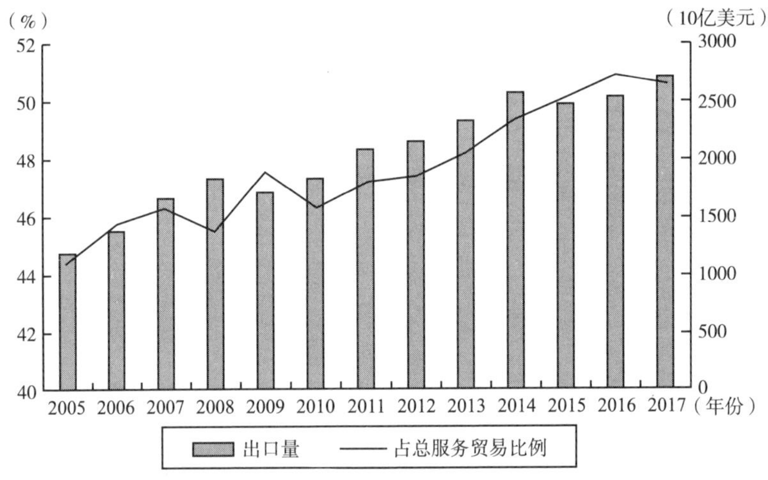

图4-1 2005—2017年可数字交付服务贸易的出口量和份额增长情况

数据来源：UNCTAD，ICT数据库；截至2019年9月10日；网址：http：//stats. unctad. org/ICT。

数字贸易其他部门的统计也展现了这些年数字贸易良好的发展趋势，表4-3整理估计了数字经济的四大门类“基于互联网的零售服务”“数字媒

---

① 数据来源：由UNCTAD和WTO数据整理而成，截至2019年9月10日。

体”“电子服务”和“金融科技”的发展情况。

表 4-3　数字贸易中重要部门的发展现状及趋势　单位：10 亿美元

分类	范围	2018 年	2019 年	2020 年	2021 年	2022 年	2023 年	预计年增长率	2018 年各国排名（体量）
基于互联网提供的零售服务	食品和个人护理、家具和家电、玩具、喜好和 DIY、电子产品和媒体、时尚用品	1785	2012	2226	2420	2590	2734	9%	1. 中国（636） 2. 美国（504） 3. 欧洲（346） 4. 其他经济体（298）
数字媒体	数字音乐、电子出版、视频点播、视频游戏	129	137	144	149	153	157	3.9%	1. 美国（44） 2. 其他经济体（33） 3. 中国（26） 4. 欧洲（25）
电子服务	在线送餐服务、活动门票、健身和约会服务	165	187	209	230	248	264	10.70%	1. 美国（50） 2. 中国（45） 3. 其他经济体（36） 4. 欧洲（33）
金融科技	数字支付、个人理财、替代性（非传统）借贷、替代性（非传统）理财	4214	5264	6369	7436	8443	9615	18.01%	1. 中国（1545） 2. 美国（1335） 3. 欧洲（686）

资料来源：STATISTA 数据库；截至 2019 年 9 月 10 日；网址：https：//www.statista.com/outlook/digital-markets。

由于这四大门类覆盖了数字贸易的重要核心部门，所以基于这些数据可以较直观地描绘出数字贸易的发展情况。可以发现，2018—2023 年这些部门的发展体量都呈上升趋势。从排名可以看出，美国、中国都是数字贸易中的领先经济体。这也成为美国推动“美式模板”发展的驱动力。

4.1.3　数字贸易发展对传统贸易规则的挑战

在过去的 20 余年中，随着以互联网为代表的 ICT 的发展，数字贸易发展日新月异。如今，从可以把各种房产和运输资源整合在一起的共享平台如

Airbnb 和 Uber，到基于电商平台的跨国贸易，都离不开“数字化”这一关键词。这种贸易内容及性质的转变给传统国际贸易规则带来了巨大的挑战。在传统国际贸易规则中，WTO 框架下于 1995 年生效的“三大支柱”——《关税贸易总协定（1994）》（*General Agreement on Tariffs and Trade*，GATT）、《服务贸易总协定》（*The General Agreement on Trade in Services*，GATS）和《与贸易有关的知识产权协定》（*Agreement on Trade – Related Aspects of Intellectual Property Rights*，TRIPS）是最具法律约束力以及代表性的多边数字贸易相关规则。但近年来，这些规则并没有因应数字贸易的发展需求做出配套的变革。这导致现行的多边框架未能满足数字贸易的管制需求，不利于数字贸易的长远稳定发展（Burri，2017a）。

不过，WTO 框架下的相关协定对于数字贸易治理并非一无是处。由于数字贸易中有很大一部分内容与各种传统贸易领域相交叉，因此“陈旧”的 WTO 框架对于数字贸易而言具有一定的适用性，对数字贸易规则体系的构建也有着重要的参考及启示意义。事实上，这些年来 WTO 框架下的“三大支柱”GATT、GATS 和 TRIPS 与数字贸易密切相关（见表 4 –4），分别在货物、服务、知识产权保护三大领域构建具有约束力的规则，对降低关税、削减各种非关税壁垒和扩大服务市场准入、知识产权保护上做出了巨大贡献。

表 4 –4　　WTO 框架下的协定与数字贸易

数字贸易相关内容 \ 协定		GATT	TFA	ITA	TRIPS	TBT	GATS
数字内容	基于互联网提供的零售服务	√	√	√			
	娱乐（书本、电影、音乐、游戏和电视）				√		√
	电信（网络接入、邮件、VOIP 等）						√
	零售和供应链管理	√	√				√
	金融服务（支付和其他金融交易）						√
	其他（社交媒体、数据存储和处理、云计算等）				√		√

续表

数字贸易相关内容 \ 协定		GATT	TFA	ITA	TRIPS	TBT	GATS
技术	域名				√	√	
	IP 地址				√	√	
	软件				√	√	
	互联网协议（Internet Protocals，TCP/IP）				√	√	
基础设施	海底和陆地电缆	√		√		√	
	卫星和无线网络	√		√		√	
	互联网交流点					√	
	设备（电脑、智能手机等）	√	√	√	√	√	

资料来源：López González，J. and J. Ferencz（2018），“Digital Trade and Market Openness”，OECD Trade Policy Papers，No. 217，OECD Publishing，Paris，https：//doi. org/10. 1787/1bd89c9a – en. Page14。

此外，WTO 框架下的《贸易便利化协定》（*Trade Facilitation Agreement*，TFA）、《技术性贸易壁垒协定》（*Agreement on Technical Barriers to Trade*，TBT）和《信息技术协定》（*Information Technology Agreement*，ITA）在实现贸易便利化、降低技术壁垒以及 ICT 产业关税减免上进行了不少扩展和延伸，对提高各国的数字贸易自由化水平和推动数字贸易发展有着重要贡献。值得注意的是，WTO 体制中争端解决机制具有法律约束力。相比而言，近年来兴起的 RTAs 虽然涵盖了不少新兴的数字贸易相关议题，但是并未引入这一机制。因此相比大多数区域协定而言，多边协定可能更能对数字贸易冲突实施有效管制。总而言之，数字贸易及经济全球化从 20 世纪 90 年代快速发展至今，GATT、GATS、TRIPS、TFA、TBT、ITA 这六大协定功不可没。

1. 数字贸易发展给 GATT 带来的挑战

GATT 与附属协定成功促进了 WTO 成员国间货物关税的大幅度减免，同时在货物贸易中纳入了非歧视性待遇（包括国民待遇 NT 和最惠国待遇 MFN），降低了市场准入障碍和大幅提升了相关规则的透明度。总体而言，GATT 要求其成员根据关税部门减让协议控制税率，且不得提高税率。在向零关税的目标发展的同时，GATT 还希望 WTO 成员减少各种非关税的贸易壁垒，如国内规制（各种歧视性措施）、市场准入（数额限制）等限制性措施。因为这些非关税壁垒相对于关税而言透明度较低，且隐蔽性强，会无形中大幅增加出口方从事贸易的难度。由于 GATT 要求将进出口产品的限制措施集中在关税措施上，跨境进出口门槛以及成本预测会变得简单明了（González et al.，2018；Mattoo et al.，1999）。但是 GATT 框架下成员方针对货物贸易所做自由化承诺是否能覆盖到数字产品（如计算机程序、文本、视频、图像、录音或其他数字编码产品），并没有做出明确界定。特别是针对存储数字内容的介质（如光盘），究竟是应该将其视作货物，基于 GATT 的规定按其介质税率来征收关税，还是视作文化服务产品适用于 GATS？对此，美国和欧盟之间存在严重分歧。美国坚持按照货物对待，而欧盟坚持文化例外原则，将其视作服务。欧美对定义重视的原因在于，定义和属性的界定会直接影响各种非歧视性待遇和市场准入措施的适用范围。

2. 数字贸易发展给 GATS 带来的挑战

GATS 是专门管制服务贸易的多边协定。GATS 采用分类的方法来对国际服务贸易进行诠释，依据跨境要素的情况把服务贸易分为四种模式：跨境提供（模式 1）、境外消费（模式 2）、商业存在（模式 3）和自然人流动（模式 4），涵盖了绝大部分传统服务内容。与此同时，GATS 也涵盖了大量适用于数字内容以及数字服务的重要规则。但数字贸易的发展至少在以下四方面给 GATS 带来了挑战。

一是 GATS 成员基于“正面清单”（或“肯定列表”）来做出市场准入和国民待遇承诺。GATS 规则和数字服务及技术发展密切相关。GATS 框架下的部分规则属于水平承诺，能普遍适用于所有的服务部门和模式，包括第二篇“一般义务及规定”的第二条“最惠国待遇”、第三条“透明化”和第六条“国内规章”。但有一部分 GATS 规则被划分在第三篇“特定承诺”中，包括第十六条“市场准入”和第十七条“国民待遇”，这些规则仅适用于成员方做出开放承诺的特定部门和特定的服务提供模式上。WTO 成员以“正面清单”的形式来做出“市场准入”和“国民待遇”承诺，即根据自身情况在各自的服务市场准入减让表中决定开放的内容。在成员方没有做出开放承诺的部门和特定内容上，成员可以采取一些限制性措施。而成员方针对游离于“正面清单”范围外的内容，所实施的限制措施相比于传统针对货物贸易的关税和非关税措施而言，更为纷繁复杂且难以管制。如成员方对国外提供商施加国内税和配额措施等，限制了数字贸易的国民待遇和市场准入在总体上的开放程度（Burri，2017a）。

二是 GATS 规则对数字服务的适用性存在争议。首先，特定的数字服务在 GATS 中的部门归属问题。GATS 框架下的服务部门分类表（W/120）是在互联网发展初期发布的，因此没有涵盖新兴数字服务。而数字服务本身的部门界限比较模糊，如线上视听至少涉及了视听和计算机两个既有的传统服务部门。由于 GATS 框架下成员方对不同部门的既有承诺（如“市场准入”和“国民待遇”）千差万别，部门归属直接关系到成员在数字贸易中所享受的待遇和产业利益，因此目前各成员就数字服务的部门归属问题争论不休。这些不确定性导致数字贸易摩擦难以精准援引 GATS 相关规则来解决（周念利等，2018a）。其次，数字服务如线上视听产品和线上游戏既然难以和传统服务完全重叠，是否应该在 GATS 的传统列表之外另列门类？如果把所有电子传输的服务都简单归为传统的计算机服务，那不少经济体都要基于已有的承诺不对市场准入施加限制，会给这些经济体的行业管制带来巨大的挑战（Burri，2017a）。尤其是发展中经济体担心如果把数字服务纳入传统部门，会与国内法制产生冲突（Mattoo et al.，1999）。因此，GATS 的分类列表仍然冻结在初始状态。最后，数字服务的服务模式归类亦存在分歧。到底是归类于模式 1 的“跨境提供”，还是模式 2 的“境外消费”？由于 GATS 框架下模式 2 所承诺的开放水平普遍比“模式 1”高（Mattoo，1999），因此数字服务的模式归属问题成了各国争论的焦点之一。虽然“美国博彩案”认为互联网环境下的服务适用于“模式 1”，但现实情况是消费者可以在互联网上寻求他国提供的服务，有些成员据此认为数字服务内容应采用“模式 2”，以扩大数字贸易自由化水平（González et al.，2018；Burri，2017b）。

三是 WTO 成员未能普遍接受争端解决机制在数字贸易冲突上的造法功能。争端解决机制被誉为 WTO 框架下“皇冠上的明珠”，因为争端解决的案件结果可以成为下一次案件审理的法制基础。但在实践上，现阶段 WTO 成员很少把数字贸易的纷争诉诸于争端解决机制。一方面，这是因为 GATS 本身在数字贸易这一范围内仍有很多未解的课题，如数字内容的分类及适用性尚无明确精准的规范；另一方面，成员方担心上诉机构和专家组的审理结果与国内规制相冲突。成员方对数字内容治理时需要兼顾到比较敏感的政治问题如人权、网络治理和经济发展，采取国内规则（包括审查、数据保护和互联网治理）。如果轻率地把纠纷（如对于 Google 和 Facebook 的搜索禁令）诉诸争端解决机制，很可能会对包括审查、数据保护和互联网治理在内的国内规则带来负面影响。因此，在数字贸易治理中比较保守且施行较多干涉措施的成员对于在 GATS 框架下处理国内管制还是比较谨慎的（Andrew et al.，2018）。

四是 GATS 未能明确“跨境数据传输”的相关规范。依托于互联网的数据流动是数字贸易生存发展的命脉，但 GATS 未能给“跨境数据传输”提供法律上的保障。在法规模糊不清的情况下，围绕“跨境数据传输”这一问题，GATS 有以下三个方面尚待解决。首先，未普遍承认“跨境数据传输”的重要性。GATS 在其附件中引入了数据相关议题，如在电信附件表示认识到跨境数据传输的重要性的同时强调要保证隐私和数据安全；在金融附件中则表明不得妨碍电子金融信息的转移。但 GATS 并未对其他数字服务，如线上视听、广告及电脑和相关服务部门承认跨境数据流动的重要性。总体来看，WTO 框架下成员在“跨境数据传输”的进程只停留在一个初始阶段（Andrew et al.，2018）。其次，GATS 规则对“跨境数据传输”的适用性问题。各界对于 GATS 条款在“跨境数据流动”的适用性存在争议。李（Lee L. T.，2016）认为 GATS 可适用于“跨境数据传输”。如“数据存储本地化（要求使用当地设备或者服务）”对应 GATS 在模式 3“商业存在”的措施，适用于 GATS 的“当地成分”要求。由于不少成员并没有在 GATS 中限制“当地成分”，所以 GATS 默许了各国在跨境传输数据时自由选择数据存储地。李（Lee - Makiyama，2013）和安德鲁等（Andrew et al.，2018）则认为这类型规则适用并不妥当，因为 GATS 着重开放的是语音交流产业，而非数据流动。因此 GATS 并不适用于互联网环境下的“跨境数据传输”。最后，是“跨境数据传输”和“隐私保护”的平衡问题。有学者针对 GATS “在跨境数据流动的适用性”指出，虽然 GATS 第十四条一般例外规定，在涉及成员方国内法和国内规制实施的情况下，当措施不与协定冲突且目的是保护个人隐私时，成员方可以对跨境服务贸易采取“隐私例外”条款。但由于 WTO 争端解决机制中尚未有先例，因此无法确定当“跨境数据流动”涉及隐私问题时，可否有效援引 GATS 的例外条款（张金平，2016）。

3. 数字贸易给 TRIPS 带来的挑战

WTO 专门为与贸易有关的“知识产权保护”构建了 TRIPS，在国际贸易规则层面上对不同形式的知识产权如技术、专利和商标版权提供保护；同时引入 WTO 争端解决机制以保证协定有效实施，以达到有效保护知识产权的目的（Burri，2017a）。

TRIPS 虽然早于 1994 年已经达成，但也涵盖了近期兴起的数字贸易相关内容，如源代码。由于源代码关系到新兴数字技术的知识产权核心利益，因此“保护源代码”是各数字贸易强国的所关注的利益所在。TRIPS 对“保护源代码”表明了肯定的态度，在 TRIPS 第一部分第 10 条就“保护计算机程序和数据汇编”提出：一是保护计算机程序的源代码和目标代码；二是对于数据的编辑，不论采用的是机读还是其他运作形式，也不论编撰的数据是否为原创，只要是在编排的过程中付出了智力创造就应该提供知识产权保护。

但是，TRIPS 在“源代码保护”上的规则和解释较为模糊，尚未规范好成员方具体应该运用什么措施来保护源代码免受哪些贸易壁垒限制等问题。在 TRIPS 框架之外，大型数字贸易经济体则对此议题表达了明确清晰的实施内容，如美国在对 WTO 的提案（JOB/GC/178）中明确把“源代码保护”深化为“公司不应该将公司分享源代码、商业秘密或算法作为进入市场的条件。贸易规则可以确保政府不强制要求获得这些专有信息或与当地公司共享这些信息，同时保持当局实现合法监管目标的能力”。欧盟和日本也在给 WTO 的数字贸易提案中，运用了不同的措辞表述了其对数字知识产权保护的肯定立场。因此，为了更好地规范数字知识产权保护内容和解决纠纷，TRIPS 需要进一步深化它在数字知识产权保护领域的条款。同时，对于“互联网中介责任”“算法”和“加密”的界定和保护措施也应纳入扩展 TRIPS 的章程，方能有效地涵盖现阶段主流的数字知识产权内容。

4. 数字贸易给 TBT 带来的挑战

在多边框架下，WTO 成员方还从减少非关税壁垒的角度出发，制定了

TBT，以推动数字贸易自由化。TBT 是一个多边协定，规范适用于信息传播的技术法规和标准技术和电子产品政府措施，典型的如电信部门的管理标准、宽频网络和有关加密的规例（González et al.，2018）。电信技术是数字贸易发展的基础，数字服务的提供依赖于以电信基础设施为支撑的互联网服务。而电信技术本身也与数字贸易密切相关，如提供数据处理服务的互联网数据中心（Internet Data Center，IDC）属于电信中的增值电信范畴。通过规范电信行业基础电信和增值电信的标准，可以加强互联网的互联互通，提高国际上增值电信服务的适用性，进而促进数字贸易的发展。

但 TBT 在消除技术贸易壁垒上还存在漏洞。虽然 TBT 致力于消除技术贸易壁垒，但并没有就技术层面的“知识产权保护”提出进一步规定。知识产权泄露是技术知识产权所有者进军海外市场的最大隐患，欠佳的知识产权保护环境亦会构成一种技术贸易壁垒。在整体知识产权保护水平不高的情况下，出于知识产权保护的考虑，出口经济体亦会审慎进行数字知识产权密集型产品的出口决策。因此为了推动数字贸易发展，尤其是促进数字知识产权贸易，TBT 需要完善在技术知识产权上的规则。这有助于削减技术性贸易壁垒，为数字贸易发展营造良好的法规环境。

5. 数字贸易给 ITA 和 TFA 带来的挑战

随着数字技术的发展，对数字技术创新有着重要贡献的 ICT 成为信息技术强国减免关税壁垒的重点目标。2015 年，ITA 达成了扩围全面协议。作为一项涵盖了 82 个成员的诸边协议，ITA 在扩围中将免关税的细目增至两百余种，涵盖的 ICT 产品类别的贸易量占全球 ICT 贸易总量的 97%（扩围前为 95%），包括新一代半导体和 GPS 导航设备等新兴技术设备。在 ITA 以及一些相关 RTAs 的作用下，计算机、半导体等 ICT 产品在 2016 年的进口价格较十年前的同期下降了 66% 左右（资本品的平均进口价格的下降幅度仅停留在 25%）。ITA 扩围中的 ICT 关税减免措施以及最惠国待遇可以进一步促进 ICT 技术的普及。这可有效减少以 ICT 产品为基础设施（如计算机和电信设备）的数字内容的传播成本（González et al.，2018）。这对于数字贸易的发展而言有着重要意义。

另外，TFA 是 2013 年 WTO 达成的巴厘一揽子协议中的突出成果，于 2017 年生效。它在 GATT 关税减让的基础上，降低了贸易平均成本的同时还简化了海关通关程序，加快了基于互联网的零售服务中跨境商品的通关速度。其中，“单一窗口”是 TFA 中具有代表性的措施，要求过关时相关证明和数据通过单一窗口提交，避免了进出口商耗费过多时间和精力办理各种繁琐手续，如重复提交材料、前往多个窗口进行业务申报等程序。与 GATT 一致的是，TFA 也是针对跨境货物所设定的协议。TFA 在 GATT 免关税的基础上，减少了货物出入境时的障碍。相比单纯减免关税，TFA 和 GATT 两者相结合更有助于保障自由贸易的顺利发展。

但和 GATT 的性质一样，ITA 和 TFA 是只针对基于互联网零售服务实现的跨境流通货物所做出的规范，并没有很好地解决各种隐蔽且不清晰的非关税壁垒。

总体来看，多边框架下的传统规则存在不少适用性上的问题，在近年来的谈判中并没有取得明显进展。真正在多边框架下落实的只有“电子传输免关税”等少数议题。在数字贸易发展迅猛的今天，仅满足于这些协商成果是远远满足不了各经济体对数字贸易规则之要求的（Burri，2017a）。

4.2 “美式模板”形成的根本动力

本书认为，美国在数字贸易规则制定上的驱动力在于输出自身的优势产品——数字服务。可数字化服务是美国的产业比较优势所在，美国的数字贸易体量在全球中处于领先水平。这体现在以下两个统计口径上。

4.2.1 美国的数字贸易总量稳居全球榜首

随着数字技术的发展，数字服务在美国对外服务贸易之中的占比不断提升。如图 4 -2 所示，本书基于美国经济分析局（USBEA，2016；2018）公布的可潜在地被信息通信技术化的服务贸易（PICTE）口径统计 2006—2017 年美国的数字贸易总量，发现其体量从 2006 年的 2186. 39 亿美元上升到 2017 年的 4441. 57 亿美元，体量上涨了近 1 倍。而在全球的数字贸易中，10 余年来美国的比重保持在 15% ~17%，体量稳居全球榜首（UNCTAD，2018）。

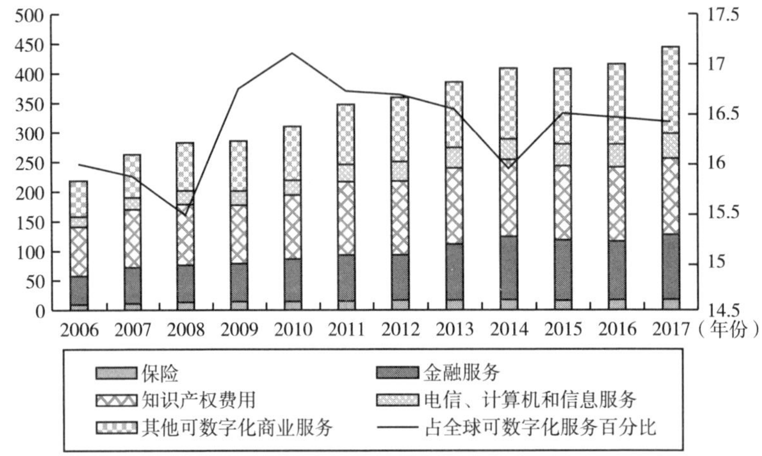

图 4－2　2006—2017 年美国数字贸易的出口量和份额增长情况（10 亿美元）

数据来源：USBEA 数据库和 UNCTAD 数据库基于（USBEA，2016）的 PICTE 口径统计所得；截至 2019 年 9 月 11 日；网址：https：//www. bea. gov/data/special－topics/digital－economy，http：//stats. unctad. org/ICT。

4. 2. 2　全球市值排名前 15 的互联网服务企业多数来自美国

美国是全球数字贸易巨头，如：若以 2017 年股票市值排序，全球排名前 15 的互联网企业中，有 10 家来自美国。10 家企业所提供的商品大多属于数字服务贸易的范畴，可大致分为以下几类：①数字内容服务提供者，如：线上电影租赁提供商 Netflix；②数字搜索引擎服务提供商，如：Google 的 Alphabet；③网络社交媒介提供者，如：Facebook；④基于云计算的互联网服务提供者，如：提供客户关系管理方案的 Salesforce 和互联网门户网站 Yahoo。此外 Priceline 是基于互联网的旅游服务提供者，Apple 是软件服务以及某种程度上的互联网内容服务提供者（iTunes，iBook），Amazon 和 eBay 提供的是基于互联网提供的零售服务。美国这 10 家互联网巨头企业在 2017 年的总市值达到 34629. 2 亿美元，占美国 GDP 的 17. 86%（见表 4－5）。

表 4－5　　2017 年美国数字贸易企业年度财报数据　　单位：10 亿美元

企业	营收	市值	企业	营收	市值
Apple	229. 23	868. 880	Netflix	11. 7	146. 43
Amazon	117. 86	883. 072	Expedia	8. 77	16. 17

续表

企业	营收	市值	企业	营收	市值
Alphabet	110.8	780.601	Salesforce	8.39	85.06
Facebook	40.65	528.22	Uber	6.5	17.82
Booking	12.23	92.94	总额	555.11	3462.92
eBay	8.98	43.73			

资料来源：根据各企业年度财报、福布斯排行榜、百度股市通资料和维基百科和统计数据整理所得。

上海社会科学院信息研究所（赵付春，2018）对全球数字经济企业的竞争力进行测度和衡量。测度主要是基于企业的三个指标：规模竞争力、效率竞争力和创新竞争力加权所得。从表 4－6 可以看出，数字服务企业前十名中，无论是从数量还是竞争力来看美国都具有明显优势。

表 4－6　　　　全球数字服务企业竞争力 10 强排名

排名	企业	经济体	规模竞争力得分	效率竞争力得分	创新竞争力得分	总分
1	Facebook	美国	88.4	95.4	94	92.18
2	Google	美国	95.5	68.3	92	86.29
3	Apple	美国	99	76.7	65	82.11
4	Microsoft	美国	94.2	60.7	87	81.9
5	阿里巴巴	中国	83.9	82.5	73.5	80.32
6	腾讯控股	中国	82.8	85.8	59.5	76.71
7	SAP	德国	74	67.9	77.5	73.22
8	百度	中国	59.9	76	76.5	69.71
9	Alphabet	美国	76.4	35.5	89	67.91
10	AT/T	美国	92.7	48.6	44.5	65.01

资料来源：赵付春．2018 年全球数字经济企业竞争力发展报告［R］．上海社会科学院信息研究所，2018：33.

4.3 “美式模板”形成的规制基础

自 20 世纪末互联网和信息技术腾飞以来，美国在国内法层面已就数字内容做好了较充分的规制构建工作，涉及了不少焦点数字贸易议题。这为美国在国际上扩展自己的“利益地盘”夯实了良好的法律基础。追根溯源，这些国内法是基于克林顿时期的《全球电子商务纲要》发展起来的，并形成了一个支撑“美式模板”的法律体系。目前 RTAs 框架下“美式模板”的立场在美国国内法中早已有所体现。此外，美国国内法国际化遵循的是一条循序渐进的轨迹。尽管部分数字贸易相关的国内法尚未被引入数字贸易规则的“美式模板”，但由于其代表的是美国的产业利益，美国很可能会在未来的谈判中逐渐对外输出这些数字经济和数字贸易的治理理念，提出相应的规则诉求。

4.3.1 美国关于数字经济的国内立法框架

克林顿执政时期美国涌现了不少互联网新技术。这些技术让依托于互联网发展起来的数字服务成为美国的一项优势。美国希望借此优势来推动经济发展，巩固自身在国际贸易中的主导地位。但数字服务的发展给国内法带来了两大挑战，一是数字服务缺乏相应的、系统的法律规制，知识产权、合同的执行和个人权益得不到保障，不利于树立服务提供者和消费者对数字产业的信心。二是私营数字产业利益相关者担心政府会在立法中构建不合理的限制措施，如施加关税、禁止数据自由流动和提出特定技术标准要求等。为解决这些问题，克林顿执政期间发布了不少重要且关键的数字经济文件和政策（梅新育，1999）。其中最具代表性的框架性文件是《全球电子商务纲要（1997)》（简称《纲要》）。《纲要》系统性地为电子商务的发展明确规划了美国政府的立场和方向，包括五项基本原则和九大发展议题。

1.《全球电子商务纲要》五大基本原则

从私营部门、政府管理和法规透明度等视角出发，美国在《全球电子商务纲要》中提出以下五大原则，以促进美国跨境电商的发展。

一是发挥私营部门在互联网交易中的主导性。政府应该为互联网市场提供一个有序稳定的环境，包括构建国际合作的协议、制定国内的法律框架（如针对税收等议题）以促进数字产业的发展，但在公共管理上政府应该处在一个间接管理者的位置，优先考虑市场的自主竞争和自律性，不宜“喧宾夺主”。

二是政府部门应注意不对电子商务做出不合适的管制。交易中买卖双方应在政府干预或介入最少化的情况下制定合同（协议），以进行基于数字技术所实现的交易。数字技术日新月异，对于这种技术导向性的产业，政府所配套的法律规制难免存在一定的滞后性，因此需要依靠市场快速调整商业模式来适应。

三是政府所提供和施行的法律规制环境必须可预测、简单可行且具有一致性。在推进数字交易发展的过程中，各种便利化和消费者保护措施是必不可少的。国家政府是一个可以提供统一规划和管制，制定各项贸易协议和国内法律的重要角色。与此同时，政府需要明确施政目标为：保证竞争和透明度、知识产权及隐私保护、防止欺诈、支持商业化交易和构建争端解决体系。

四是政府要充分认识到互联网本身的特性是其成功的充分必要条件。数字产业之所以能取得空前的成功，离不开互联网本身特有的“去中心化”和“自下而上”管理模式：即通过及时处理第一手数据资源来制定最终决策。这种模式会给相关物流及技术的监控和管理带来不少压力。政府应该在维护互联网本身特有属性的基础上，在这些出现新情况的部门制定相应的法律法规，以反映数字时代的新需求。

五是从“全球化”的视野出发，推动电子商务便利化。电子商务的相关法律必须保持一致性，即无论是在州、国家还是国际的层面上这些法律不会前后矛盾，以给买卖双方营造一个不论他们属于哪个司法管辖区，在法律上都可以享有可预测的结果。

2.《全球电子商务纲要》坚守互联网“非管制”性质的九大议题

基于上述五大原则，《纲要》声明，美国应在国内法和国际规则中明确电子商务是以消费者和竞争为导向，并就以下九大议题坚守互联网的“非监管”性质：“海关关税和国内税”“电子支付”“电子商务的‘统一商法典’”“知识产权保护”“隐私”“安全”“电信基础设施和信息科技”“内容”和“技术标准”。本书整理出美国基于九大议题发展起来的数字经济相应国内法制如下（见表4-7）。

表 4－7　美国基于《全球电子商务纲要》九大议题发展起来的数字经济相关国内法制

序号	议题	发起机构/性质	名称/发布时间
1	海关关税和国内税	美国联邦法律	互联网税收法（Internet Tax Freedom Act，1998）
		美国商务部报告	新兴数字经济（The Emerging Digital Economy，1998）
2	电子支付系统	美国国税局和财政部	联邦税收电子支付系统（Electronic Federal Tax Payment System，1995）
		美国联邦法律	债务催收改进法（the Debt Collection Improvement Act，1996）
3	电子商务“统一商法典”	美国统一州法律委	统一电子交易法（Uniform Electronic Transaction Act，1999）
		美国联邦法律	全球与全国商务电子签字法（Electronic Signatures in Global and National Commerce Act，2000）
		美国联邦法律	电子签名法（Electronic Signatures Act，2000）
4	知识产权保护	美国联邦法律	数字千年版权法（Digital Millennium Copyright Act，1998）
		美国联邦法律	因特网域名与 IP 地址管理（Technical Management of Internet Names and Addresses，1998）
		美国政府	互联网名称与数字地址分配机构（The Internet Corporation for Assigned Names and Numbers，1998）
		美国联邦法律	反网络名称抢注消费者保护法（Anti Cybersquatting Consumer Protection Act，1999）
5	隐私	美国政府信息基础设施工作队（IITF）	隐私与国家信息基础设施：提供和使用个人信息的原则（Privacy and the National Information Infrastructure：Principles for Providing and Using Personal Information，1995）
		美国政府信息基础设施工作队（IITF）	促进国家信息基础设施隐私的选择（Options For Promoting Privacy on the National Information Infrastructure，1997）
		美国法案	消费者互联网隐私保护法案（Consumer Internet Privacy Protection Act of 1997）
		美国总统克林顿提出的计划	在 21 世纪保护我们的隐私（Protecting Our Privacy in the 21st Century，1998）

续表

序号	议题	发起机构/性质	名称/发布时间
5	隐私	美国联邦法律	儿童在线隐私保护法（The Children's Online Privacy Protection Act, 1998）
		美国总统克林顿提出的倡议	金融隐私和消费者保护倡议（Financial Privacy and Consumer Protection Initiative, 1999）
		美国法案	2018 年加州消费者隐私法案（California Consumer Privacy Act of 2018）
		美国法案	2019 美国国家安全与个人数据保护法案（National Security and Personal Data Protection Act of 2019）
6	安全	美国总统指令	国家信息系统保护规划（National Plan for Information Systems Protection, 1999）
		美国政府	托管加密标准（Escrow Encryption Standard）
		美国法案	网络空间电子安全法（Cyberspace Electronic Security Act, 1999）
7	电信基础设施和信息科技	美国法案	国家科学基金会授权法案（National Science Foundation Authorization Act, 1998）
		美国联邦法律	电信法（Telecommunications Act, 1996）
8	内容	美国联邦法律	儿童在线隐私保护法（Children's Online Privacy Protection Act, 1998）
		美国联邦法律	1934 年通讯法修正案
		美国总统克林顿提出的倡议	家长保护页面（The Parents' Protection Page, 1999）
		美国联邦法律	通信规范法（Communications Decency Act, 1996）
9	技术标准	美国非营利机构	互联网名称与数字地址分配机构（The Internet Corporation for Assigned Names and Numbers, ICANN, 1998）
		美国商务部	托管加密标准（Escrowed Encryption Standard, EES, 1994）

资料来源：基于白宫档案整理；截至 2019 年 12 月 30 日；网址：https://clintonwhitehouse4.archives.gov/WH/New/html/jannew98.html。

这些国内法中涉及的隐私、知识产权和税收等问题亦是国际数字贸易谈判的焦点所在。可见在法制上，美国国内法和“美式模板”有着密切联系，对美国国内立法的梳理有助于加深对“美式模板”诉求的理解。

4.3.2 美国支撑“美式模板”的国内立法内容

美国在基于《全球电子商务纲要》发展起来的一系列国内立法，有不少被拓展至美国所主导的 RTAs 之中。美国有关数字贸易、数字经济发展的国内立法可谓是美国在国际上构建数字贸易规则的法制基础。具体而言，有以下几类美国国内规则内容已经被纳入国际法，或被提上谈判日程。

1. 对互联网平台责任进行界定

《通信规范法（CDA，1996）》① 属于《电信法（1996）》的第 5 章。美国联邦构建 CDA 的初衷在于监管和限制网上不良信息的传播，以及为 ISPs 的监管行为提供法律支持。因为网络服务供给者（Internet Service Providers，ISPs）对网络内容进行过滤的行为曾被 1996 年的特别法庭（special court）认为是侵害了美国宪法所保障的言论自由。CDA 第 230 条则专门规范了 ISPs 责任豁免的问题，避免 ISPs 因第三方在其网站上发布的不法内容而遭受损失，该条款首次制定了互联网平台对第三方（即互联网内容供给者，Internet Content Providers，ICPs）非知识产权的责任豁免制度。在 CDA 的基础上，美国国会通过了《数字千年版权法（DMCA，1998）》②，并将其纳入了《版权法》（*Copyright Act*）。美国构建 DMCA 的主要目的是强化数字时代的知识产权保护水平。DMCA 为网络平台提供了知识产权侵权的“避风港”，即 ISPs 对 ICPs 知识产权侵权执行“通知—删除”程序的前提下，豁免 ISPs 的连带知识产权侵权责任（谢尧雯，2018）。通过这一法律，美国可以保护 ISPs 的权益，提高 ISPs 提供互联网平台服务的积极性；平台的发展最终可给予更多中小企业参与数字经济的机会。但值得注意的是，“避风港”的另外一个重要前提是，ISPs 已经构建或实施相关的知识产权保护措施，如学校等教育机构事先声明，停止多次侵权的学生访问线上教育资源的权限等。

---

① 美国法典编号：47 USC 230。

② 美国法典编号：17 USC 101，112，114。

2. 加强国家安全保护

《托管加密标准》（ESS，1994）是由美国商务部所颁布的加密通信标准，也被称为“加密芯片（Clipper Chip）”。加密技术在保护公民信息安全以及知识产权的同时，也给犯罪分子提供了信息藏匿渠道，增加了政府监控违法犯罪的难度。为避免有损国家安全等行为的发生，ESS 要求“密钥恢复/托管”，允许美国政府在特定情况下，从托管机构获取数字内容的加密信息从而进行监听。但这些管制措施不利于加密技术在数字贸易中的普及和使用，有可能损害数字内容所有者的权益。针对这一问题，20 世纪 90 年代后期美国政府与国内产业代表沟通后提供了一项措施，即企业在承诺不生产及销售危害国家及公共安全利益的产品的前提下可出口指定标准的加密产品。但是对加密产品依然施行管制措施，把管制加密技术的司法权从国务院转移至商务部（The White House，1997）。此外，美国在“9·11”事件后推出了《爱国者法》（*Patriot Act*，2001）① 以打击恐怖主义，其中涵盖了严苛、管制范围广泛的互联网监管条文。如第 210 节规定出于国家安全的考虑，政府可对 ISPs 中存储的声音信息、邮件进行监听。《将网络作为国家资产保护法案》（*Protecting Cyberspace as a National Asset Act*，2010）② 让国家有权在紧急情况下关闭互联网服务，防范侵害基础电信设施行为。《信息安全与互联网自由法案》（*Cybersecurity and Internet Freedom Act*，2011）③ 强化了美国互联网和通信基础设施的安全和弹性。

3. 加强电子支付技术和技术标准上的管理

区别于传统银行交付系统，电子支付更加多样、复杂且灵活多变。电子支付是数字产品价值得以实现的重要因素。与此同时，电子支付和传统支付存在系统上的区别，需要一个新型的法制体系来进行配套。但美国政府发现，很难把电子支付系统如 Electronic Wallet、E - Check 和 Cyber Cash 等统一局限在一个一成不变的框架中，因为这些电子支付系统各有其特点，而法规的制定需要一个过程，容易因灵活性不足且过于严苛而适用不了这种多变

① 美国法典编号：6 USC 122。
② 议案号：S. 3480（111th）。
③ 议案号：S. 413（112th）。

性，甚至会对电子支付系统的应用带来不利影响。因此，美国政府决定在短期内通过财政部和联邦储备委员会加强关注的同时，根据不同支付系统的情况进行审查。

当然，从长远的发展目标来看，政府需要从宏观上对电子支付系统的发展方向进行把握，有些单靠“无形的手”所不能妥善解决的争端还需要政府的引导。因此，美国政府致力于研究和审议可能在运用电子支付系统时产生的问题，1995 年构建了联邦电子税收支付系统，允许纳税人通过网上银行缴税，提高了纳税人缴税的效率；1996 年推出了《债务催收改进法》（DCIA）①要求联邦机构的所有款项必须通过电子资金转移的方式（EFT）支付。这些措施促进了公民生活中电子支付手段的应用。同时，美国还强调了在相关政策制定的过程中，政府官员与产业代表两者需要协调一致的重要性。这些政策都有助于推广电子支付技术的使用。

另外，关于技术标准，统一的技术标准和一些互操作性机制对于技术创新、推动数字贸易的持续发展而言尤为重要，特别是电子支付、互联网安全性以及安全服务基础机构等方面的标准制定。由于官僚主义会制约标准制定的发展速度，其滞后性不利于技术创新，因此美国肯定了市场在标准制定中的主体地位。相比构建国内法来规制技术标准，美国更倾向于鼓励通过私人机构、协会以及研发发展部门等非政府机构带头发展和接受“自愿标准”，把对域名管理做出争端决策的权力移交给非营利组织 ICANN。

4. 电子文件的法律效力

电子文件的推广使用是数字贸易无纸化实施的关键所在。1999 年全国统一州法律委员会议（National Conference of Commissioners on Uniform State Laws，NCCUSL）的《统一电子交易法》② 认定了电子记录、电子签名、电子合同的法律效力；2000 年美国通过了《电子签名法案》③ 和《全球与全国商务电子签字法》④，也承认了电子签名享有和纸质信息同等的待遇，消除了在交易中使用电子手段的障碍（Clinton，2000）。这些措施对于推进通关便

① 美国法典编号：31 USC 3701。
② 美国法典编号：15 USC 7002。
③ 美国法典编号：15 USC 7001。
④ 美国法典编号：15 USC ch96。

利化、减少交易成本皆具有重要意义。

5. 税收

《纲要》对“互联网提供的服务和货物”的税收法制建设提出以下三大原则。一是不得对商业交易造成扭曲和障碍。一方面，不得采取诱导性的税收政策来改变交易的性质和地点；另一方面，不得因交易的种类而实施税收上的歧视性待遇。二是构造一个简单透明的税收法制系统。系统要把大部分合法收入覆盖在内，地方及州政府应在实践上结合现实情况如考虑现有税收原则的基础上制定一个统一、简单易行且不给交易参与者带来过多成本和负担的电子商务税收方案。三是税收法制系统应具备确定性且与美国本身和美国贸易伙伴所施行的相一致。这需要考虑现实的情况，如关注州和地方税务部门针对电子商务和互联网所采取的措施。

在具体措施上，美国政府主张实施电子方式交付的商品“免税”。《互联网税收法》（ITFA）① 规定从 1998 年 10 月起 3 年内不得对互联网征收新税，并暂停征收互联网接入税（除非在 1998 年 1 月前已实施）和歧视性电子商务税。该法案的终止期限被多次延长。这和 WTO 为电子传输免关税设置的期限并不断延期有异曲同工之妙。ITFA 成立了一个电子商务咨询委员会（1999—2000 年），关注并研究电子商务长期免税的问题。此外，对互联网征收的商业税应避免国家和国际上的税则冲突，国内征税要易于监管且清晰明了，不得出现多重征税（梅新育，1999）。

美国的“免税”立场主要源自于以下两条逻辑。一是从经济效益上看，这是因为在过去的半个世纪中多个国家不断致力于减免关税，最终从全球自由贸易中受益。由于互联网这种交易本身也具有“全球性”的特征，因此对电子商务征税是不合理且不利于全球发展的。二是从税收的实施效果来看，区别于通过传统路径（如陆运、空运和海运等）流通的传统货物，电子商务中不乏以数字形式交付的商品。和实体产品不同，以数字形式进行交付的商品缺乏清晰的物流路线，难以跟踪；再加上互联网交易的特质（如非公开的交易双方信息、交易的笔数多且小额）导致施加税收管制的难度、成本过高，征税将是一项繁琐且低效的工作。

① 美国法典编号：47 USC 151。

6. 隐私保护

数据流动往往伴随着个人数据保护等问题。出于个人隐私泄露的担忧，美国民众抗拒数据自由流动。美国为了平衡好“隐私保护”和“数据自由流动”的矛盾，出台了《隐私与国家信息基础设施：提供和使用个人信息的原则（1995）》，强调数据收集者有责任告知个人所收集的数据内容及用途，并给个人提供拒绝信息被使用或者重复利用的途径。同时，提出了信息获取及处理中个人隐私保护的三大原则：不得违背个人的合理期望、不得对个人信息做出不当处理，以及获取的个人信息必须与提供和目的相关且准确、及时和完整。随后，美国在报告《促进国家信息基础设施隐私的选择（1997）》中指出要寻求平衡“隐私保护”和“数据自由流动”的办法。同时，政府鼓励私营部门在隐私保护中发挥管制作用，但当私营部门和技术都满足不了隐私保护标准时，政府需加大直接干预的力度。《消费者互联网隐私保护法案（2015）》[①] 禁止了数据收集者未经用户同意公开和披露信息。此外，《在21世纪保护我们的隐私（1998）》要求防止个人医疗信息、信用记录驾照信息的泄露，《儿童在线隐私保护法（COPPA，1998）》[②] 特别强调了在儿童隐私保护问题上，网络运营商应给予家长以及监护人选择是否提供儿童个人信息的权利，并为保障儿童的合法权益提供方案。《金融隐私和消费者保护倡议（1999）》要求给予公民选择是否公开信用信息的权利，以保证金融隐私安全（Clinton，1999a）。但是，2011 年奥巴马政府颁布的《网络空间可信身份标示国家战略（National Strategy for Trusted Identities in Cyberspace，NSTIC）》对普通公民在网络上的日常活动的监控以及用户实名制被他国批评为与隐私保护相违背（张莉，2012）。另外，政府鼓励私营部门在隐私保护中发挥管制作用，但当私营部门和技术都满足不了隐私保护标准时，政府需加大直接干预的力度。但这些只是一种没有约束力的倡议，而在立法上相关法案却迟迟没有通过国会的审议。如《消费者互联网隐私保护法案（2015）》[③]《2018 年加州消费者隐私法案》[④]《2019 美国国家安全与个人数

---

① 议案号：S. 1158（114th）。

② 美国法典编号：5 USC 6501 – 6506。

③ Consumer Internet Privacy Protection Act；议案号：S. 1158（114th）。

④ California Consumer Privacy Act of 2018；议案号（Cal. Civ. Code）：1798. 100 – 1798. 199。

据保护法案》[①] 虽然禁止了数据收集者未经用户同意公开和披露信息，但是相关规则目前只在州政府的层面实现立法。在实践中，美国倾向于由企业来对隐私问题进行保护，但企业多是以利益为导向的。用户对于隐私的诉求越少，越有助于企业基于大数据描绘消费者画像、增强用户黏性和提高广告收入等。因此在实践上，企业等获取大量数据的主体损害公众个人隐私权益的事件时有发生。如 2020 年新冠肺炎疫情蔓延期间美国新冠救济金贷款数据的泄露。有鉴于此，上述美国法律在隐私保护上的效力还有待观察。

7. 保证网络内容的接入水平

美国国内法至少有以下三种措施有利于保证网络内容的接入水平，提高网络信息的丰富程度。一是公开政府信息，这有助于提高相关管制措施的透明度，提升公众获取数字交易相关信息的广度。《信息自由法（Freedom of Information Act，1996）》[②] 规定，所有政府的电子数据都应向公众公开。二是线上“内容中立”，联邦法院在司法实践中提出除非威胁到公民和国家合法权益，否则不限制大部分网络内容。这一思路与国际贸易规则中的“国家安全例外”存在类似之处，体现美国在国家层面对于公众在网络中公布信息的肯定态度。三是“网络中立”，美国在互联网应用方面，主张网络服务提供商不得从利益角度出发，调整展现给用户的内容的优先顺序（郑志平，2016）。门户网站或者线上购物平台等网络服务提供商操控网络内容展示顺序的行为并不可见，它们可以从这些操作中赚取广告费用以支撑运营，这亦是一种常见的利润模式。但这些操控措施会导致信息不对称性的发生，同时可能会损害消费者信息获取的权益。可见，“网络中立”原则的设置有助于维持网络信息接入的公平性，但亦会对网络服务提供商带来损失。这些服务提供商往往是具有话语权的平台型企业，因此美国“网络中立”原则的设置引起了互联网企业群体的抵制。

8. 放松电信基础设施准入限制

数字贸易发展离不开一个完备且连接畅通的全球电信网络。美国本身拥有先进的基础电信技术，致力于确保电信基础设施的互操作性和提高其普及

---

① National Security and Personal Data Protection Act of 2019；议案号：S. 2889（116th）。

② 美国法典编号：15 USC 552。

率。国内法层面，美国 20 世纪 90 年代放松了电信行业的准入门槛，从多方面开放了互联网运营，以推进电信基础设施和产业的发展（郑志平，2016）。美国在《电信法（1996）》中把互联网也纳入了广播和频谱分配的范畴，放松了对电信行业的管制。另外，认识到基础电信产业对数字经济的重要性，美国亦重视解决偏远地区的电信基础设施问题。如克林顿于 1998 年国家科学基金会授权法案中提出支持信息产业的创新，并在 2000 年加强美国农村偏远地区的高速互联网建设，以提高服务速度和降低服务提供成本。在国际上，美国亦提出与国内法相一致的措施。如《GATS 第四议定书》和《全球基础电信协议（1996）》在美国的主导下对电信服务自由化提出要求。但在实践中，不少国家限制电信产品的市场准入，如实施垄断和股权限制措施。美国认为这压缩了用户对电信产品的选择空间，不利于构造一个先进的、有助于促进数字贸易发展的现代化环境。相反，建设良好且更具竞争力的电信设施基础有助于推动数字贸易的发展。因此，美国在数字贸易规则谈判中持续关注通信技术的互操作性以及电信行业等特定部门的市场准入问题。

9. 知识产权保护

基于互联网所进行的交易涉及了数字内容的销售以及许可，这些交易的核心价值和知识产权密切相关。对此，美国希望完善知识产权保护的法律框架，给版权、数据库、专利、商标和域名提供一个有效和清晰的法律环境。

一是在版权保护上。相比国际上《伯尔尼公约（1886）》的 50 年版权保护年限，《美国版权法（1976）》的规定年限为 70 年。在电影、计算机软件和录音等方面，《数字千禧年版权法（DMCA，1998）》采用了世界知识产权组织（WIPO）两大公约《WIPO 版权条约（1996）》和《WIPO 表演和录音条约（1996）》的内容。DMCA 要求在公开版权时实行知识产权保护，同时提出“正当化”使用知识产权等促进线上数字通信的商业使用的规定，在各国合理使用产权的前提下给予国内法构建“例外”的空间。在此基础上 DMCA 将阻止版权管理的技术手段定义为刑事犯罪，加大了知识产权侵权惩罚力度。

二是在数据库保护上，美国希望在国内法中结合科技界、图书馆、学界以及商业部门的意见制定数据库的保护条例。在大数据时代，信息是推动产业发展的核心资源。日常能通过搜索引擎获取的互联网信息是“浅层信息”，而难以通过普通搜索引擎检索到的“深层信息”则存储于付费数据库、移动应用程序等地方。数据库所有者可通过向用户收费等方式提供内容，而这些内容往往是知识产权密集型的，也是数字经济发展背景下的重要信息资源。因此美国需要在国内法层面采取知识产权保护措施。

三是在专利保护上，计算机硬软件和电信产业的技术创新支撑着信息技产业的发展。美国在制定专利保护协议时申明，缔约方不得在专利所有人未授权的情况下使用《全球信息基础设施》（GII，1995）相关的信息技术产品；并给予关系到 GII 顺利发展的相关产品专利提供正确和有效的保护。1999 年，克林顿政府宣布在投资促进互联网发展高新科技的同时，对企业家的专利制度进行加强和改革（Clinton，1999b）。

四是在商标及域名保护上，美国在 GII 中表示，作为来源标识符的域名注册可以视为一种商标，如被滥用将会侵害“商标”的正常使用。美国把域名划入了知识产权保护的范畴。美国希望在国内和国际法中规范好与互联网相关的商标监管问题，并在以下两条路径中进行加强：一是由私营部门对侵权问题进行管制，二是由美国商务部发起跨部门的工作小组对域名系统（DNS）问题进行探讨，具体目标是敦促政府创建一个“自下而上”的体系。这是以市场为导向的，促进竞争的域名注册机制，可以给互联网的使用提供一个稳定的环境。在管理者的角色制定上，美国 1998 年在《互联网域名与 IP 地址管理》中宣扬了美国对全球互联网的直接管理权。1999 年推出《反网络名称抢注消费者保护法》① 用以防止恶意抢注域名来保护企业商标（王靖华，2008）。同年美国成立了非营利性组织 ICANN 来行使域名系统管理和 IP 地址分类的职责。

4.4 本章小结

ICT 的发展创造了新的贸易模式和形态，提高了产业生产率，给国际贸易带来了巨大影响。ICT 促进了国际贸易规模的增长，改变了服务贸易的结

① 美国法典编号：15 USC 1125（d）。

构。值得注意的是，ICT 还使普惠制贸易时代正式到来，让中小微企业及个人都有从事国际贸易的机会。换言之，ICT 扩大了贸易市场以及增加了贸易参与主体的类型和数量。在 ICT 的支持下，数字贸易增长迅猛，比重占据了服务贸易的半壁江山。但数字贸易快速发展的同时，也给多边框架下的传统贸易规则带来了巨大挑战。以 GATT、GATS 和 TRIPS 为代表的多边协议虽然涵盖了与数字贸易密切相关的规则，但自 1994 年签订以来未就新兴的数字贸易内容做出突破性改革，难以很好地管制和适应新兴数字贸易内容。

在这一背景下，美国另辟蹊径从区域层面构建数字贸易规则，成为全球数字贸易治理的引领者。美国推动数字贸易规则治理的根本动力在于其显著的数字产业优势。美国是数字贸易大国，数字贸易体量及数字产业的全球竞争力稳居世界第一。这推动了美国积极构建数字贸易规则，为数字服务的输出构建良好的法治环境。美国数字贸易相关规则的构建工作是以国内法为起点的。自 20 世纪 90 年代起，伴随互联网技术的腾飞，美国也开始着手在国内层面构建法律，为国际上构建“美式模板”提供了一套较完善的国内法制基础。美国国内法中涵盖了不少美国在数字经济中的核心诉求，部分内容在数字贸易规则“美式模板”中已有所体现。可见，时代背景、经济动力和法律基础这三大要素共同推动了“美式模板”的良好发展。

第5章 "美式模板"的形成路径、典型特征及主要内容

美国是全球数字贸易治理的积极推动者。在多边数字贸易谈判迟迟未有突破的背景下，美国近年来着眼于区域数字贸易谈判来构造良好的数字贸易规制环境，以助力美国服务提供者对外输出数字服务。美国积极构建数字贸易规则，是因为其本身具备经济优势和法制基础。美国在数字经济中具有显著的产业优势，这是推动美国积极输出数字贸易规则"美式模板"的根本动力。与此同时，美国为促进数字经济发展构建了丰富翔实的国内法规。这为美国对外输出数字贸易规则夯实了规制基础。在此背景下，美国通过对外签订 RTAs 来构建的数字贸易规则体系不断发展丰富和演进升级。经历了分别以 KORUS、TPP 和 USMCA 为代表的三大阶段，该数字贸易规则体系不断深化，构成了彰显美国雄心的"美式模板"。"美式模板"不仅解决了部分传统贸易规则中的既有难题，还在 RTAs 框架下提出了不少数字贸易新议题。"美式模板"可谓是实现了数字贸易规则上的突破，成为全球数字贸易治理体系的重要组成部分。本章将从整体上把握"美式模板"的典型事实，研究"美式模板"的输出路径、现状特征和主要涵盖内容。

5.1 "美式模板"的形成路径

5.1.1 美国从 WTO 转向 RTAs 输出"美式模板"

伴随数字贸易的发展，一个合理且完善的国际规则框架成为美国等大型

数字经济体在数字贸易谈判中的重要关切。它们在数字贸易规则的构建中纷纷通过多个路径提出自身诉求。如在多边框架下，这些经济体于 WTO“电子商务工作计划”中通过提交提案的方式表达了自己的主张和立场。目前，既有提案涵盖的诉求内容已经颇具规模，覆盖了数字贸易的方方面面。涉及议题亦不断增加深化，从早期的贸易便利化内容如“透明度”“无纸化贸易”“电子签名”“电子传输免关税”“设置小额商品的低征税门槛”等，延伸至比较具有争议的“跨境数据自由流通”“数字知识产权保护”“特定数字部门的市场准入”等方面的规则（见表 5－1）。

表 5－1　WTO 框架下部分经济体的数字贸易规则提案

经济体	提案内容	经济体	提案内容
中国	A. 跨境电商便利化	美国	A. 信息自由流动
	无完善物流、支付、保税区和海关仓库等业务流程		1. 跨境数据自由流动
	B. 推进无纸化贸易		2. 数据存储非强制本地化
	C. 电子签名、电子认证和电子合同		3. 网络开放（如确保网络接入，政府不任意屏蔽网络内容等）
	D. 透明度		B. 公平对待数字产品
	E. 加强合作		1. 电子传输永久免关税
日本	A. 促进电子贸易/数码贸易的规管架构		2. 给予数字产品非歧视待遇
	1. 促进法规的协调和互操作性		C. 保护产权信息
	2. 获取在线支付解决方案和国内监管框架，以支持全球电子支付环境		1. 非强制公开源代码
	B. 开放公平的贸易环境		2. 禁止强制技术转让
	1. 跨境数据自由流动		3. 禁止歧视性的技术要求
	2. 数据存储非强制本地化		D. 数字安全
	3. 开放的网络/自由开放的互联网（不限制网络访问呢）		1. 自由使用加密技术
	4. 规范政府查阅私隐/行业资料的正当程序		2. 采用以风险为基础的方式来保护网络安全
	5. 公开政府收集的数据		E. 互联网服务便利化

续表

经济体	提案内容	经济体	提案内容
日本	6. 改善特定部门（如电信）的市场准入承诺	美国	1. 更新传统的服务分类，放开与数字贸易有关的市场准入
	C. 知识产权保护		2. 公开政府数据
	1. 非强制公开源代码和专有算法		3. 网络中介非知识产权免责
	2. 政府不得强制使用加密等特定技术		F. 构建具有竞争力的电信市场
	3. 禁止政府通过不当方式获取商业秘密		G. 贸易便利化措施（推进 TFA，中小企业低额关税门槛）
	D. 提高透明度	欧盟	1. 电子合同
	报告与电子商务或数字贸易相关法规的义务		2. 电子认证和信任服务
澳大利亚	1. 透明度和无纸化贸易		3. 消费者保护
	2. 贸易通关便利化		4. 非应邀商业电子信息（隐私保护）
	3. 最低关税门槛		5. 技术中立
	4. 单一窗口		6. 电子传输永久免关税
—	—		7. 改善与数字贸易环境相关的互联网基础设施（电信）规则

资料来源：根据 WTO 相关成员提案整理（中国 JOB/GC/142、美国 JOB/GC/178、日本 JOB/GC/177、澳大利亚 JOB/GC/199、欧盟 JOB/CC/194），截至 2019 年 5 月 30 日；网址：https：//www.wto. org/.

对比表 5 - 1 中各经济体提案的议题可知，WTO 电子商务工作组的提案数量不少，涵盖内容亦丰富多样。其中不少提案是依托 RTAs 框架下已承诺内容进行构建的，因此相比 WTO 既有承诺而言更具深度。但它们所提出的数字贸易诉求存在较大差异，在多边框架下达成共识的议题寥寥无几。这是由于各经济体的数字经济发展水平和文化认知不一，导致立场具有较大异质性。因此，在多边框架下各经济体的诉求难以在短期内完全协调一致。如出现于 1998 年的“电子传输免关税”是一项共识程度较高的议题，但成员每次承诺实施的期限仅有一到两年。即与美国所主张的永久性“电子传输免关税”相比，多边框架下的电子传输时效是暂时性的。总体来看，虽然多边框架下存在不少数字贸易相关规则，但大幅滞后于数字贸易的发展。多边贸易规则面临着多重挑战，如它们在数字贸易领域的适用性问题没有得到妥善解决，数字贸易的发展所面临的各种贸易限制性措施亦有待调整放松。

在这一背景下，不少经济体采用“次优策略”，将规则构建的重心从多边转向区域，以推进数字贸易规则构建的进程。其中，美国是采取该策略的代表。美国在数字产业的比较优势驱使美国积极推进全球数字贸易规则的构建进程，以巩固美国在数字产业的领导地位和世界经济中的主导权。美国在全球数字贸易规则构建上表现出了强烈的掌控欲。囿于多边框架下数字贸易规则的种种发展困境，自 2000 年开始美国另辟蹊径，通过签订 RTAs 来构建符合自身利益的国际贸易规则体系。值得注意的是，美国在直接主导 RTAs 的基础上，在 RTAs 层面不断扩展自身的利益诉求，让更多的经济体在美国未直接参与协定谈判的情况下接受美式诉求；同时在多边层面不断基于 RTAs 既有成果内容来构建提案，以推进美式数字贸易规则更大范围的输出。

5.1.2 RTAs 框架下“美式模板”的三个发展阶段

迄今为止，美国共签订了 13 个含有独立“电子商务”（或“数字贸易”）章的 FTA，以及 1 个专门数字贸易协定《美日数字贸易协定》（UJDTA）。除此之外，还有 3 个 Mega - FTA（俗称 3T）也涵盖了数字贸易规则（见表 5 - 2）。本书将从协定的构建形式和涵盖内容两个维度出发，梳理“美式模板”的发展情况。

表 5 - 2　　含有电子商务（数字贸易）章的美国 FTA

FTA	签订时间	生效时间	FTA	签订时间	生效时间
美国 - 约旦 FTA	2000. 11	2001. 12	美国 - 哥伦比亚 FTA	2006. 11	2012. 5
美国 - 新加坡 FTA	2003. 5	2004. 1	美国 - 巴拿马 FTA	2007. 6	2012. 1
美国 - 智利 FTA	2003. 6	2004. 1	美国 - 韩国 FTA	2007. 6	2012. 3
美国 - 澳大利亚 FTA	2004. 5	2005. 1	TPP（CPTPP）	2015. 11	已退出
美国 - 摩洛哥 FTA	2004. 6	2006. 1	TISA	未签订	未生效
美国 - 多米尼加 FTA	2004. 8	2006. 3	TTIP	未签订	未生效
美国 - 巴林 FTA	2005. 9	2006. 8	USMCA	2018. 9	2020. 9

续表

FTA	签订时间	生效时间	FTA	签订时间	生效时间
美国 - 阿曼 FTA	2006. 1	2009. 1	UJDTA	2019. 10	未生效
美国 - 秘鲁 FTA	2006. 4	2009. 2			

资料来源：根据 RTAs 的规则文本制作，截至 2020 年 1 月 10 日；WTO 和 RTAIS 数据库和美国贸易代表处（USTR）官网，网址：http：//rtais. wto. org/? lang = 1 和 https：//ustr. gov/trade - agreements/free - trade - agreements.

从规则构建的形式上看，可以发现数字贸易内容在美国对外贸易谈判中呈现出与日俱增的重要性。“美式模板”的发展遵循的是“规则—专章—协定”的形式，从此前只是引入零星的数字贸易相关规则个体，到独立的“数字贸易”专章（或“电子商务”专章），再到专门的“数字贸易协定”，数字贸易规则构建获得的“专属”待遇逐步升级。将数字贸易与其他内容区分开来谈判，乃至构建出独立协定的原因和 20 世纪八九十年代的服务贸易谈判是类似的。一是数字贸易日趋增加的影响力催生出更多的谈判议题，需要一个专门章节乃至协定来涵盖所有内容。二是在谈判初期，减少其他经济体对数字贸易规则新议题的抵触情绪。如果将数字贸易谈判和既有谈判成果捆绑在一起，容易引起谈判方的顾虑，担心是否要如既有谈判一般进行高标准承诺。而单独就数字贸易进行谈判，可以在零起点上采取循序渐进的方式进行磋商。这实质上是降低了谈判的初始门槛，能有效避免在谈判初期就进行高水平承诺，尽早让其他经济体融入谈判中来。三是当谈判成果达到一定水平时，在其他传统贸易部门谈判陷入困境的情况下，将数字贸易独立出来谈判有助于提高谈判效率。这可推进谈判进程，符合数字贸易规则推动者在谈判进程上的诉求。如美国虽然因为非数字贸易领域的利益问题退出了 TPP，但在 USMCA 中并没有放弃 TPP 的数字贸易内容，而是在 TPP 基础上构建一致的数字贸易规则就是典型的例子。通过这种做法，美国有效地保留了其在数字贸易谈判中的丰硕成果。

从规格涵盖的内容来看，美国在这些协定中所体现的数字贸易立场相互间呈一致性，并随着新协定的签署不断演进深化。根据时间先后梳理这些协定的发展脉络，可以发现“美式模板”的演变呈现以下阶段性特征。自《美国 - 约旦 FTA》（2000）“小试牛刀”首次引入非强制性的“电子商务”章开始，到《美国 - 新加坡 FTA》（2003）“武装牙齿”第一次给“电子商务”章注入约束力，再到 2007 年 KORUS 涵盖了较完善且成体系的数字贸易规则，数字贸易规则“美式模板”的第 1.0 版正式形成。之后在 3T——TPP（2015）、TTIP（2015）和《服务贸易协定》（Trade in Service Agreement，TISA，2015）谈判和签订的协定文本中，美国“锋芒毕露”地大量引入了充分体现美国意志的数字贸易规则新议题。美国主导的 RTAs 中数字贸易规则的重要性与日俱增。TPP/CPTPP① 可谓是奥巴马时期数字贸易规则“美式模板”的集大成者，涵盖了奥巴马时期美国在数字贸易中的绝大部分诉求，对于不少发展中经济体和部分发达经济体都具有明显的攻击性。因此 TPP 框架下的数字贸易规则堪称数字贸易规则“美式模板”第 2.0 版的代表。虽然特朗普上台后宣布退出 TPP，但由于美国在数字贸易中仍具有显著的比较优势，因此美国以 TPP 为逻辑起点，主导了 USMCA（2018）数字贸易规则谈判。USMCA 不仅承袭了 TPP 中的数字贸易规则，还在其基础上做出了一系列规则的“深化”和“拓展”。USMCA 框架下的数字贸易规则是目前雄心水平最高的，堪称第 2.5 版的数字贸易规则“美式模板”的代表。具体而言，在美国所主导的 RTAs 框架下数字贸易规则“美式模板”的发展历程可划分为以下三个阶段。

第一阶段是从《美国 - 约旦 FTA》（2000）到 KORUS（2007）。这个阶段的议题呈现两个特征。一是这一时期出现的大部分涵盖的议题在美国与缔约方间已达成了普遍共识，并成为后期美国与其他经济体谈判中的基石。核心议题包括“电子传输免关税”“透明度”“非歧视性待遇”“贸易规则对数字服务提供的适用性”“电子认证及电子签名”“贸易无纸化”“消费者保护”“网络接入和使用”等。这些议题普遍属于“第一代数字贸易规则”的范畴，可以提升贸易便利化水平。尤其是“贸易无纸化”“电子认证及电子签名”“网络接入和使用”的要价对缔约方的挑战度不高，即便是在美国未直接参与的 RTAs 中也具备较高的接受度。二是虽然协定中出现了涉及美国自身利益的进攻性条款，但多采用软性语言，缺乏强制约束力。典型的如 KORUS 提出的“跨境数据自由流动”规则，虽然倡导推进数据流通，但也仅引入推动合作的措辞。尽管承诺水平较低，但 KORUS 可被视为美国在该核心议题上进行初步尝试的标志性协定。由于“跨境数据自由流动”可能会引起缔约方对个人甚至国家或地

① 虽然美国未参与 CPTPP，但 CPTPP 与 TPP 的“电子商务”章如出一辙，因此本书将 CPTPP 划分为“美式模板”的代表性协定之中。

区层面数据安全的担忧，各经济体对其承诺普遍采取比较审慎的态度。因此，美国采取循序渐进、逐步提高承诺水平的模式来发展这一规则。在“美式模板”发展早期，即便是这种 KORUS 标准的、不具约束力的“跨境数据自由流动”条款，在其他 RTAs 中亦是比较少见的。具体到第一阶段中各协定的数字贸易规则发展情况，《美国 - 约旦 FTA》（2000）是美国签订的首个含有非强制性电子商务章节的协定。但该章节仅涵盖了“电子传输免关税”和“透明度”两个数字贸易议题，这些皆不是后期数字贸易谈判分歧中最核心的内容。随后，《美国 - 新加坡 FTA》（2003）给这些议题添加了具有约束力的语言，并引入了新议题数字产品“非歧视性待遇”和“传统贸易规则对数字服务提供的适用性”。数字产品“非歧视性待遇”在第一阶段亦带有强制性承诺，随后“美式模板”的多个协定中得到沿用，但其在特定部门的深化面临着不少阻力。到了《美国 - 澳大利亚 FTA》（2005），美国开始明确提出“电子传输永久免关税”，并添加新议题“电子认证及电子签名”“贸易无纸化”“消费者保护”。最后，KORUS 作为这一阶段的标志性协议，在承袭上述议题的基础上，删除了个别已经达成普遍共识的议题，同时引入了充满争议的新规则。一方面，在《美国 - 巴拿马 FTA》（2007）之前还是独立存在的“透明度”条款，不再出现于 KORUS 及其后的“美式模板”RTAs 中。这是由于谈判方已高度认可透明度的重要性，在谈判中把这一规范渗透到了其他各个章节的议题（如“在线消费者保护”）之中，因此没就此议题再设置独立条款。另一方面，KORUS 还引入了“网络接入和使用”和“跨境数据自由流动”等新议题。此时的“跨境数据自由流动”是倡导性的条款，虽然不具备约束力，但可从此看出美国对于数据流动的重视程度。

第二阶段是从 KORUS（2007）到 TPP（2015）。美国在第二阶段共主导了三个大型 FTA 协定：TPP、TISA 和 TTIP，其中 TPP 的内容最全面且具有代表性，可谓是数字贸易规则“美式模板”第二阶段的集大成者。TPP 的数字贸易新议题有“非应邀商业电子信息”“个人信息保护”“跨境数据自由流动”“数据存储非强制本地化”“源代码保护”。这些规则是美国第二阶段谈判的重点，亦被称为“第二代数字贸易规则”。其中，“跨境数据自由流动”“数据存储非强制本地化”“源代码保护”这三个数字贸易议题在国际社会引发了不少争议。如数据自由化和数据管制的摩擦，数字知识产权保护和创新及管制之间的分歧都有待平衡协调。这也是美国在全球范围内推广“美式模板”的焦点和难点所在。值得注意的是，CPTPP 针对数字贸易构建的专章和 TPP 如出一辙。因此美国虽然没有参与 CPTPP，但本书亦将 CPTPP 划分在“美式模板”第二阶段的代表性协议之中。

第三阶段是从 TPP（2015）到 USMCA（2018）。虽然特朗普退出 TPP 等举动给数字贸易规则的构建带来了诸多不确定性，但由于数字服务产业仍是美国的比较优势所在，因此数字贸易依然是美国谈判的重要关切。TPP 的数字贸易内容是这一阶段“美式模板”进一步深化扩展的基础。追根溯源，美国退出 TPP 是出于低端制造业等其他部门的贸易利益考虑，但 TPP 的数字贸易内容依然代表着美国的立场。因此它成为后续“美式模板”谈判的根基并得以延续。事实上，特朗普签订的 USMCA 不仅在“数字贸易”章节中承袭了以 TPP“电子商务”章节为代表的数字贸易规则，还在此基础上实现了一系列数字贸易规则在“广度”和“深度”上的升级：一是通过删减例外条款来增加“跨境数据自由流动”“数据存储非强制本地化”“源代码保护”和“数字产品非歧视性待遇”等核心议题的深度，二是引入了新议题“互联网服务提供商的第三方侵权责任豁免”和“公开政府数据”，扩展了“美式模板”的规则广度。因此在这一阶段，“美式模板”这一数字贸易规则体系得到了大幅完善，其具备攻击性的条款如缩减例外范围的“跨境数据自由流动”给其他经济体参与全球数字贸易治理带来了不少挑战（见表 5 -3、表 5 -4）。

表 5 -3　　RTAs 中代表性美式数字贸易规则的分布（表一）

议题 协定	电子传输免关税	透明度	电子认证及电子签名	贸易无纸化	非歧视待遇	贸易规则对数字服务提供的适用性
美国 - 约旦 FTA (2000)	7.1	7.2				
美国 - 新加坡 FTA (2003)	14.3.1；14.3.2				14.3.3；14.3.4	14.2
美国 - 智利 FTA (2004)	15.3				15.4	15.2
美国 - 澳大利亚 FTA（2004）	16.3		16.5.1；16.5.2	16.7.1；16.7.2	16.4	16.2

续表

协定 \ 议题	电子传输免关税	透明度	电子认证及电子签名	贸易无纸化	非歧视待遇	贸易规则对数字服务提供的适用性
美国－摩洛哥 FTA（2004）	14.3.1；14.3.2				14.3.3；14.3.4	14.2
美国－多米尼加 FTA（2004）	14.1.2	14.4			14.3.3；14.3.4	14.2
美国－巴林 FTA（2005）	13.3.1；13.3.2				13.4	13.2
美国－阿曼 FTA（2006）	14.3.1；14.3.2				14.3.3；14.3.4	14.2
美国－秘鲁 FTA（2006）	15.3.1；15.3.2	15.4	15.6	15.7	13.3.3；13.3.4	15.2
美国－哥伦比亚 FTA（2006）	15.3.1；15.3.2	15.4	15.6	15.7	15.3.3；15.3.4	15.2
美国－巴拿马 FTA（2007）	14.1.2；14.3.1；14.3.2	14.4			14.3.3；14.3.4	
美国－韩国 FTA（2007）	15.3.1		15.4.1；15.4.2	15.6	15.3.2；15.3.3	15.2
TPP（2015）	14.3.1		14.6	14.9	14.4	14.2
TISA（2015）	10.1；10.2		9.1；9.2；9.3		4.2	1.1
USMCA（2018）	19.3		19.6	19.9	19.4	19.2

资料来源：根据 RTAs 的规则文本制作；截至 2019 年 9 月 12 日；美国贸易代表办公室，网址：https：//ustr.gov/trade－agreements/free－trade－agreements/.

表 5－4　RTAs 中代表性美式数字贸易规则的分布（表二）

协定 \ 议题	在线消费者保护	非应邀商业电子信息	个人信息保护	网络接入和使用	跨境数据自由流动	数据存储非强制本地化	源代码	网络中介责任豁免（非知识产权）	政府数据公开
美国－约旦 FTA（2000）									
美国－新加坡 FTA（2003）									

续表

议题 协定	在线消费者保护	非应邀商业电子信息	个人信息保护	网络接入和使用	跨境数据自由流动	数据存储非强制本地化	源代码	网络中介责任豁免（非知识产权）	政府数据公开
美国 - 智利 FTA（2004）									
美国 - 澳大利亚 FTA（2004）	16. 6. 1								
美国 - 摩洛哥 FTA（2004）									
美国 - 多米尼加 FTA（2004）	14. 5. b								
美国 - 巴林 FTA（2005）									
美国 - 阿曼 FTA（2006）	14. 4								
美国 - 秘鲁 FTA（2006）	15. 5. 1；15. 5. 2								
美国 - 哥伦比亚 FTA（2006）	15. 5								
美国 - 巴拿马 FTA（2007）	14. 5								
美国 - 韩国 FTA（2007）	15. 5			15. 7	15. 8				
TPP（2015）	14. 7	14. 14	14. 8	14. 10；14. 12	14. 11	14. 13	14. 17		
TISA（2015）	3. 1；3. 2	5. 1；5. 2；5. 3	4. 1；4. 2；4. 3	7. 1；7. 2；7. 3	2. 1；2. 2；2. 3；2. 4	8. 1；8. 2；8. 3	6. 1；6. 2		
USMCA（2018）	19. 7	19. 13	19. 8	19. 1	19. 11	19. 12	19. 16	19. 17	19. 18

资料来源：根据 RTAs 的规则文本制作；截至 2019 年 9 月 12 日；美国贸易代表办公室，网址：https：//ustr. gov/trade - agreements/free - trade - agreements/.

5.2 “美式模板”的典型特征

5.2.1 应对数字贸易给既有规则带来的挑战

既有国际贸易规则在数字贸易的适用上面临不少困难，难以解答数字贸易的基本理论问题以及适应数字技术发展带来的新现象。对于其中的部分挑战，“美式模板”已经做出直接或间接应对。这些问题的解决亦成为后来“美式模板”得以快速发展的根基所在。总体来看，“美式模板”主要在以下四个方面就既有规则上的“挑战”进行了应对（Lawrence Lessig，2012；Rolf H. Weber，2015）。

1. 对数字贸易相关术语进行界定

谈判标的物之定义牵涉到谈判范围、缔结规定的使用对象，因此在谈判初期需要明确界定核心术语的内涵。但多边贸易框架下的传统贸易规则对数字贸易相关内容的定义是比较模糊的，这导致各成员方对既有规则应用产生了不同的解释，最终不利于适用数字贸易规则乃至构建数字贸易规范体系。如对于部分数字产品在不同服务贸易模式上的归属问题，就因数字贸易本身的界定问题产生了不少摩擦。因为定义会影响贸易模式的分类，而贸易模式则会关系到规则在实践上的适用范围和深度。针对这一关键问题，美国自 2003 年与新加坡签订 FTA 开始，就对数字贸易相关术语（“数字产品”“电子传输”“身份认证”等）做出了明确界定。在之后的协定中，“美式模板”亦因应新议题的发展来更新数字贸易术语清单。这使数字贸易规则的制定与应用都具备了明确的实施目标：不仅为规则的谈判奠定了坚实的理论基础，还有助于在谈判尘埃落定后提高规则实践上的执行效率。

2. 明确传统贸易规则对于数字贸易的适用性

WTO 成员方一直就“数字贸易是否受传统贸易规则约束”争论不休。而这些传统规则多指 WTO 框架下的贸易协定。作为多边规则的三大支柱，GATT 只适用于货物贸易；TRIPS 因例外条款过多导致其在知识产权领域难以适用；GATS 虽然专门规范服务贸易且主张“技术中立”原则，成员方对服务所做承诺也适用于电子形式传输的服务，但因适用范围不够清晰明确以及争端解决机制对国内法制的潜在消极影响而引发异议（见本书 4.1.3）。对于这三大协定对数字贸易的适用范围，各成员方之间尚未达成广泛的共识。事实上，各经济体针对多边协定下的既有承诺是否适用于数字新服务这一问题，摩擦频发。对此，美国在 RTAs 框架下从实际情况出发提出了解决方案，在“美式模板”中承诺了“金融服务”“跨境服务”“投资”等传统章节对数字贸易的适用性。这些章节与 WTO 的传统规则多有交叉之处，亦是与 WTO 的传统规则相互推进的过程中发展而来的。“美式模板”拓展传统章节规则在数字贸易领域适用性的做法，实质上是运用传统贸易规则谈判中的既有成果来推进数字贸易规则的缔结进程，最终构建出富含美式元素的数字贸易规则体系。

3. 取消“电子传输免关税”的期限

“电子传输免关税”并不是一个新议题，但“美式模板”更新了它的时效性。一直以来，WTO 成员对是否长期承诺“电子传输免关税”犹疑不决。这是因为担心“电子传输免关税”会减少一国的关税以及财政收入，将来无法借关税来减轻数字贸易对实体经济的冲击，以及数字技术发展所带来的各种不确定性。多边框架下，大型数字经济体如欧盟、美国和中国达成共识的是有时效性的“电子传输免关税”。在这些经济体的主导下，WTO 自 1998 年的“电子商务工作计划”起就发布了电子传输免关税的倡议，但免关税的期限界定为两年，后来该期限不断向后延展。在 RTAs 框架下，美国特别针对“电子传输免关税”这一议题，要求其缔约对象能做出永久性的“电子传输免关税”承诺。这从承诺水平来看，可谓是在多边框架的基础上实现了跃升。

4. 给予数字产品“非歧视性待遇”（国民待遇和最惠国待遇）

“非歧视性待遇”可分为两方面。一是“最惠国待遇”，即互联网驱动的服务在进入他国市场时，不论原产地在哪里，都可享受与他国同等的准入待遇。这属于 GATS 一般义务的范畴。二是“国民待遇”，即基于线上交易所流通的货物进入该国市场时，享受与该国相同产品同等的待遇。这在 GATS 中属于特定义务的范畴，各方在减让表中就此进行的承诺差异较大。

GATS 并未就“非歧视性待遇”对数字产品的适用性进行充分承诺。一方面，虽然 GATS 对“最惠国待遇”进行了“水平承诺”，但在实践中多边框架下“最惠国待遇”对数字产品的适用性也饱受争议；另一方面，“国民待遇”受到了“正面清单”承诺方式的限制，且各成员方因发展水平差异对此设置了保留和例外。因此，GATS 专门针对数字产品的开放程度只停留在比较低的水平。就此，数字贸易规则“美式模板”明确了对数字产品“非歧视性待遇”的强制性承诺。这对于特定部门的数字产品市场准入而言具有非常重要的意义。

5.2.2 在“跨境服务贸易”章引入了机制创新元素

由于数字贸易的主体是服务贸易，区域贸易安排通过在跨境服务贸易章引入机制创新元素来促进数字服务贸易自由化。从服务内容的承诺方式、特殊义务的界定范式和服务提供模式等视角，文特森（Wunsch - Vincent，2008）将这些元素归纳如下。

1. 引入“负面清单”的承诺方式

GATS 要求其成员基于“正面清单”方式来做出服务开放承诺。在该模式下，“市场准入”和“国民待遇”等特定义务仅适用于成员已经做出承诺的特定服务部门和服务提供模式上。为了提高贸易的自由化水平，“负面清单”应运而生，即对列入否定列表以外的服务部门和服务提供模式都承诺对外开放。虽然从理论上看，通过调整清单的具体内容，可以使“正面清单”与“负面清单”实现同等的服务开放效果。但在实践上，基于“负面清单”的开放承诺有助于提升服务开放政策的透明度，有利于为数字贸易发展创造一个更加稳定的制度环境。随着数字技术的发展，新形式的数字服务不断涌现。如果“负面清单”这种承诺方式在最初设定时未排除数字服务，则可减少互联网环境下贸易规则应用于境外服务提供时的不确定性。因此区别于多边框架下的“正面清单”，美国在其主导的区域服务贸易谈判中主张基于“负面清单”方式作出开放承诺。另外，相比于欧盟等经济体的“负面清单”而言，“美式模板”中的“负面清单”普遍较为简短。因此即便同为“负面清单”，“美式模板”的“负面清单”自由化水平是偏高的。“美式模板”中采取“负面清单”进行承诺的协定包括TPP、TISA和USMCA等（Casalini et al.，2019）。“美式模板”通过打破“正面清单”的承诺方式，扩大了“非歧视性待遇”等规则在数字服务上的适用范围。相比于其他经济体倾向于采用“正面清单”或者混合清单进行承诺，美国采用了“负面清单”规则管理的方式，扩大了规则适用范围。因此，引入较为简便的“负面清单”承诺方式可被视作“美式模板”的典型特征。

2. 减少“国民待遇”的豁免条款

“国民待遇”是多边框架下的核心条款。自乌拉圭回合引入服务贸易谈判以来，WTO成员致力于推进包括“国民待遇”在内的“非歧视性待遇”规则的构建工作。其目标在于推动贸易自由化，因为成员间带有不公正色彩的歧视性待遇是违反WTO成立宗旨的。但这些进程具有局限性，如GATS对“最惠国待遇”和“国民待遇”的承诺方式是不一样的。GATS仅对服务的“最惠国待遇”作出一般性义务承诺，对“国民待遇”则允许成员自行承诺特殊义务以决定开放程度。针对自主承诺空间较大的“国民待遇”，由于各经济体在服务进出口上的立场差异颇大，发达经济体和发展经济体在减让表中的承诺广度和深度参差不齐。在贸易实践中，这不仅降低了规则承诺的平均水平，还增加了规则解读、开放贸易伙伴市场和实现贸易自由化的难度。为了减少贸易扭曲，促进美国数字产业进入其他经济体的市场，美国在其主导协定的“跨境服务贸易”章节中，同时引入了“国民待遇”和“最惠国待遇”这些非歧视性待遇。相比于多边框架下的既有协定，“美式模板”减少了“国民待遇”等“非歧视性待遇”的例外条款。由于数字贸易也在很大程度上受到“服务贸易”章节的管制，因此这种减少例外条款的做法实质上降低了美国对外输出数字服务的门槛。

3. 剔除繁琐的“当地存在”要求

在技术上，得益于互联网的便利性，服务提供者可以在自身不跨越国境的前提下输出数字服务。但进口经济体设置“当地存在”的要求加重了服务出口商的负担。其中，不少数字贸易的初创企业和高新科技的服务提供商都是中小型企业，更是无法承担这些在境外运营的成本。因此，美国在区域贸易谈判中提出不得要求服务提供建立“当地存在”，作为数字服务出口商进入其他经济体市场的前提条件。如在 TPP 的“跨境服务贸易”章节中，服务贸易的提供模式并不包含“当地存在”。这意味着该章节删除了模式 3，只保留了 GATS 四种跨境服务提供模式的其他三个。这实质上是美国在提供数字服务时，希望以模式 1“跨境提供”来代替模式 3“商业存在”，不构建“当地存在”就可通过数据流动对外输出美国服务。通过这一承诺，美国至少可在以下两方面获益：一是降低美国在东道国提供服务的成本。避免支付作为“当地存在”向当地政府缴纳税费，减少“当地存在”给企业带来的运营成本。二是降低数字服务供向海外的门槛。数字服务是规则敏感型的，尤其是各种隐蔽的“边境后措施”会构成数字贸易壁垒。通过“跨境提供”输出数字服务可以绕开东道国与母国差异化的限制性措施，采用“商业存在”模式则需要考虑东道国境内纷繁复杂的法制规范，对高水平且较为稀缺的国际贸易人才需求更大。这些对于服务出口的软环境而言都是不利因素。相比于“商业存在”，通过“跨境提供”可以更加自由地大量输出多种数字服务，符合美国对外输出数字服务的诉求。这种服务输出模式上的变更亦成为“美式模板”在跨境服务贸易机制创新中的典型特征之一。

整体来看，数字贸易和服务贸易的联系非常密切。“美式模板”考虑到数字技术的快速发展给传统服务贸易规则带来的挑战，针对服务贸易规则的承诺、例外和提供模式都进行了机制创新。这些变革可共同为美国对外输出数字服务营造良好的软性法规环境。

5.2.3 出台专门的数字贸易章节

全球数字贸易治理框架下，各经济体间存在不少问题有待磋商解决，如既有规制在应用时的不相容情况，以及全面且专门的数字贸易章节有待构建等。尽管美国已针对传统贸易章节中的零散数字贸易规则进行了规制创新，但既有规制体系依然未能很好地覆盖和服务于新兴的数字贸易内容。鉴于数字产品传输方式的特殊性，滞后于数字贸易发展的传统贸易规则以及边境后的限制性措施是不利于数字贸易发展的。因此，为了给数字贸易的输出营造完善的法制环境，除了更新传统贸易章节中的规则内容，还有必要在传统贸易规则框架外出台更多有针对性的数字贸易规则乃至专门章节。

有鉴于此，美国针对传统规制的不足，在近 20 年来所签订的 RTAs 中引入了专门的数字贸易条款。值得注意的是，这些协定大部分都设置了独立的“电子商务”（或“数字贸易”）章，对数字贸易议题进行规范。这些章节除了纳入“透明度义务”“关税”“电子认证和电子签名”“无纸化贸易”等早期各方讨论较多且达成共识范围较广泛的早期贸易便利化议题以外，也规范了数字贸易中争议颇大的新议题如“跨境数据自由流动”“数据存储非强制本地化”、数字产品“非歧视性待遇”和“数字知识产权保护”等数字贸易自由化内容。另外，“美式模板”针对这些新议题所构建的规则对美国未直接参与的协定也产生了影响。如 RCEP 和《日本 - 蒙古 EPA》也针对数字贸易设立了专门的“电子商务”章节。虽然这些协定就数字贸易所承诺的“广度”与“深度”和“美式模板”的高标准规则存在区别，但也引入了类似议题。鉴于 RTAs 在数字贸易规则构建进程中所取得的突破和影响力，RTAs 框架下独立的“电子商务”或“数字贸易”章节将是后文展开“美式模板”研究的重点。

5.3 “美式模板”的主要内容

从零散化的数字贸易规则个体，到呈体系的专门数字贸易章节乃至数字贸易协定，“美式模板”的主要内容日趋全面丰富。从发展历程视角来看，“美式模板”遵循的是循序渐进、不断深化和扩展的演变规律。“美式模板”经过了分别以 KORUS、TPP 和 USMCA 为代表的三个发展阶段，数字贸易规则体系不断演进，如今已能较充分地彰显美国的数字贸易雄心。本书梳理了 KORUS、TPP 和 USMCA 的框架和主要内容（见表 5 - 5），不难发现近年随着时间的推移，新阶段的“美式模板”数字贸易相关章节和规则之数量都在既有阶段的基础上得以增加，其内容也变得更加具体和丰富，呈现出由浅至深的发展轨迹。因此，第三阶段的 USMCA 作为美国在最新数字贸易规则发展阶段所主导的区域贸易安排，较之以往阶段的涵盖内容更为丰富。USMCA 不仅继承了美国在以往协定中所签订的数字贸易内容，还在此基础上拓展了一系列新议题，可谓是“美式模板”中内容最为广泛、全面且具有代表性的协定。2019 年 WTO 框架下开启的电子商务谈判中，美国也是以 USMCA 为蓝本来推进“美式模板”在多边层面的扩展。因此，通过梳理 USMCA 的数字贸易规则覆盖议题，可以较全面清晰地展现数字贸易规则“美式模板”现阶段的发展情况和雄心水平。

表 5 – 5　　KORUS、TPP 和 USMCA 中涵盖数字贸易相关内容的章节和条例

协定	章节	条例
KORUS	电子商务	15.1　一般　15.2　服务的电子提供　15.3　数字产品 15.4　电子认证和电子签名　15.5　线上消费者保护 15.6　无纸化贸易　15.7　以电子方式进行的跨境信息传输 15.8　跨境信息流　15.9　定义
	知识产权	18.3　网络域名
	投资	11.8　履行要求（禁止强制技术转让、禁止歧视性技术要求）
	电信	14.21　技术和标准的措施
	跨境服务	12.1　范围　12.5　当地存在　12.13　定义
	金融服务	附件 13—B 特定承诺 C 节功能履行 2　附件 13—B 特定承诺 B 节信息转移
TPP	电子商务	14.1　定义（数字贸易相关术语）　14.2　范围和一般条款 14.3　海关关税　14.4　数字产品的非歧视性待遇 14.5　国内电子交易制度框架　14.6　电子认证和电子签名 14.7　线上消费者保护　14.8　个人信息保护 14.9　无纸化贸易　14.10　电子商务网络的接入和使用原则 14.11　以电子方式进行的跨境信息传输 14.12　互联网互联费用分摊　14.13　计算设备的位置 14.14　非应邀商业电子信息　14.15　合作 14.16　网络安全事务合作　14.17　源代码　14.18　争端解决
	知识产权	18.28　域名　18.81　网络服务提供商 18.82　法律救济和安全港
	投资	11.8　履行要求（禁止强制技术转让、禁止歧视性技术要求）
	电信	13.23　技术选择的自由
	跨境服务	10.1　定义　10.2　范围　10.6　当地存在
	部门附件	附件 8 – B　信息和通信技术产品 A 节：使用加密的信息和通信技术（ICT）产品
	金融服务	11.17　后台功能运行　附件 11—B 特定承诺 B 节信息转移

续表

协定	章节	条 例
USMCA	数字贸易	19.1 定义（数字贸易相关术语） 19.2 范围和总则 19.3 海关关税 19.4 数字产品的非歧视性待遇 19.5 国内电子交易框架 19.6 电子认证和电子签名 19.7 线上消费者保护 19.8 个人信息保护 19.9 无纸化贸易 19.10 数字贸易网络的接入和使用原则 19.11 以电子方式进行的跨境信息传输 19.12 计算设备的位置 19.13 非应邀商业电子交流 19.14 合作 19.15 网络安全 19.16 源代码 19.17 互操作性计算机服务 19.18 公开政府数据
	知识产权	20.27 域名 20.88 网络服务提供商 20.89 法律救济和安全港
	投资	14.10 业绩要求（禁止强制技术转让、禁止歧视性技术要求）
	电信	18.15 技术选择的自由
	跨境服务	15.1 定义 15.2 范围 15.6 当地存在
	部门附件	12.C.2 使用加密的 ICT 货物
	金融服务	17.17 信息转移 17.18 计算设施的位置

资料来源：根据 KORUS、TPP 和 USMCA 的规则文本制作；截至 2019 年 9 月 12 日；WTO 和 RTAIS 数据库和美国贸易代表处（USTR）官网，网址：https：//ustr.gov/trade－agreements/free－trade－agreements/.

从框架构成来看，USMCA 中含有数字贸易内容较多的章节有七个，分别为“数字贸易”章（第 19 章）、“电信”章（第 18 章）、“知识产权”章（第 20 章）、“投资”章（第 14 章）、“跨境服务”章（第 15 章）和“部门附件”（第 12 章）。如表 5－5 所示，这 7 个数字贸易密切相关章节涵盖以下数字贸易规则内容。第一，USMCA 的“数字贸易”章所涵盖的数字贸易规则在内容和数量上都远超其他章节。该章主要界定了数字贸易的术语（如电子手段、计算机设施、数字产品、交互式计算机服务（第 19.1 条），“数字贸易”章的涵盖范围和总则（第 19.2 条），对电子传输内容实施永久免关税（第 19.3 条），给予数字产品“国民待遇”和“最惠国待遇”（第 19.4 条），承认电子认证和电子签名的有效性（第 19.6 条），承认电子形式文件与纸质文件享有同等有效性（第 19.9 条），要求允许“跨境数据自由流动”（第 19.11 条）和自主选择计算设施和数据的存储位置（数据存储非强制本地化）（第 19.12 条），要求不得强制公开源代码和算法（源代码保护）（第

19.16 条)，豁免互联网服务提供商的第三方侵权责任（第 19.18 条)。第二，“知识产权”章规定了可豁免网络服务提供商对平台上版权侵权行为负责的情形（第20.89 条)。第三，“投资章”规定了不得强制投资者进行技术转让，以及不得强制投资者购买或者采用特定技术（第 14.10 条)。第四，“电信章”要求不得剥夺公共电信服务提供商选择技术的自由（第 18.15 条)。第五，“跨境服务”章把通过设立当地存在提供的服务剔除出“跨境服务”章的适用范围之外（第 15.1 条)，默许了传统贸易规则对数字贸易的适用性（第 15.2 条)，要求不得以设立当地存在作为跨境提供服务的前提条件（第 15.6 条)。第六，“部门附件”要求不得强制 ICT 产品提供商或制造商公开产品中涵盖的加密技术（第 12. C. 2)。第 17 章，“金融服务”对金融服务承诺“跨境数据自由流动（第 17.17 条)”和“数据存储非强制本地化(第 17.18 条)”。

整体来看，“美式模板”的主要内容涵盖两方面，一是保持“贸易无纸化”等早期便利化措施；二是不断强化在数据、知识产权、市场准入等方面的贸易自由化内容，即“第二代数字贸易规则”。这些固有条款和强化规则的设置，皆是为了美国对外输出其比较优势所在的数字产品所服务的，因此呈现出不断提升自由化水平的发展趋势。

5.4 本章小结

这一章节主要针对“美式模板”的发展模式、呈现特征及涵盖的主要内容进行了梳理分析。这有助于厘清“美式模板”的来龙去脉，整体把握“美式模板”的发展情况，从宏观上俯瞰“美式模板”的规则分布。

首先，关于“美式模板”发展所依托的 RTAs 路径。近 20 年来，美国在其主导的 RTAs 中致力于构建数字贸易规则，以对外输出美国自身在全球数字贸易治理中的价值观。这些数字贸易规则自成体系，构成了表达美国数字贸易雄心的“美式模板”。这主要是由于近年多边体系下的数字贸易规则构建工作停滞不前，因此美国另辟蹊径在 RTAs 层面探寻规则发展之路。回顾其发展历程，本书发现“美式模板”之演变遵循的是一个循序渐进的规律。从 2000 年签订的《美国 - 约旦 FTA》到 2018 年缔结的 USMCA，“美式模板”的发展过程可分为三大阶段。首先是以 KORUS 为代表的第一阶段，规则内容以“第一代数字贸易规则”为主，目标是实现贸易便利化。议题包括“电子传输免关税”“透明度”“电子认证及电子签名”“贸易无纸化”等在美国主导的 RTAs 中达成了普遍共识的规则议题。但相比于近年深度贸易便利化议题频出的情况，“美式模板”第一阶段的贸易便利化的议题停留在比较浅层的水平。其次是以 TPP 为代表的第二阶段。这一阶段除了“第一代数字贸易规则”，还引入了“第二代数字贸易规则”，主要是具有强制性承诺的“跨境数据自由流动”“数据存储非强制本地化”“源代码保护”。这些议题都是颇具争议的，因此这一阶段的“美式模板”协议对于各大经济体而言较具挑战，在现阶段依然是数字贸易谈判的焦点所在。第三阶段以 USMCA 为代表，除了提高 TPP 核心议题的承诺水平，还引入了一系列新议题。主要目标包括深化既有数据流动的自由化水平、扩大和提高数字知识产权保护之范围程度，以及厘清网络平台责任等。总体来看，“美式模板”无论是从框架上还是内容上都已自成体系，彰显了美国在数字贸易上的核心诉求。

其次，关于“美式模板”的典型特征。区别于传统的数字贸易规则，“美式模板”呈以下特征。其一，“美式模板”部分解答了传统数字贸易相关规则面临的难题，清晰界定了数字贸易关键术语，明确了传统贸易规则对数字贸易的适用性，承诺了“电子传输永久免关税”和数字产品“非歧视性待遇”。其二，在“跨境服务贸易”中实现了机制创新，基于“负面清单”对数字服务进行承诺，以及剔除了“国民待遇”中的例外条款。同时，它限制了对服务提供的“当地存在”要求，这提高了贸易模式选择的自由度，最终推动了“跨境提供”这种贸易模式的应用范围。其三，构建了独立且专门的数字贸易体系，该做法也影响了其他经济体缔结的贸易协定。

最后，关于“美式模板”的主要内容。在多个“美式模板”的协定之中，新近签订的 USMCA 数字贸易章节在内容上是最具代表性的，因此以 USMCA 为例分析了“美式模板”的数字贸易规则内容在各章节的分布情况。从框架上来看，由于数字贸易的内容和传统多个部门都有交叉，因此“美式模板”除了独立的“数字贸易（电子商务）”章以外，还在“电信”“跨境服务”和“金融服务”等多个章节都植入了零散化的数字贸易相关规则，对多个传统部门的数字贸易内容进行了规范。本章内容是从宏观上对“美式模板”的发展路径、主要特征和内容进行整理概括。这有助于后文进一步解析特定核心数字贸易规则个体的发展历程和现状，探讨美国构建这些规则背后的驱动因素以及分析围绕规则产生的多方博弈情况。

第6章

“美式模板”中的关键数字贸易规则解析

经过了三个阶段的发展，美国在其主导的区域贸易协定（RTAs）中构建了能彰显美国数字贸易治理雄心且自成体系的数字贸易规则“美式模板”。区别于传统的贸易规则，“美式模板”不仅应对了传统贸易规则在数字贸易治理上面临的问题，在“跨境服务”章中引入机制创新元素，还出台了专门的数字贸易章节。更进一步，“美式模板”的核心数字贸易规则内容丰富且颇具雄心，值得深入探析。本章围绕美国在数据获取、数字知识产权保护、特定市场准入和一般义务等方面的数字贸易关键诉求，梳理 RTAs 框架下“美式模板”的核心规则内容以捕捉和刻画其演变轨迹。在此基础上，本章尝试探析美国构建这些规则背后的驱动因素。然后，从横向比照各大经济体在“美式模板”关键议题上的自身立场，以分析这些经济体与美国的博弈过程。这有助于从其他经济体的视角探析“美式模板”，全面且多维度地对“美式模板”关键规则进行解析和评价。

6.1 对数字贸易关键术语的界定

美国自2003年的《美国－新加坡 FTA》起，已然在 RTAs 的独立“电子商务”（或“数字贸易”）章中界定了数字贸易的常用关键术语，以明确数字贸易规则的适用对象与范围。随着时间的推移，“美式模板”对这些关键术语的概念进行了细化，同时不断添加新的内容。本书着眼于“美式模板”的三个发展阶段中最具代表性的贸易协定《美国－韩国 FTA》（KORUS）、《跨太平洋伙伴关系协定》（TPP）和《美国、墨西哥和加拿大协议》（USMCA），整理出“美式模板”中数字贸易规则关键术语的定义及其发展脉络（见表 6－1）。根据术语出现的时间顺序，本书将其分成以下三阶段。

表 6－1　“美式模板”的数字贸易相关术语

协定 定义内容	KORUS（2007）	TPP（2015）	USMCA（2018）
存储设备：载体介质和计算设施	载体介质：存储数字产品的任何介质	计算设施：处理或存储商用信息的计算机服务器或存储装置	同 TPP
数字产品	为商业销售或分销之目的生产、可以通过电子方式传输的计算机程序、文本、视频、图像、录音或其他数字编码产品	不包括金融工具（包括货币）的数字化表现	同 TPP
电子认证、电子证书	指确认电子通讯或交易成员方身份并确保电子通讯完整的过程或行为	同 KORUS	同 KORUS
电子传输或通过电子方式传输	指用电磁感应手段（包括光手段）实现的数字产品转移	用电磁感应手段（包括光手段）实现的传输	无相关规定
电子签名	一种在电子文档中的数据，可用于识别文档相关的签字人，并指示签字人批准电子文件中包含信息	无相关规定	增加“信息”至批准对象
贸易管理文件	由缔约方出具或控制的、进口商或出口商填写或代其填写的、与货物进口或出口相关的表格	同 KORUS	同 KORUS

续表

协定 定义内容	KORUS（2007）	TPP（2015）	USMCA（2018）
个人信息	无相关规定	指有关已确定的或可确定的自然人的任何信息，包括数据	同 TPP
未经请求的商业电子信息/交流	无相关规定	指未经接受者同意或接受者已经明示拒绝，通过互联网接入服务的提供者或根据缔约方法律法规规定的其他电信服务，向某一电子地址发送的以商业或推广为目的的电子信息	同 TPP
涵盖的人	无相关规定	涵盖“投资”章和“跨境服务”章的规则涵盖对象，但排除“金融”章定义里的“金融机构”或“缔约方的跨境金融服务提供者”	涵盖“投资”章和“跨境服务”章的规则涵盖对象，但不包括“金融”章中的“涵盖的人”（包括金融机构和跨境金融服务提供者）
算法	无相关规定	无相关规定	表示用于解决问题或获得结果的已定义的步骤序列
交互式计算机服务	无相关规定	无相关规定	提供或支持多个用户电子访问到计算机服务器的系统或服务
信息内容提供者	无相关规定	无相关规定	通过互联网或者其他交互式计算机服务，全部或者部分创建、开发信息的人或者实体
政府信息	无相关规定	无相关规定	非专有信息，包括中央政府拥有的数据。这里的专有信息指的是银行部门等特定机构所拥有的信息

资料来源：根据 KORUS、TPP 和 USMCA 的规则文本制作；截至 2019 年 9 月 12 日；WTO 和 RTAIS 数据库和美国贸易代表处（USTR）官网，网址：https：//ustr. gov/trade - agreements/free - trade - agreements/.

6.1.1 KORUS 界定的数字贸易关键术语

“载体介质”和“计算设施”同属于存储设备。KORUS 界定存储设备范畴中的“载体介质”，指“通过现在已知或以后开发的任何方法存储数字产品的任何物理对象，并且可以直接或间接地从中识别，复制或传送数字产品，包括但不限于光学介质，软盘或磁带”；TPP 和 USMCA 则界定了“计算设施”，指处理或存储商用信息的计算机服务器或存储装置，为规则“数据存储非强制本地化”的实施界定了适用对象。

“数字产品”，是指“为商业销售或分销之目的生产、可以通过电子方式传输的计算机程序、文本、视频、图像、录音或其他数字编码产品”。但该定义不可被理解为“反映了缔约方关于通过电子传输的数字产品贸易应被归为服务贸易还是货物贸易的看法”。值得注意的是，区别于 KORUS，TPP 和 USMCA 要求数字产品不包括金融工具（包括货币）的数字化表现，即关系到一国安全的货币不在数字贸易条款的承诺范围。在 TPP 中，该例外条款备注在注释中，而 USMCA 则把该例外条款放在了定义正文中，表达了“美式模板”对“货币例外”的重视。不过，这并不代表“美式模板”在金融领域的承诺水平。因为关系到金融部门的贸易内容，“美式模板”另外在金融章节也做出了较为相近的承诺，因此探讨“美式模板”在金融领域的承诺时需要结合多个章节进行综合分析。

“电子传输或通过电子方式传输”在 KORUS 中，指“用电磁感应手段（包括光手段）实现的数字产品转移”。TPP 则把使用范围从“数字产品转移”扩大为“传输”。虽然 USMCA 未界定这一术语，但涵盖该术语的规则依然保留在协定中，如“电子传输免关税”。与此同时，美国在 2019 年 WTO 框架下的提案中又重申了 TPP 的界定，因此美国对这一术语的立场是保持不变的（INF/ECOM/23）。

“电子认证”，指“确认电子通讯或交易成员方身份并确保电子通讯完整的过程或行为”。KORUS、TPP 和 USMCA 对电子认证的定义都是一样的，并基于此定义在规则中肯定“电子认证”在交易及法律证明中的有效性。

“电子签名”出现在了 KORUS 和 USMCA 中。“电子签名”在 KORUS 中是指采用电子形式、附着于或在逻辑上与电子文档和电文相关的数据。该数据可用于识别与电子文档或电文相关的签字人，表明签字人对电子文档或电文中所含信息的认可。USMCA 则在 KORUS 的基础上将“电子签名”的定义对象及可识别的范围从“电子文档”扩展为“电子文档或电文”。这一范围的界定将直接影响国际贸易中线上海关交互文件的法律效力。

“贸易管理文件”在 KORU、TPP 和 USMCA 中的定义是一样的，指由缔约方出具或控制的、进口商或出口商填写或代其填写的、与货物进口或出口相关的表格。

6.1.2 始于 TPP 的数字贸易关键术语

这些术语最初出现在“美式模板”第二发展阶段。因此它们也包含了这一阶段新出现核心议题如数据、源代码等存在密切关联的内容。

“涵盖的人”涉及数字贸易章的适用范围。这一内容和其他章节相挂钩，如 TPP 和 USMCA 在“电子商务（或数字贸易）章”明确“涵盖的人”包括“投资”章和“跨境服务”章的规则涵盖对象，但 TPP 排除“金融”章定义里的“金融机构”或“缔约方的跨境金融服务提供者”，USMCA 则排除了“金融”章中的“涵盖的人”（包括金融机构和跨境金融服务提供者）。即“涵盖的人”和其他章节的挂钩范围随着“美式模板”的发展不断扩大。

“未经请求的商业电子信息”和“未经请求的商业电子交流”。也被称为“垃圾商业电子信息/交流”。TPP 定义其为“未经接受者同意或接受者已经明示拒绝，通过互联网接入服务的提供者或根据缔约方法律法规规定的其他电信服务，向某一电子地址发送的以商业或推广为目的的电子信息”。USMCA 则将发送手段从“互联网接入和法律规定的其他电信服务”扩展至全部手段。“美式模板”这种做法实质上是将数字贸易内容和传统的电信服务内容相挂钩。与此同时，USMCA 在注释中补充，“对于美国，未经请求的商业电子交流不包括主要用于商业或营销目的以外的目的的电子信息”。这是一种在承诺中排除非商业目的之做法，可以规避谈判中因敏感领域信息出现纠纷。

“个人信息”的界定始于 TPP，对此 USMCA 的界定和 TPP 是一样的。在“美式模板”中，“个人信息”指有关已确定的或可确定的自然人的任何信息，包括数据；是“跨境数据自由流动”和“个人信息保护”规则所规范的重点标的。

6.1.3 始于 USMCA 的数字贸易关键术语

在 TPP 基础之上，USMCA 针对新扩展的数字贸易议题进行了术语界定。新术语主要包括“信息内容提供者”“交互式计算机服务”“政府信息”。

“信息内容提供者”，指通过互联网或者其他交互式计算机服务，全部或者部分创建、开发信息的人或者实体。对于提供信息或者数字产品交易平台的商家而言，“信息内容提供者”属于第三方的主体。它们之间的权责界定是 USMCA 所关注的重点内容，因为这关系到出现侵权问题时如何处理纠纷。

“交互式计算机服务”，指提供或支持多个用户电子访问到计算机服务器的系统或服务，包括电子商务平台如阿里巴巴和亚马逊所提供的网络中介服务。这一术语在“美式模板”的规则制定中往往和“信息内容提供者”捆绑在一起。

“政府信息”，指非专有信息，包括中央政府拥有的数据。这里的专有信息指的是银行部门等特定机构所拥有的信息。由于银行这些部门具备敏感属性，各经济体对此普遍持有审慎态度，因此这一范畴的内容在术语界定时已被排除在外。

从总体来看，“美式模板”并没有直接界定数字贸易的范围，而是通过列举法来进行定义，如通过诠释“数字产品”“电子传输或通过电子方式传输”“涵盖的人”等术语的方式来确定数字贸易规则的适用对象。随着时间的推移，“美式模板”除了在“质”上提高术语界定的清晰度，还在“量”上增加新的术语以对协定中的新数字贸易规则议题进行辅助性解释。KORUS 阐述了数字贸易规则中的基础概念。TPP 针对“信息”相关内容的界定以及规则使用对象的概念更加清晰。其中，它特别对“第二代数字贸易规则”①

---

① 数字贸易“美式模板”中雄心水平较高的数字贸易规则，如“跨境数据自由流动”“数据存储设备非强制当地化”“源代码保护”等。

的关键术语进行了诠释，这也从侧面反映出“美式模板”的内容渐成体系。USMCA 则在 TPP 的基础之上扩大了“未经许可的信息”传输手段的覆盖范围，同时引入了更多新术语的概念。术语内容的界定体现出“美式模板”对数据的重视程度及开放金融部门的谨慎态度。

与此同时，欧盟和中国也在贸易谈判中界定了相关数字贸易术语，但相比“美式模板”而言数量明显偏少。

第一，中国在专门的“电子商务”章中界定了贸易术语，但针对核心美式议题上的定义是空缺的。一方面，中国在 RTAs 中就已决定的术语所表现出的立场和美国是一致的，包括“数字证书”“电子签名”“文件的电子版本”“个人信息”“贸易管理文件”和“垃圾商业信息”。但和“美式模板”也有细微的不同之处，中国的“电子签名”的范围和识别对象仅限于“电文”。关于“个人信息”，中国倾向于界定为“个人身份标识明显或可从中合理识别个人身份的信息”，范围比“美式模板”的个人信息范围狭窄。另一方面，中国在 2020 年 RCEP 签订之前并未对“美式模板”的核心议题的关键术语进行界定。即便是在 RCEP“电子商务”章第一条的定义之中，亦无对“电子传输或通过电子方式传输”进行术语阐释。这体现出中国对“第二代数字贸易规则”的谨慎态度。

第二，区别于美国独立的“电子商务”（“数字贸易”）章，欧盟普遍的做法为针对数字贸易构建“服务贸易、机构和电子商务”章。换言之，欧盟是将服务的相关规则和电子商务相捆绑来进行界定的。在这种捆绑式做法之中，欧盟所制定的定义与数字贸易直接相关的术语寥寥无几。尽管区别于这种捆绑式做法，近年欧盟和加拿大签订的 CETA（2016）中有独立的“电子商务”章，但也只界定了两个关键概念：“传输”和“电子商务”。其中对“电子商务”的定义包含了基于互联网提供的货物和服务，这与美国将数字贸易界定为服务的立场大相径庭。另外，欧盟在多边层面上界定了“电子认证”和“电子签名”，与“美式模板”相比更聚焦于监管范畴，如“电子签名”中的行为主体细分为法人和自然人，并提出电子形式数据的变化都是可追查的（提案编码：INF/ECOM/22）。从定义术语的范围即可以看出，欧盟和中国这两大数字贸易经济体在数字贸易治理中的侧重点和美国是存在很大差异的。

6.2 电子传输永久免关税

无论是在多边还是区域层面的数字贸易谈判，都早已涉及“电子传输免关税”这一议题。多边框架下，WTO 成员于 1998 年的《全球电子商务宣言》中宣布暂时性的电子传输免关税，并不断在接下来的谈判中延长免关税的终止期限。这一期限跟 WTO 框架下的部长级会议召开间隔是相对应的。2022 年召开的第十二届部长级会议（MC12）再次延长了这一期限。在区域贸易谈判中，美国也提出了类似的条款并加以深化。2000 年《美国－约旦 FTA》对免关税的承诺仍停留在不背离现存规则（即《全球电子商务宣言》的电子传输免关税）的层面上；而 2003 年《美国－新加坡 FTA》则开始在 RTAs 文本中明确规定对电子传输免关税，但对电子载体可在不考虑电子内容价值的前提下征税；翌年美国在与澳大利亚签订 FTA 时则革新了规则对象的范围以及时效期限，要求无论是对电子传输还是载体都永久免关税（见表 6－2），可谓是完美地表达了美国在该议题上的雄心。需要指出的是，《美国－秘鲁 FTA》第 15.1.2 条、TPP 第 14.3.2 条以及 TISA 电子商务章第 10.2 条中都提出零关税条款不影响各参加方对境内数字产品征收其他税费（包括国内税）。

表 6－2　“美式模板”中的关税条款

议题	代表性 FTA	条款内容
关税	美国－约旦 FTA（2000）	7.1　缔约方应努力避免背离目前在电子传输方面征收零关税的现实情况
	美国－新加坡 FTA（2003）	14.3.1　电子传输免关税，14.3.2 但可在不考虑电子内容价值的前提下对载体征税
	美国－澳大利亚 FTA（2004）	16.3　电子传输以及载体免关税（永久免关税）
	美国－韩国 FTA（2007）/TPP（2015）/TISA（2015）/USMCA（2018）	美韩 FTA15.3.3/TPP14.3.1/TISA 电子商务章 10.1/USMCA19.3 与美澳 FTA 对应条款一致

资料来源：根据 KORUS、TPP 和 USMCA 的规则文本制作；截至 2019 年 9 月 12 日；WTO 和 RTAIS 数据库和美国贸易代表处（USTR）官网，网址：https：//ustr.gov/trade－agreements/free－trade－agreements/.

从 1998 年签订的《全球电子商务宣言》可以看出，“电子传输免关税”

可谓是全球范围内认可度较高的数字贸易议题。一是由于电子传输体量大、传播内容类型广的特殊属性导致征收关税的可执行性不强。如传输的数据包括业务运营数据以及个人非营利性数据，要区分这两者再加以征税是比较困难的。二是由于 WTO 各成员都认识到在现阶段发展数字经济的重要性，而数据是数字经济发展的命脉。削减关税有利于促进数据流动，进而推动数字经济在各大产业的发展。

需要注意的是，尽管免关税对数字贸易的发展有重要作用，但是各经济体对待“电子传输免关税”时效性问题的态度还是与“美式模板”所体现出来的“永久性免关税”的立场存在差别。从经济视角来看，其根本在于大部分成员并未如美国一样在数字产业占有优势，因此需要通过“关税”措施来保护自身产业。数字技术的发展具有速度迅猛且不可预期两种特性，这意味着未来技术的进步可大幅降低征收电子传输关税的难度，同时数字贸易会涌现不少新型且难以预知的服务内容。在此背景下，永久性的“电子传输免关税”承诺将可能至少带来以下两方面的隐患：一是如果新型数字服务占据贸易量的比例过大，将给一国带来巨大的关税损失；二是在未来数字服务占各产业比例越来越高的情况下，各经济体在政策上需要减缓外来强势数字服务进口对自身境内产业的冲击。关税是管制进出口的重要政策，因此各经济体不愿在现阶段彻底排除利用关税手段来限制外来数字服务进口的可能性。此外，在美国主导的部分协定中，缔约方不愿对国内税进行承诺也体现了这些经济体对自身税收管制手段的审慎态度。作为一种边境后措施，国内税的征收和关税一同构成了管制国际贸易的重要手段。因此总体来看，即便各经济体针对这些手段的适用作出了暂时性的规避承诺（如“电子传输免关税”），但会通过设置有效期限以及例外的方式来保留后门，并不会完全排除未来适用这些手段的可能性。这和“美式模板”对“电子传输免关税”的永久性承诺是存在本质上的区别的。

6.3 跨境数据自由流动

6.3.1 规则演变历程和主要内容

“跨境数据自由流动”是美国在贸易谈判中反复提出并坚定推进的一个

关键议题（见表6－3）。美国在KORUS（2007）中首次呼吁缔约方应努力对跨境电子商务信息流动强加或维持不必要的障碍，同时提出自由信息流动和个人信息保护的重要性。但该条款只是倡导合作，对“跨境数据自由流动”并不具有约束力。

表6－3　　“美式模板”中的“跨境数据自由流动”条款

议题	代表性FTA	条款内容
跨境数据自由流动	美国－韩国FTA（2007）	15.8　各缔约方应认识到在贸易便利中自由信息流动的重要性，同时承认保护个人信息的重要性，缔约方应努力避免对跨境电子商务信息流动强加或维持不必要的障碍
	TPP（2015）	14.11.1　缔约方承认，每一缔约方可就以电子方式进行的信息传输规定自己的监管要求。 14.11.2　当以电子方式进行跨境信息传输的活动是为了涵盖人的商业行为时，每一缔约方应当允许以电子方式进行跨境信息传输，包括个人信息。 14.11.3　本条规定不得阻止缔约方为实现合理公共政策目标而采取或与第2款不符的措施
	USMCA（2018）	19.11.1　当以电子方式进行跨境信息传输的活动是为了涵盖人的商业行为时，没有缔约方应阻止或限制跨境数据传输，包括个人信息。 19.11.2　本条规定不得阻止缔约方为实现合理公共政策目标而采取或与第2款不符的措施

资料来源：根据KORUS、TPP和USMCA的规则文本制作；截至2019年9月12日；WTO和RTAIS数据库和美国贸易代表处（USTR）官网，网址：https：//ustr. gov/trade－agreements/free－trade－agreements/.

为了在KORUS的基础上实现突破，TPP第14.11条给“跨境数据自由流动”添加了强制性的语言，要求缔约方在承认各缔约方监管要求的前提下，应允许涵盖的人为执行业务而传输信息（包括个人信息）。该条款对缔约方明确提出了实行“跨境数据自由流动”的要求。但与此同时，TPP纳入了“例外”条款：允许缔约方在考虑自身监管要求、实施合理公共政策目标时，不履行“跨境数据自由流动”的义务。由于这些例外条款并没有明确界定例外的具体范围，导致他国容易泛化概念，滥用“监管要求”来限制“跨境数据自由流动”，在实践上降低“跨境数据自由流动”规则的约束力。

为最大限度实现“跨境数据自由流动”，USMCA的“数字贸易”章第

19.11 条在要求“缔约方允许涵盖的人为执行其业务时进行跨境传输”的同时，直接删除了 TPP 第 14.11.1 条有关“监管需求”的例外规定，即无论缔约方是因为公共安全，还是各自的监管要求，都不能限制“跨境数据自由流动”。例外条款的删除大幅提升了“跨境数据自由流动”条款的约束力和可信度，也给他国监管政策的实施带来了挑战。

此外，“美式模板”也在其他部门承诺了“跨境数据自由流动”。一是在金融服务部门承诺了“跨境数据自由流动”。最具代表性的规定涵盖在 TPP 和 USMCA 中。TPP 的“金融服务”章要求各缔约方的“金融机构”以电子或其他形式，将信息传入或传出该国境内，进行机构“正常业务所必需”的数据处理（附件 11 - B 特定承诺 B 节）。USMCA 第 17.7 条则要求：“任何一方不得阻止受保护人员在其许可、授权或注册的范围内通过电子或其他方式将包括个人信息在内的信息转移至或移出其领土。”相比 TPP 将金融数据放置在附件中的做法而言，USMCA 直接在“金融”章节正文设置金融信息转移条款，可以看出数据流动内容在贸易谈判中的重要性与日俱增。此外，在 TPP 的基础之上，USMCA 的“金融”章节还扩大和明确了金融信息转移和处理条例的适用主体。USMCA“涵盖的人”除了 TPP 中的“金融机构”，还有“跨境金融服务的提供者”；数据类型从 TPP 中模糊的“正常业务所必需”变成 USMCA“涵盖的人在缔约方许可、授权或注册范围内的业务”的信息，界定更加清晰且易于执行（温树英，2019）。二是针对政府数据也尝试性地提出开放要求。USMCA（第 19.18 条）中首次提出了“公开政府数据”的概念，明确了实现“公开政府数据”的目标和重要性，以及呼吁以“可机读”形式进行数据公开。这是因为在大数据时代，政府官方数据有非常高的权威性，美国可通过构建类似规则来提高跨境自由获取政府数据的可能性。其中，政府信息包含了不少敏感内容，关系到国家安全问题。“公开政府数据”之所以能在缔约方间达成一致意见，是因为 USMCA 第 19.1 条的定义中把金融部门等特定机构内容排除在承诺范围之外，即将“公开政府数据”的适用范围限制在非专有信息的范畴之中。在经贸谈判之中，这类着眼于商业用途的规则内容更容易为谈判方所接受并达成谈判成果。

6.3.2 规则出台动因

美国之所以致力于推进“跨境数据自由流动”，是因为该议题背后所潜藏的巨大经济利益。据统计，目前流动的跨境数据对美国经济的贡献额已高达数千亿美元（Internet Association，2017）。如果未来能够完全实现“跨境数据自由流动”，将至少在以下三方面给美国带来红利。首先，更多美国的实体产业将通过互联网获得出口他国的机遇。如果数据在跨境传输时完全不受限制，那么美国的企业就可以在不设当地存在的前提下，对他国提供线上零售或者批发服务，如零售巨头沃尔玛无须在他国设立门店也可提供跨境零售服务。这除了零售行业，还有电信、保险和金融等可数字化服务部门的服务提供也是如此。实现高水平跨境数据自由流动，意味着提高美国更多产业部门出口他国市场的可能性。其次，有效降低美国企业运营成本，改善美国的经常项目收入。在数据受限的情况下，企业的正常运营依赖于在当地设立机构，这就需要美国企业给他国支付营业上的税收。相反，目前跨境传输的数据是不需要缴税的，不设立当地存在而通过跨境传输提供服务可有效规避税收。与此同时，如果不需要在当地投资设立当地存在，而是通过跨境提供给他国提供服务，就能在特朗普政府所重视的经常项目上提高美国本身的收入。最后，能提高美国提供服务的质量，获得更大的消费者市场。如前文所述，世界排名靠前的互联网企业大部分来自美国，美国的数字内容提供商具有强大的比较优势。美国在数字服务的提供上占有了显著的优势。而提供线上数字内容服务的企业如 Google、Facebook 等的业务运营均是建立在跨境数据的自由流动和获取的基础之上的。这些企业需要通过自由的数据流动来输出特色化的服务，同时也需要从他国获取更多的数据来优化升级自身的服务。目前印度等国作出了限制金融等特定领域出境的要求，即便是日常运营所需的数据也在限制范围之内。这种对“跨境数据自由流动”的限制将会使数字企业因无法有效提供或优化服务而失去消费者。因此，针对数字贸易范畴构建“跨境数据自由流动”规则成了“美式模板”推动数字贸易发展的核心关切所在。

6.3.3 规则引发的多方博弈分析

出于这些原因，美国在构建“跨境数据自由流动”这一议题上的积极性远超他国。而从最新达成的 USMCA 可以看出，目前“美式模板”对“跨境数据自由流动”的要求是不受“监管需求”的限制，力求实现高水平的跨境数据自由流动。这一条款对数据流动的承诺水平非常高，使美国在国际上推广“跨境数据自由流动”受到不少阻力。目前和美国发生摩擦并受到广泛关注的经济体主要有欧盟、中国和加拿大。本书将通过分析这些摩擦来补充国际上对“跨境数据自由流动”的评价。

1. 欧美“跨境数据自由流动”之争

在推进“跨境数据自由流动”的过程中，欧盟和美国的谈判分歧点存在于如何实现“隐私保护”这一问题上。欧盟和美国先后签订《安全港协议》和《隐私盾》协议，规定了若干针对流动数据的隐私保护措施。根据《安全港协议》，美国跨国数字公司承诺尊重欧盟用户在数据上的隐私权，建立一个符合欧盟要求的信息保护标准。只有符合该标准并获得认可的美国企业才可从欧盟境内把数据传出境外。若名单内的公司违反规定，将被移除出名单以外。但这个认证在操作上并不可行，一些未达到《安全港协议》要求的公司仍继续把数据传输出境。后来“棱镜门”事件证实了这些怀疑。欧盟对该协议失去了信心，于 2016 年宣告《安全港协议》失效。

尽管该协议以失败告终，但欧盟希望通过推进“跨境数据自由流动”来获得经济效益的立场未曾改变。2016 年 2 月，欧美就美国颁布的《隐私盾》协议达成了一致意见。该协议在《安全港协议》的基础上提高了隐私保护的力度和企业可信度，保证数据在可控的情况下流出欧洲。该协议针对欧盟公民的起诉，构建了仲裁、监督机构和争议解决机制，并提供解决路径。这在为通过公约认证的美国企业的数据搜集打开了窗口的同时，也确保公民隐私数据被跨国企业使用时是安全可控的。同年 4 月，为了强化《隐私盾》协议，欧盟出台了《一般数据保护法案》（GDPR）。GDPR 把个人信息保护及其监管提高到一个前所未有的高度，就执行力和惩罚机制进行了更为严谨且独立的规定，并要求欧盟本身的企业和美国企业接受近乎同等的规范措施。

但是，欧洲议会、欧洲当地非官方机构和民众依然对该协议质疑不断，认为该协议和欧盟数据保护法规的对接措施尚未完善，隐私保护执行力度仍有提高的空间（中华人民共和国商务部，2016）。

概括而言，欧盟一直以来以保护个人隐私和确保数据安全为由，对于“跨境数据自由流动”只承诺在有监管的情况下开放，这离美国在“美式模板”中要求的开放水平有一定距离。本书探究这一情况的背后原因，发现在一方面，欧盟愿意和美国就“跨境数据自由流动”进行谈判，是因为数据流对于欧盟的经济增长和就业而言，有着重要的意义。研究表明，如果全面规定实施数据限制措施，将对每家中小企业造成每年约 7200 欧元的损失，并减少 0.6% 的工作机会（Paul et al.，2015）。因此，出于促进经济增长、保证就业率的考虑，欧盟也致力于在国际规则制定中就“跨境数据自由流动”进行谈判。另一方面，对欧盟而言，无论是从经济利益还是数据安全的角度出发，对美国完全放开“跨境数据自由流动”都弊大于利。首先，欧盟本身缺乏非常强大的互联网企业。世界前十五的互联网企业中没有一家来自欧盟。如果实现高水平的“跨境数据自由流动”，美国可向欧盟大规模输出数字服务，这将冲击欧盟本土中包括文化视听领域在内的服务业。其次，虽然数据流动是双向的，欧盟也可通过“跨境数据自由流动”从美国获取数据资源，但欧盟本身的互联网企业以中小企业居多，基于大数据分析形势、提高服务质量的潜力远不如美国的大型互联网企业。完全放开数据流通将壮大美国企业的发展，最终可能会威胁到欧盟的互联网企业。最后，欧盟有着注重隐私的历史传统。2013 年美国的“棱镜门”事件暴露了美国秘密利用他国数据、监听个人隐私的事实。这导致欧盟对于数据流向美国的安全性抱有怀疑的态度。

以上种种原因，导致欧盟和美国自宣布谈判 TTIP 以来，迟迟未就“跨境数据自由流动”这一条款的放开达成共识。但完全禁止数据流动又会给欧盟的经济发展带来不利影响，因此欧盟主张对美国承诺有限制的“跨境数据自由流动”。以寻求双方立场上的均衡点。事实上，近年欧盟也开始在 RTAs 框架下引入促进数据流动的规则（如《欧盟 - 越南 FTA》第 8.57 条，《欧盟 - 新加坡 FTA》第 8.54 条）在贸易协定中引入数据流动的规则。不过，相比于“美式模板”的强制性协定，欧盟的承诺停留在的倡导性的水平。欧美都关注数据流动的规则制定，但承诺水平存在较大差异。

2. 中美“跨境数据自由流动”之争

在国际贸易规则制定层面，中国制定“跨境数据自由流动”的起步较晚，强制性规则始于 2020 年签订的 RCEP。RCEP 第 12.15 条“通过电子方式跨境传输信息”对此构建了具有约束力的“跨境数据自由流动”，但是在 TPP 的例外基础之上增加了“国家安全利益”例外规则。与此同时，中国在国内法层面也明确了对跨境数据的立场。《中华人民共和国网络安全法》（以下简称《网络安全法》）第四十八条明确要求需要进行监督管理，在发现与法律和行政法规相冲突的情况下，需要限制甚至停止传输。《个人信息和重要数据出境安全评估办法（征求意见稿）》第四条则要求需要个人信息的处境需要获得个人信息主体的同意。这些法令与美国所期许的、不加入例外条款的“缔约方应允许包括个人信息的跨境传输”背道而驰。在这一法制背景下，中国在实践中采取了如下措施。这些措施因触犯了美国企业利益而饱受抨击：

一是网络内容审查措施。相比美国宽松的网络内容审查，中国对网络内容的审查是严格的，如要求内容提供商实施“关键词过滤”。USITC（2017）指出，2017 年中国国营的网络服务提供商所使用的内容过滤的关键词接近 14000 个。与此同时，中国要求无论是国内还是国外的网站运营商，必须先做好被划入黑名单的网络内容的防扩散工作，才能申请互联网内容提供商许可证。这些措施限制了美国企业在中国互联网市场的服务内容范围。二是长城防火墙（Great Fire Wall）的使用。中国针对特定的外国网站实施了强硬的阻隔措施——“长城防火墙”，导致国内用户始终无法顺利访问美国部分的主流网站。据统计，“长城防火墙”限制了包括新闻和社交平台等 3000 多家外国网站，同时屏蔽了 25 家顶尖全球网站运营商中的 11 家。这些全球领先的网站主要来自美国，包括 YouTube，Facebook、Twitter、谷歌 + 和 Foursquare 等。拥有七亿网络用户的中国市场对于美方网络运营商而言非常重要，但“长城防火墙”的阻隔不利于美方网络运营商的用户规模，提高经济收益。三是对虚拟专用网络（Virtual Private Network，VPN）[①] 访问的限制。中国境内有不少美资企业依靠 VPN 来访问国外服务

① VPN 网关通过对数据包的加密和数据包目标地址的转换实现远程访问。

器，以避开“长城防火墙”的阻隔。但 VPN 访问的合法性在中国一直都处于“灰色地带”，始终未被中国电信主管部门正式批准使用。2014 年中国成立了网信办，对 VPN 的使用实施不定期的监管（Aaronson，2017）。2017 年，中国工业和信息化部在《关于清理规范互联网网络接入服务市场的通知》中进一步宣布：在全国范围内开展清理互联网网络接入服务市场，禁止中国电信运营者给消费者提供 VPN 和 leased lines 来接入海外数据中心，并严惩非法提供 VPN 服务的卖家。这一措施进一步限制中美之间的数据流动，妨碍了美国母公司与其在中国分公司的交流，容易导致美国企业运营商的瘫痪。

客观来看，中国的上述条款和措施限制了美国互联网企业从中国获取数据、或者向中国提供数字服务，影响了美国数字企业运营者的利益。更进一步，严格的限制也会切断美国获取中国重要信息的来源。这些措施不利于美国企业跨国运营，因此一直为美国所诟病。

分析中国采取这些措施的背后原因，本书发现比起产业利益，中国对“跨境数据自由流动”考虑得更多的是国家安全问题。中国是和美国并驾齐驱的数字贸易大国。根据 2019 年 7 月公布的《财富》500 强榜单，共有四家电商公司。除了亚马逊来自美国，其余三家都是中国企业：京东、阿里巴巴和苏宁易购集团（刘佳等，2019）。近年来很多中小企业能发展起来，主要是通过电商平台提供的服务来降低成本和接触客户群。根据 DHL 和经济学人集团的合作研究，大部分中小企业期望有一半的收益来自数字贸易的销售（USITC，2015）。平台的阻断和屏蔽显然会对这些中小企业在数字贸易中的发展造成致命的打击。因此，推动“跨境数据自由流动”是中美共同的产业利益所在。

比起产业利益，中国更注重从安全的角度来考虑规则制定的方向。中国坚定地认为需要对数据进行监管，以避免数据篡改和劫持，甚至被他国用来监控和攻击；必须在保证安全的前提下实现跨境数据自由流动。跨境数据的获取和使用是促进经济增长的重要资源，同时也需要合理的法制来规范它的安全性。中国认识到数据需要一个合理的规则框架来规范，数据安全是比产业利益更重要的原则。这一立场在 2019 年 G20 峰会上得到广泛的认可。

概括而言，“美式模板”所要求的“跨境数据自由流动”之所以在全球的拓展中受到阻拦，主要是以下三种原因，一是因为其他经济体在数字服务提供上产业优势不如美国，实施“跨境数据自由流动”所获得的经济利益较少，甚至对经济体的经济造成负面冲击。二是数据作为一种新型的“矿产”，是支持新兴技术发展的重要资源。因此各国需要对其附带的利益分配进行慎重考虑，限制其流动是重要手段之一。三是经济体出于国家安全、数据安全的考虑难以完全放开“跨境数据自由流动”。

6.4 数据存储非强制本地化

6.4.1 规则演变历程和主要内容

数字贸易规则“美式模板”中，“数据存储非强制本地化”是和“跨境数据自由流动”并驾齐驱的核心议题。“数据存储非强制本地化”禁止缔约方要求将数据处理器设置在本地，作为他国在该缔约方境内开展经营的前提条件。美国首次提出“数据存储非强制本地化”是在 2015 年的 TPP 第 14.13 条“计算设备的位置”中（见表 6－4，TISA 的电子商务章中也有涉及），距今仅有四年的时间。但 TPP 给该议题设置了例外条款，允许他国出于“监管要求（包括为寻求确保通信和保密的要求 TPP 第 14.13.1）”以及“合理的公共政策目标（TPP 第 14.13.3）”而不将数据存储在本地。USMCA 第 19.12 条则删除了这两条例外，大幅扩大了该条例的适用范围，实现了美国在数据存储上的最高雄心。此外，值得注意的是除了“数字贸易”章，USMCA 在“金融服务章”中也纳入了“数据存储非强制本地化”的内容。对于这一议题，TPP 的金融服务章节第 11.17 条只用较为模糊的语言保留了缔约方金融机构要求“数据存储本地化”的权利（温树英，2019），而 USMCA 则清晰地专门列出“计算设备的位置”（第 17.18 条），规定缔约方不得要求涵盖的人使用其境内的计算设备，作为在其境内从事商业行为的前提条件。当强制涵盖人执行“本地化”措施时，只要可行，就需补偿让其获取因“强制本地化”而无法获取的信息。不过该条款在最后规定了当需要保护个人数据、隐私时的豁免条款。

表6－4　　美式模板中的“数据存储非强制本地化”条款

议题	代表性FTA	条款内容
数据存储非强制本地化	TPP（2015）电子商务章	14.13.1　各缔约方承认，每一缔约方可就计算设备的使用制定自己的监管要求，包括为寻求确保通信安全和保密的要求 14.13.2　缔约方不得将要求涵盖的人使用该缔约方领土内的计算设施或将设施置于其领土之内作为在其领土内从事经营的条件 14.13.3　本条规定不得阻止缔约方为实现合理公共政策目标而采取或维持与第2款不符的措施，若该措施： （a）之实施未构成任意或不合理的歧视或构成对贸易的变相限制；及 （b）对计算设备的适用或位置设定所施加的限制未超过为实现合法目标所必需的限度
	USMCA（2018）数字贸易章	19.12　缔约方不得将要求涵盖的人使用该缔约方领土内的计算设施或将设施置于其领土之内作为在其领土内从事经营的条件

资料来源：根据KORUS、TPP和USMCA的规则文本制作；截至2019年9月12日；WTO和RTAIS数据库和美国贸易代表处（USTR）官网，网址：https：//ustr.gov/trade－agreements/free－trade－agreements/.

6.4.2　规则出台动因

从产业利益角度来看，美国大力要求缔约方最大限度上实现“数据存储非强制本地化”主要出于以下几个原因。一是推动美国自身的强势云设备产业的对外输出。美国云存储和云计算产业居于世界领先水平，拥有不少全球领先的云服务供应商，能提供强大的数据储存和处理服务。据2019年7月市场调研机构Gartner发布的全球云计算数据统计，2018年在Iaas（Infrastructure as a Service，基于互联网提供基础设施服务）和IUS（基础设施公用事业服务）市场，全球前五名就有四家企业来自美国，分别是亚马逊AWS、微软Azure、谷歌和IBM。其中，前两名亚马逊AWS和微软Azure就和中国的阿里云共同占据了市场份额的七成（来莎莎，2019）。美国只有确保缔约方承诺不强制使用他国的存储设备，方可保证输出这些云服务的可能性，以此维护和扩大自身云服务在国际上的市场份额，创造巨大的经济收益。推动这些强势企业的服务对外输出，是美国推动“数据存储非强制本地化”的经济原因。二是使用美国本身的存储设备有助于提升数据处理和资源配置的效率，保证数据安全。美国在硬件设施上发展多年，通过在业务上的大力投入，云业务的相关技术在世界上处于一流水平。在技术上使用美国而非其余缔约方本地的存储设备有利于提升数据安全及数据处理效率。三是保护美国在数据上的主导权。数据被“经济学人”誉为新时代的石油。获取更多的数据是支撑大数据、云计算、AI、5G 的基础。如果把数据存储在他国而非美国，意味着美国将丧失数据这一新兴“矿产资源”的所有权和主导权，不利于美国巩固其在新兴科技产业的竞争力。四是规避产业受到该国法制上的约束。如果把存储设备放在他国，或者将内容存储在他国，将更容易受到他国措施的管制。如对存储设备施加各种限制性的歧视性措施，将给美国云服务的发展带来了更多的不确定性。

6.4.3 规则引发的多方博弈分析

现阶段，不少经济体对数据存储提出了与“美式模板”相悖的本地化要求。相比于规则“跨境数据自由流动”而言，数据存储非强制本地化被接受的范围更窄。甚至是倡导性的语言也较为罕见。与此相反，不少经济体对此制定了限制性的边境后措施，要求特定部门将数据存储在本地：

1. 欧盟要求个人隐私电信“数据存储本地化”

欧盟通过人权立法来保护公民的隐私权利。欧盟的法律规定，任何公司在欧洲进行个人数据的搜集和处理时必须得到特定政府部门的认可（Aaronson，2016）。虽然在早期的数字贸易规则构造中，欧盟并没有明确细化相关条文，但欧盟本身的法律指令填补了这些空缺，如 1995 年颁布的《隐私指令》要求“数据本地化”（Chander. le，2014）。作为欧盟中云服务的重要市场，德国的《电信法案》（*Telecommunication Act*）附件要求电信服务提供者在一定期限内把数据存储在德国境内。德国电信的子公司 T - Sytems International 是美国企业微软（Microsoft）Azure 云服务的客户。微软 Azure 为了满足德国法案的要求，在德国设置了两个新的数据中心。不同于以往的存储业务标准，微软 Azure 在德国需要在“数据托管人”的监控下进行存储，而且微软 Azure 不得未经客户允许的情况下访问这些数据（张飞逸，2017）。

2. 印度在金融和电信等领域提出了“数据存储本地化”

印度声称由于传输用的海底电缆极易受到攻击以及防止外国的监控，也为了在印度境内构建人工智能生态系统（Artificial Intelligence Ecosystem），决定实施数据存储本地化。2018 年印度颁布的“数据存储本地化”政策在数字贸易领域引起了轩然大波。在金融领域，印度央行（Reserve Bank of India，RBI）强制性地要求支付系统的服务提供者将支付信息储存在本地。在电信领域，电信服务提供者不得将用户信息和账户信息转移去印度境外（InsightsIAS，2019）。此外，印度的《国家数据共享和可访问性政策》（*National Data Sharing and Accessibility Policy*）要求所有使用公共资源（Public Funds）搜集的信息都要存储在印度境内。这些措施引起了美国 Visa、万事达卡和美国运通公司的不满，同时由于印度并未就“重要信息”进行界定，因此该政策在法律实践上存在难度。

3. 中国对个人信息和重要数据要求“数据存储本地化”

《中华人民共和国网络安全法》的第三十七条明确表达了对云计算等被视作关键领域的服务实施数据和设施本地化的意向（USTR，2017）：关键信息基础设施的运营者在中华人民共和国境内运营中收集和产生的个人信息和重要数据应当在境内存储。因业务需要，确需向境外提供的，应当按照国家网信部门会同国务院有关部门制定的办法进行安全评估。更进一步，2017 年《个人信息和重要数据出境安全评估办法（征求意见稿）》第二条把安全评估对象从“关键基础设施运营者”更改为“网络运营者”，即把审查对象扩展至所有主体（万方等，2019）。美国绝大部分云计算运营商都需要收集个人信息在内的重要数据并跨境传输回美国，中国要求安全评估意味着美国需要使用中国的数据中心和设备，这与美国的“数据存储非强制本地化”诉求相悖。此外，中国在 RCEP 第 12.14 条对“数据存储非强制本地化”进行了承诺。相比于 TPP 在该议题上的规定，RCEP 增了一个基本安全利益例外。这为上述的中国国内法措施的实施保留了“后门”，为中国制定措施保证国家安全等诉求留存了操作空间。

4. 其他经济体的“数据存储本地化”措施

不少经济体普遍在边境后设置了“数据存储本地化”措施。加拿大在

《加拿大的数据隐私法，保护和电子文件法（PIPEDA）》以及省级隐私法（包括不列颠哥伦比亚省以及新斯科舍）（ITA，2017）的两条省际法律限制了公共团体所搜集的个人信息的外流。印度尼西亚要求基于互联网，直接给消费者提供服务的公司要把数据中心存储在本地（Regulation No：82：Information and Electronic Transaction Law）；俄罗斯要求从俄罗斯公民中搜集的信息都要存储在俄罗斯境内（Federal Law 242 - FZ）；越南的“Decree of Information Technology Services”要求所有基于互联网提供服务的运营商都至少要把一个服务器布置在越南境内。

究其原因，这些国家实施“数据存储本地化”，主要是有以下几方面考虑。一是数据安全的问题。如果将这些本国内部的数据输出他国，则对于一个国家而言，这些数据将变成不可控的，由此可能会为数据输出国带来灾难性的麻烦。如难以避免的个人信息安全问题，以及围绕数据管辖权产生的纠纷风险。二是可以创造经济利益。数据存储本地化有助于当地政府获取信息，推动本身高技术产业的发展。如对于印度而言，数字新技术是其产业发展的核心，如机器学习（Machine Learning，ML）、人工智能（Artificial Intelligence，AI）和物联网（Internet of Things，IOT）。“数据存储本地化”可给实施该政策的经济体提供巨量的数据资源，支撑数字新技术的发展，最终可给国家创造非常可观的经济价值。三是可以给本地企业的服务及产品塑造一个良好的发展前景。通过数据存储本地化，可以推动本地云服务的发展，降低本地企业在外寻求云服务的成本；新的数据中心也可为国家吸引更多的客户，提高该国在国家贸易中的价值输出。

6.5 加强数字知识产权保护力度

近年来随着数字贸易的发展，数字内容以及基于电子商务平台交易的货物所承载的知识产权价值越来越大。“数字知识产权保护”对于美国的经济发展至关重要。知识产权密集型产业对美国 GDP 的贡献高达 6 万亿美元，给美国提供了高达 2800 万的就业岗位，占总就业量的近 1/5（Malcolm，2017）。

数字贸易规则“美式模板”中，保护数字知识产权的条款主要有“源代码、算法非强制本地化”、保护“加密技术”以及“技术非强制转移”。这些规则都通过要求缔约方承诺不强制转移数字技术来达到保护知识产权的目的。

6.5.1 规则演变历程和主要内容

“美式模板”主要在以下两方面要求加强数字知识产权保护力度。

（1）保护源代码、算法和加密技术。源代码是计算机程序中的基础部分，用来驱动程序的运行。源代码可驱动数字技术的创新，是新时代中大型互联网企业的重要资产。具有约束力的“源代码保护”条款起源于美国主导的大型 FTA（3T）中（见表6-5）。源代码作为美国数字知识产权的重要部分，也是发展新兴技术的关键所在。TPP 是美国所签订协议中，首个就“源代码保护”进行规定的区域贸易安排。为了保证源代码所有权的完整性，TPP 第 14.17 条第 1 款明确要求“任何缔约方不得将要求转移或获得另一缔约方所拥有的软件源代码作为在其领土内进口、分配、销售或使用该软件及包含该软件的产品的条件”。换言之，缔约方不得强制他方公开软件源代码作为市场准入的条件。但 TPP 只把软件界定为“大众市场软件”，“关键基础设施”则不在承诺的范畴。美国在“美式模板”第三阶段的 USMCA 第 19.16 条则重申了 TPP 的“源代码保护”规定，并在此基础上把“源代码中的算法”添加至“源代码保护”的适用范畴（第 19.16.1 条）。与此同时，USMCA 还删除了 TPP 中就“关键基础设施”提出的例外规定，即无论是“大众市场软件”，还是“关键基础设施软件”，缔约方都不得强制公开这些软件的源代码和算法。

除了在规则上强调“源代码、算法非强制本地化”，美国在技术上也不断发展能有效防止源代码和算法被恶意嵌入以及数据泄露的有效方式——加密。加密技术可以用来有效保护数据隐私和先进技术知识产权不被窥探，并借此获得用户的信任，最终可使美国程序开发者的产品在国外市场上取得成功。但与美国理想相悖的是，如今一些政府要求对加密技术施加限制。有的国家继续要求将“后门”建立在加密框架中以允许政府访问；有的国家要求将获得加密密钥和源代码作为向外国技术开放国内市场的先决条件，甚至要求不能加密。这导致未经授权的各方可以利用已知漏洞来损坏数据安全（Simonich，2017），给用户信息带来安全隐患。美国产业代表担心如果这些数据的安全性得不到保障，将让美国网络企业失去客户的信任并损害美国商品在海外的吸引力。为保护加密技术，美国互联网企业和政府不断寻求解决办法以确保产业利益。在美国的努力下，美国在 TPP 附件 8 - B 的 A 节第 3 条规定，缔约方不得要求产品生产商或供应商，作为产品生产、销售、分销、进口或使用的条件，向该缔约方或该缔约方境内的人，转让或提供生产商或供应商专有且与产品中密码有关的特定技术。USMCA 第 12. C. 2 条也提出“缔约方不可要求 ICT 货物的提供商和制造商将转移相关加密内容或提供加密技术权限作为在其领土内制造、销售、分销、进口和使用该 ICT 货物的条件”，以确保加密技术的完整性。

表 6 - 5　　　“美式模板”中的“源代码、算法”议题

议题	代表性 FTA	条款内容
源代码、算法的转移和访问	TPP（2015）电子商务章	14. 17. 1　任何缔约方不得将要求转移或获得另一缔约方的人所拥有的软件源代码作为在其领土内进口、分配、销售或使用该软件及包含该软件的产品的条件 14. 17. 2　就本条而言，第 1 款规定的软件限于大众市场软件或含有该软件的产品，不包括关键基础设施所使用的软件 14. 17. 3　本条不得阻止 （a）在商业谈判的合同中包含或实施的关于源代码的条款和条件；或 （b）缔约方要求修改软件源代码，使该软件符合与本协定一致的法律或法规 14. 17. 4　本条不应理解为影响专利申请或已授予专利的有关要求，包括司法机关做出的与专利争端相关的命令，但应遵守缔约方保护未授权披露的法律或实践
	USMCA（2018）数字贸易章	19. 16. 1　任何缔约方不得将要求转移或获得另一缔约方的人所拥有的软件源代码，或者源代码中表达的算法，作为在其领土内进口、分配、销售或使用该软件及包含该软件的产品的条件

资料来源：根据 KORUS、TPP 和 USMCA 的规则文本制作；截至 2019 年 9 月 12 日；WTO 和 RTAIS 数据库和美国贸易代表处（USTR）官网，网址：https：//ustr. gov/trade - agreements/free - trade - agreements/.

（2）“技术非强制转移”。“保护源代码、算法和加密技术”是随着数字技术的发展，而在近几年被提起的新议题。而针对所有核心技术的“技术非强制转移”则是从数字贸易规则“美式模板”发展之初的《美国-新加坡FTA》(2003) 开始便已出现，并一直保留到近期签订的USMCA，可谓是贯穿了“美式模板”的发展始终。技术覆盖范围较广，也包括数字基础设施技术。一般而言，“技术非强制转移”是在“投资”章节作出的特定规则，要求缔约方不得将转移技术作为投资的前提条件（见表6-6)。

表6-6　“美式模板”投资章中的电信部门“市场准入”规则

议题	代表性FTA	条款内容
技术非强制转移	美国-新加坡FTA (2003，投资章) 15.8 TPP (2015，投资章) 9.10.1 USMCA (2018，投资章) 14.10.1	(履行要求) 1. 缔约方局部的对一缔约方或一非缔约方的投资者在其领土内的投资，在设立、获取、扩大、管理、经营、运营、出售或其他处置方面，强加或强制执行，或者强制要求对此进行承诺或保证 (f) 向其领土内的人员转让特定技术、生产工艺或其他专有知识

资料来源：根据KORUS、TPP和USMCA的规则文本制作；截至2019年9月12日；WTO和RTAIS数据库和美国贸易代表处（USTR）官网，网址：https：//ustr. gov/trade - agreements/free - trade - agreements/.

“美式模板”并没有对“技术非强制转移”中的技术类别进行界定。但可以肯定的是，此处的技术包含了美国近年来所重视的、甚至拒绝向个别国家出口的技术。此前美国的出口管制具有不确定性。美国《出口管制改革法》(Export Control Reform Act，ECRA) 在实践中给出口管制提供了法制基础。该法律对技术在国外的适用监管提供了权利，限制美国将先进技术（“新兴且基础性”的“关键”科技技术）转移去境外（王翔等，2018)。

美国商务部工业安全署（Bureau of Industry and Security，BIS）于2018年11月公布拟制定的针对关键技术和相关产品的出口管制框架（export control regime)。除了出口限制的商业类别，该框架还将军事、情报中保持领导地位的技术也列入其中。与数字技术密切相关的有：“AI技术和机器学习技术（如包括语音可用在内的音频和视频处理技术、AI芯片组合AI云技术)”“定位、导航和定时（PNT）技术”“微处理器技术”“先进的计算技术和数据分析技术”等。这几项都是目前世界上正在蓬勃发展的核心前沿技术（BIS，2018），也是美国对外投资时需要进行技术保护的关键对象。

6.5.2 规则出台动因

本书分析美国和这些发展中国家对于源代码、相反的立场和诉求，发现美国之所以要保护这些源代码，主要是出于保护技术产业和技术工作、推动新兴技术的发展、保护大型数字企业的国际市场出发的。美国是技术大国，拥有包括 Microsoft、IBM、谷歌和苹果在内的生产软件的巨头。源代码是软件运作的核心所在，也是这些软件获利的价值所在。同时，包括人工智能（AI）等许多新兴技术的发展是基于源代码的算法而构建的，掌握了这些源代码和算法，意味着具备了发展这些新兴技术基础条件。虽然有些提出公开源代码的国家，如俄罗斯承诺只对源代码审查而不做备份，但是仅观测软件的漏洞也有可能造成软件漏洞和缺点的泄露，给不法分子攻击软件带来可乘之机（Mohammed，2018）。发展中国家所要求的强制公开源代码和算法、接入加密技术被美国视为一种非关税贸易壁垒，让发达国家的大型新兴技术企业出于知识产权泄露的忧虑而放弃进入他国市场。

另外，“美式模板”在“投资”章节禁止将转移特定技术作为投资的前提条件，原因是和上述的“源代码、算法”非强制本地化的原因是一致的。一方面，美国是为了尽量降低技术投资在他国的市场准入壁垒。美国企业并不信任他国对于技术的监管力度，认为一旦转移，即使对象是政府部门也可能造成知识产权泄露的后果。东道国针对投资，在边境后所作出的“强制技术转移”政策将导致美国产业对进军他国市场抱有消极态度，实质上是一种阻隔美国产业进军他国的一种技术壁垒。另一方面，核心技术的拥有并不仅限于在企业层面上保有企业在海外利用技术盈利的可能性，还关系到一国在国际上的科技水平、军事上的领导力和国际上的话语权。美国在 RTAs 中对技术采取非转移，甚至颁布国内法限制向特定经济体或者特定企业出口，就是为了保持科学技术所有权乃至美国在数字技术上的竞争力。

6.5.3 规则引发的多方博弈分析

与美国的立场相悖，不少发展中国家在法制上要求公开源代码、算法和加密程序。这主要是从国家安全、自身产业发展等角度出发所构建的边境后措施。这些措施成为美国对其他经济体进行年度政策评估时重点抨击的对象。

一是中国要求在特定部门公开源代码。近年来，中国制定和提出的国内法律和规定公开源代码。2014 年，中国央行在《征信机构信息安全规范行为标准》、银监会在《关于应用安全可控信息技术加强银行业网络安全和信息化建设的指导意见》中明确要求对金融机构进行管制，规定银行金融机构从企业获取的软件应在银监会备案，以及金融机构的软件外包开发单位必须提供软件源代码。中国在 2015 年修订的《保险机构信息化监管规定（征求意见稿）》中要求保险行业使用的信息技术“安全可控”，而银监会官员非正式地提出“源代码本地化”属于“安全可控”管理的范畴（US Chamber, 2016）。中国在《中华人民共和国网络安全法（2016）》第二十三条和《信息安全技术移动应用网络安全评价规范（2017）》第七条中要求对网络关键设备和网络安全专用产品需要在国家具备资格的机构接受安全审查；《密码法（征求意见稿）》第十八条也提出需对关键信息基础设施的密码应用安全性分级评估，按照国家安全审查的要求对影响或者可能影响国家安全的密码产品、密码相关服务和密码保障系统进行安全审查（陈寰琦等，2019）。在这些条款的实施过程中，监管方难免会产生获取软件的源代码和算法的需要。概括而言，中国国内法与美国所构建的源代码相应条款诉求并不一致。

二是印度对政府使用软件提出了“公开源代码”的要求。2013 年《为印度政府采用开源软件的政策》要求无论是在中央还是州的层面，要优先采用安装开源软件（已公开源代码的软件，OSS）的电子管理系统，而不是未经公开的专有软件。该政策要求，如果软件供应商不提供开源软件，必须提供正当的理由。而政府对最终软件的选择必须考虑其性能、战略上可控、系统上可扩展性、安全性、使用周期内的成本和兼容要求、正当和安全的原则。这一条款在事实上是在要求软件在使用前公开源代码。

三是其他经济体也要求外来软件公开源代码。俄罗斯提出，为了防止外来软件对俄罗斯公民进行监控，要求检查苹果、SAP、Symantec 和 Mcafee 等美国软头巨头的源代码来检测漏洞，作为这些企业进军俄罗斯市场的前提条件。尼日利亚、巴西和印度尼西亚也要求特定的软件公开源代码。上述经济体不乏美国“印太经济框架（简称 IPEF）”成员，和美国在数字知识产权的诉求存在较大冲突。对于这些要求，美国软件公司 Symantec 和技术安全公司 Mcafee 发表声明称不再公开软件源代码（Blackmon，2018）。

上述发展中国家之所以提出公开源代码和算法的要求，主要是出于技术发展的成本、国家安全和自身产业发展三方面考虑。

首先，源代码是新兴技术的基础，获取发达国家的源代码可有效推动新兴技术的开发进程，减少技术开发的成本。除了国家政府机构的软件运用，不少商业运用的软件开发是基于已有软件的开源代码之上的。如人工智能 AI 的运行依赖于 TensorFlow、Android 和 Linux 等美国商业巨头所提供的商业软件框架。从开源软件的下载数据来看，有 70% 以上的研发机构会用到这些代码。商业软件框架并不是大部分发展中国家一朝一夕能发展起来的。如果美国等发达国家限制公开源代码，那么发展中国家要从软件基础研发开始进行投入，软件代码都要从底层开始构造，这会阻碍发展中国家技术的更新与发展。发展中国家的研究机构为了避免研究速度放缓和停止，以及缩减软件开发的巨大成本，而存在获取开源代码和算法的需求。

其次，从国家安全角度的出发，政府机构需要外企在“关键基础设施”提供源代码进行检测。随着数字化时代的到来，现阶段不少发展中国家的重要部门，如银行系统的运营都需要用到一些外来的技术（如 IBM）。国家在运行这些软件时，如果不通过检测源代码来确保软件的安全性，金融系统将有可能受到他国的监控或者攻击。因此不少发展中国家要求投资方把源代码提供给政府进行检测或备案，以最大限度地降低一国核心金融资料泄露和金融系统遭受灾难性打击的可能性。如中国 2021 年颁布的《银行保险机构信息科技外包风险监管办法》要求对银行等金融领域所使用的技术源代码进行监管。这类型措施牵涉源代码持有者的核心利益，因此颁布之前已引起源代码持有国的质疑。

最后，对外来技术采用“公开源代码”门槛可倒逼本地技术产业的发展。如果外资企业因为“公开源代码”的要求不进入发展中国家的市场，将提高发展中国家自主研发基础科技的可能性。虽然美国等发达国家在新兴技术的核心源代码及算法占据领先地位，但包括中国和印度在内的少数发展中国家也拥有了发展这些技术的可能性。在客观环境允许的情况下，从战略上来看构建属于本国的算法框架是十分值得投资的。以中国为例分析，目前中国有一半的市场采用 TensorFlow 开源算法框架及其二次产品来开发人脸识别、无人驾驶和自然语言处理等服务。如按照这一趋势发展下去，大部分新兴科技将过度依赖 TensorFlow，这意味着最终行业的所有标准都为一家美国商业公司所制定。事实上，中国国内目前也有不少开源学习平台，构建属于自身的 AI 底层框架对于中国而言是可行的（邱智丽，2019）。

因此，无论数字技术出口国如何应对“公开源代码”的要求，于有潜力开发数字技术的经济体而言都是有利的。如果技术出口国公开源代码，将非常有助于进口国发展新兴科技，加快数字技术的发展进程；同时进口国可以通过检测软件漏洞来保证软件的安全性。相反如果不答应公开源代码，则可以倒逼一些已有技术基础的发展中国家发展源代码相关的技术。

6.6 技术选择的灵活性及非歧视性

6.6.1 规则演变历程和主要内容

美国希望他国在数字产业中采取“技术中立”的原则，即不对用户在技术上选择进行干预或采取歧视性的措施。具体而言，“美式模板”的“技术中立”原则包括电信部门的“技术选择的灵活性”和投资章节的“技术非歧视待遇”（见表 6－7）。“技术选择的灵活性”要求缔约方不得阻止投资者在境内选择技术及其他专有知识，“技术非歧视待遇”则是不得要求投资者在境内购买、使用该缔约方的技术，或对该技术提供优惠，或阻止其在境内购买、使用某一特定的技术。

表 6-7　美式模板的“技术选择的灵活性”和“技术非歧视待遇”议题

议题	代表性 FTA	条款内容
技术选择的灵活性	TPP（2015）电信章节	13.23.1　如公共电信服务提供商遵守必要要求以符合合法公共政策利益，任何缔约方不得阻止公共电信服务供应商选择其希望用于服务提供的技术，且制定、采取或使用限制该选择的任何措施，不对贸易造成不必要障碍。为进一步明确，一缔约方应根据第 13.22 条（透明度）采取上述措施。 13.23.2　如一缔约方资助先进网络（包括宽带网络）的开发，其可将资助条件设定为使用符合特定公共政策利益的技术（为进一步明确，“先进网络”包括宽带网络）
	USMCA（2018）电信章节	18.15.1　如公共电信服务提供商遵守必要要求以符合合法公共政策利益，任何缔约方不得阻止公共电信服务供应商选择其希望用于服务提供的技术，且制定、采取或使用限制该选择的任何措施，不对贸易造成不必要障碍。 18.15.2　为进一步明确，一缔约方应根据第 18.24 条（透明度）采取上述措施
技术非歧视待遇	TPP 投资章节第 9.10 条，USMCA 投资章节第 14.10 条	任何缔约方，对另一缔约方或非缔约方投资者在其境内投资的设立、取得、扩大、管理、运营、经营和出售或其他处置，不得施加或执行下述，或执行下述任何承诺或保证： （h）（i）在境内购买、使用该缔约方的或该缔约方的人的技术，或对该类技术提供优惠；或（ii）阻止在境内购买、使用某一特定技术，或对该类技术提供优惠。（就本条而言，“该缔约方的或该缔约方的人的技术”，包括该缔约方所有的或该缔约方的人所有的技术，以及该缔约方或该缔约方的人拥有排他许可的技术）

资料来源：根据 KORUS、TPP 和 USMCA 的规则文本制作；截至 2019 年 9 月 12 日；WTO 和 RTAIS 数据库和美国贸易代表处（USTR）官网，网址：https：//ustr. gov/trade - agreements/free - trade - agreements/.

再具体到技术的类别，“技术使用的灵活性”所规范的是电信行业中的“公共电信服务”，指缔约方明确或实际上要求向公众普遍提供的电信服务。此类服务可包括电话和数据传输，其典型特点是在两点或多点之间对客户提供的信息进行传输，而客户信息的形式或内容无任何端到端的变化。如：商业手机的无线服务，和技术数据包（packet - based services）的服务。美式模板在 TPP 及以前的协定中，对“技术使用的灵活性”提出要求尊重合理公共政策利益的例外条件，可理解为选择技术时要考虑互联网的技术标准，以保证网络的互操作性和互联互通。USMCA 中则删除了这一豁免内容，实质上是拓展了缔约方选择公共电信服务技术的范围。

6.6.2 规则出台动因

长期以来，基础电信和增值电信都是美国电信业务对外输出的产业优势所在。美国的电信产业非常发达，不少信息技术都由美国研发，且占据了全球 30% 以上的电信市场（张雷，2018）。美国以自身强大的技术和市场规模为后盾，通过在电信章节中规范公共电信服务“技术选择的灵活性”，可至少在以下三方面获益。

1. 通过出口专有技术来垄断缔约方市场，赚取高额的利润

美国的电信技术服务在长时间的发展和积累下，具有先进、稳定和效率高等优点，拥有多项基本专利（李进良，2006）。在发挥市场主导地位的情况下，美国的电信技术具有显著的竞争优势。在发展中国家，美国技术的优势尤其明显，容易在电信市场上占据垄断地位。但由于电信部门关系到国家安全，因此谈判方在电信领域，尤其是基础电信领域的开放上多采取比较慎重的态度，如对内要求基础电信行业采用本国开发的技术等。因此“美式模板”提出缔约方不可强制限定电信技术的选择范围，以保证美国出口技术的可能性，扩大美国电信产业的出口市场和经济利益。不过，随着中国 5G 技术的兴起，美国在电信基础设施领域的地位颇受危险，今后在基础设施的“技术选择的灵活性”立场将有可能因此发生变动。

2. 可保证美国相关技术和服务在他方市场上的兼容性，降低美国企业的出口成本

数字贸易中的不少服务和内容，如增值电信中的服务内容是基于基础电信设施构建起来的，需要统一的标准方能成功配套。如果缔约方指定采取特定的而非美国的电信基础设施，将由于技术标准不一而导致美国输出的增值电信服务或者其他服务难以配套而无法运行。重新基于他国的标准来配套相应技术，意味着需要加大时间和金钱上的投入，将大幅提高了美国电信行业进入他国市场的成本。基于这一考虑，美国十分反对他国对于技术使用上的限制，如中国在 2003 年针对无线局域网（WLAN），放弃了主流的国际标准（WIFI），采用了自行设定的独特的强制性加密传输协议（WAPI）的政策就饱受贸易代表办公室（USTR）诟病。因此，美国通过提倡“技术选择的灵活性”，来实现让他国采用美国电信基础设施，让行业标准向“美国标准”靠拢的目的。近期在USMCA中，美国删除了“公共政策利益”的例外条款，可谓是间接加大了将自身电信服务推向他国，统一他国电信行业市场的力度。

3. 增强他国对美国技术设施的依赖性，提高美国对外谈判的话语权

如上所述，基于美国在电信技术和服务上的比较优势，推进“技术选择的灵活性”有助于美国电信产业在他国公共技术服务中占据垄断地位，统一行业标准为“美国标准”。这意味着，他国在发展增值电信业务及相关业务的时候，也需要基于“美国标准”来构建和研发。电信行业关系到一国的经济发展和国家安全。当一国的大部分电信技术都依赖于美国提供的电信基础设施的时候，美国一方面可在电信的服务提供中获取他国更多的涉及国家安全和个人隐私的信息；另一方面，美国一旦停止服务的提供，将可造成一国日常运作的瘫痪。这意味着该国的技术开发、经济和政治上都受制于美国，美国可借此提高自己与该国在政治和经济上的谈判优势。

总结而言，美国在投资章节中所提出的“技术非歧视待遇”也是基于自身在技术上，尤其是数字技术上强大的优势而考虑的。扩大其技术的出口，保持美国在该技术市场上的垄断地位，确保其他服务在海外的兼容性，并提升美国对他国的影响力是“美式模板”在区域贸易协定中多次提出不得要求投资方采取特定技术的重要原因。

6.7 网络服务提供商的第三方侵权责任豁免

6.7.1 规则演变历程和主要内容

豁免网络服务提供商的第三方侵权责任（简称“网络中介责任豁免”）是数字贸易规则“美式模板”规则构造的重点，即要求在满足一定条件下，可豁免网络服务提供商对使用该平台的第三方的侵权连带责任。针对网络服务提供商的责任豁免，“美式模板”分别从以下两个领域对其进行了规定。

（1）知识产权的侵权责任。美国以国内法为基础，自《美国 - 新加坡 FTA》（2003）开始在知识产权章节中对网络中介的第三方知识产权侵权责任进行豁免。这一内容一直延续至最新的 USMCA。该条例主要涵盖了以下内容：

一是明确保障知识产权保护目标的同时，提供“安全港”来豁免“网络服务提供商”的第三方知识产权侵权责任。“美式模板”明确要求缔约方采取与 TRIPS 第 41 条相一致的执法程序，通过有效行动来保障知识产权所有者的权利（TPP18.82 条）。USMCA 则要求该行动是“迅速的”（第 20. J. 11 条）。在细节上，“美式模板”要求缔约方应保证知识产权所有者能就侵权问题获得法律救济，并专门针对“网络服务提供商”所提供的在线服务责任设立或者维持适当的“安全港”，即满足一定条件的情况下，“网络服务提供商”在第三方知识产权侵权的情况下可免于承担间接责任。

二是规定了“安全港”生效的前提条件：实施“通知—删除”程序。①“网络服务提供商”一旦获悉或意识到版权侵权的情况，如从权利人或者代表权利人的被授权人处收到涉嫌侵权的“通知”，应迅速移除或禁止访问位于其网络平台内的相关内容；②“网络服务提供商”因“善意”错误删除的平台上的内容所产生的责任应被豁免（TPP 第 18. 82. 3 条，USMCA 第 20. J. 11. 3 条）。

三是明确了“安全港”的应用范围。“美式模板”指出“网络服务提供商”中介责任豁免的内容包括传输、发送材料、提供该材料的链接、高速缓存、存储、指引或连接用户至特定网络位置（TPP 第 18. 82. 2 条，USMCA 第 20. 11. 2 条）。

四是提出在界定“网络服务提供商”责任时，“知识产权”和“隐私保护”的平衡问题。“美式模板”提及了当知识产权侵权得以明确时，缔约方需要在保证与隐私条例一致的前提下规制司法和行政程序，以帮助版权所有人从“网络服务提供商”处迅速获得涉嫌侵权者信息（TPP 第 18. 82. 7 条，USMCA 第 20. J. 11. 8 条）。可以发现，该条例的优先重点在于保护版权所有人的权益，而当与用户隐私发生冲突时希望能保持与相关隐私立法一致。

（2）非知识产权（如个人隐私）的侵权责任。在美国主导的区域贸易协定中，USMCA 第 19. 17. 2 条“交互式计算机服务”规定“在非知识产权领域中界定与信息处理相关侵权责任时，如果信息并非交互式计算机服务供给或创造，则不得将其作为信息内容提供者来界定责任”。该条款明确豁免了网络平台提供者（网络服务提供商的重要组成部分）在内容提供者涉及人权（如诽谤等与言语有关的侵权行为）以及隐私等非知识产权侵权纠纷时，承担连带责任（第 19.17.2 条）（Meltzer，2016）。虽然这是美国首次在国际贸易规则中列入该条款，但事实上美国早在 1996 年的国内法《通信规范法》第 230 条明确了这一诉求，规定“平台方一般不对第三方利用平台服务的非知识产权的侵权损害承担责任”。

6.7.2 规则出台动因

美国之所以从这两个维度豁免网络服务提供商的责任，主要出于以下三个原因。

（1）美国网络服务提供商在全球中占有领先地位，美国需要保护该优势产业的权益。美国在电商平台服务中具有显著的比较优势。2019 年全球共有 4 家电子商务平台企业上榜《财富》500 强名单。来自美国的亚马逊在 500 强名单中排名第 13 位，电商平台中排名第 1 位，营业额为 2320 亿美元，遥遥领先于另外 3 家电商平台。为了推动这一优势产业的对外输出，美国致力于保障互联网平台的权益，避免互联网平台对第三方的侵权行为承担不适当的责任，影响互联网平台的良好发展。

（2）有助于提高网络平台为中小企业提供服务的积极性。在线平台在美国发展迅速，即便是规模最小的在线平台也可以连接到全世界数百万的用户。平台对于中小企业而言有着非常重要的作用。但是，如果法律对平台施加过多的枷锁，如要求平台对第三方中小企业的侵权负主要责任，则会给平台的运营带来沉重的负担。平台为了降低资质审查或者潜在的赔偿带来的运营成本，很可能会提高中小企业进入平台的门槛，从长远来看将不利于平台的壮大发展。而失去大型平台支持的中小企业在出口时将面临繁琐的程序流程，这些并不是中小企业能独自轻松解决的难题。因此，“美式模板”豁免网络平台对第三方的侵权责任，可以让这些平台降低对中小企业设置的门槛，促进更多的中小企业通过电子商务平台从事国际贸易，实现价值输出。

（3）有助于明晰网络侵权的责任所在，保护权利所有人。如果过于泛化责任所在群体，不清晰确定侵权责任的负责者，将不利于权利所有人受到侵权时追究责任。在法制上明确豁免网络提供商的责任，意味着把平台上的第三方作为第一责任人，方便了执法机构在执行法律流程时确定责任所在，更加迅速有效地维护受侵权者的权益，也能对侵权者起到真正的震慑作用。

对于“豁免网络服务提供商的第三方侵权责任”这一议题，大型经济体对其普遍采取认可的态度。如《欧盟 - 韩国 FTA》（2010）、《欧盟 - 加拿大 FTA》（2016）、《中国 - 澳大利亚 FTA》（2015）中都进行了规定。但是，对于保护上的细节问题，这些经济体还是与美国存在些许矛盾。如“知识产权保护”时所涉及的隐私问题，也是美欧间的矛盾所在。欧盟本身注重隐私保护的程度高于美国，欧洲法院（European Court of Justice，ECJ）认为欧盟各国没有义务去要求“网络服务提供商”在知识产权相关的民事诉讼中去公开个人信息（Case C - 275/06），因此难以就“网络服务提供商”在知识产权受到侵害时应该保护隐私还是公开信息做出承诺。欧盟采取该立场的另一个重要的原因在于，欧盟虽然也在数字经济中获益，但是电商平台的发展水平远不如美国，因此在豁免网络侵权责任时，考虑得更多的是传统意识上的价值，而非经济上的利益。

6.8 明确传统贸易规则对数字服务的适用性

美国在贸易谈判中主张将既有的传统贸易规则适用于数字服务。区别于在关系错综复杂的多边谈判中的举步维艰，美国在区域贸易协定中就“传统贸易规则在数字服务的适用性上取得了丰硕成果。“美式模板”主要在以下两方面推进该议题。

一是确定传统贸易部门规则对数字服务的适用性。由于数字服务涉及的领域与传统部门有着千丝万缕的联系，因此美国也对各部门的相应法律构建联系。自《美国 - 新加坡 FTA》起，美国都在独立的电子商务章节（或者数字贸易章节）的第 2 条条款中，要求影响通过电子方式递送或实现的服务提供的措施，受“投资”章节、“跨境服务贸易”章节和“金融服务”章节相关条款所含义务的约束，包括协定中规定的、适用于这些义务的例外或不符措施。这意味着，这些章节所做承诺也涵盖基于互联网提供的跨境服务、投资和金融服务，如针对银行服务所做承诺也覆盖在线银行服务。与此同时，美国的数字产品“非歧视性待遇”例外条款特别指出，“跨境服务贸易章节”“投资章节”和“金融服务章节”这些传统贸易章节中的“不符措施”也适用于数字产品，从反向建立起了这些传统贸易章节与数字产品的联系。因此，虽然电子商务章节（数字贸易章节）涵盖了大部门“美式模板”的核心诉求，但“跨境服务贸易章节”“投资章节”和“金融章节”等传统贸易章节也可视作数字贸易规则“美式模板”的重要组成部分。

美国构建这些规则的原因在于美国在数字贸易上的强势地位。为了将数字服务这一优势产业推向海外，尽可能地降低各种数字贸易壁垒是非常重要的举措。数字贸易是新近发展起来的贸易类型，国际社会缺乏对数字贸易成型且相对完善的规则体系。但事实上，数字贸易所提供的商品如在线提供的金融、电信和服务等都与传统意义上的线下产业有着密切的联系。鉴于既有规则在传统产业的贸易壁垒上已经比较成熟、规范且颇具规模，把这些传统贸易规则的既有成果直接适用于数字贸易，则不需额外花费时间和精力就可达到大幅削减数字贸易壁垒的目的。但值得注意的是，在“美式模板”中，“跨境服务贸易章节”“投资章节”“金融服务章节”3 个章节常采用“负面清单”的形式进行承诺。这意味着每个协定之中的承诺水平会伴随着“负面清单”的具体内容变化而产生差异。如在“美式模板”范畴之外，即便一些经济体美国未直接参与的协定之中也对“传统贸易规则对数字服务的适用性”进行了承诺。但由于采用的清单形式以及清单具体内容存在差异，这些承诺和“美式模板”第二阶段的普遍承诺水平存在较大差距。

二是确定“非歧视性待遇”对数字产品的适用性。虽然 GATT 和 GATS 在构建之初就已对“国民待遇”和“最惠国待遇”进行了承诺，但始终没有明确将这些“非歧视性待遇”拓展至数字产品。与此相对，美国所主导的 RTAs 中，自《美国 - 新加坡 FTA》起到 USMCA，都在“电子商务章节（或数字贸易章节）”中承诺了数字产品的“非歧视性待遇”。美国在主导的协定中，是不断就该议题提高开放程度的。

分析“美式模板”三个发展阶段的代表性 FTA（KORUS、TPP 和

USMCA)，可以很清晰地捕捉这一发展轨迹。KORUS 第 15.3.4，TPP 第 14.4 条和 USMCA 第 19.4 条都规定了数字产品的非歧视性待遇：缔约方给予在另一缔约方领土内创造、生产、发布、承包、委托或首次基于商业条款提供的数字产品的待遇，或给予另一缔约方的作者、表演者、制片人、开发者或所有者的数字产品的待遇，不应低于该缔约方给予其他同类数字产品的待遇。不同之处在于例外条款的范围是不断缩小的。KORUS 第 15.4.6 条规定数字产品的“非歧视性待遇”不适用于影响内容提供商为听觉或视觉接收而安排的一系列文本、视频、图像、录音和其他产品的电子传输的措施（内容消费者在系列的调度上没有选择）。这一例外内容可以包括电视和广播。TPP 第 14.4 条则把例外内容缩减为广播。USMCA 第 19.4 条取消了 TPP14.4 中关于“广播例外”的规定。这意味着对来自其他缔约方的广播服务产品及服务提供者，缔约方也必须给予国民待遇。

由于以 Netflix 视频网站为代表的视听产业是美国数字文化产品输出的重头，美国在贸易谈判中不断致力于消除针对视听产业的歧视性措施。但由于美国的文化内容占据优势，欧盟和加拿大等国担心美国的文化进口会威胁到当地相对弱势的文化产业，甚至会侵袭国民的思想。因此欧盟和加拿大坚守“文化（包含视听、广播）例外（开放市场的承诺不包含文化部门）”红线，近年来通过采取一系列措施来阻挡外来文化产品的输入，如“广播输入配额限制”“在外国广播中插入本土广告”和“外国广播许可证要求”等。在实践中，虽然这些限制性措施一直被美国所诟病，但欧盟和加拿大的区域贸易文本中大多保留“文化例外”原则。在美国的努力下，加拿大在 USMCA 中将“国民待遇”扩展适用于广播服务及广播服务提供者，应该被视为美国努力突破“文化例外”原则所取得的一个阶段性成果。

6.9 既有数字贸易规则对新服务的自动适用性

关于服务贸易自由化，美国所主导的贸易安排，引入了一系列有助于促进服务贸易自由化进程的机制创新元素，其中最关键的一点是基于“否定列表”的承诺方式。基于“否定列表”的服务承诺具有普遍适用性，能适用于所有的服务部门（模式），除非在保留清单中明确列出适用于特定服务部门（模式）的例外措施。在信息通信技术的推动下，各式“新服务”可谓层出不穷。这就意味着，如果想对此新服务的自由化进程有所保留，承诺方必须在做出相关承诺时，就具有事先预见性，在该新服务上设置相应的不符措施，否则，既有的数字服务贸易规则对新服务具有自动适用性。既有数字服务贸易规则对新服务具有自动适用性的规定，会给服务业尤其是数字服务业发展落后的发展中国家（经济体）带来如下巨大的挑战。

一是“跨境数据自由流动”和“数据存储非强制本地化”对新服务的适用性带来的威胁。新服务的数据可能会潜藏着不少未知利益或者会涉及国家安全问题。由于市场上拥有竞争优势的数字服务提供者主要来自美国，落后的发展中经济体在数据获取和传输上并不具备优势。放开数据管制的后果是数字资源会不断流向包括美国在内的发达经济体，落后的发展中经济体只会不断地丧失数据的所有权。二是“技术非强制转移”和“源代码保护”等知识产权保护措施不利于发展中经济体的技术创新。随着数字贸易的发展，越来越多的服务需要利用数字技术。为了促进新服务的发展，在技术上处于劣势的发展中经济体需要从发达经济体获取数字技术资源。如果禁止新服务的相关技术转往他国，那么发展中经济体会因基础技术的缺乏而不得不依赖于发达经济体，形成技术落后的“马太效应”。三是会迫使发展中国家开放新增服务领域的国内市场。发展中经济体由于产业上的劣势或者是法规制度的不完善，通常不会贸然承诺开放特定部门。但如果在市场准入上将“非歧视性待遇”自动适应于新服务，会对落后的发展中经济体自身的新数字产业发展和法律监管带来冲击。

6.10 本章小结

现阶段美国在 RTAs 层面构建的“美式模板”已富含能表达美国在数字贸易治理中雄心的规则。但与此同时，因为立场诉求的不同导致“美式模板”和其他大型经济体的数字贸易相关规制产生了冲突，阻碍了“美式模板”在全球的进一步扩展。在界定数字贸易关键术语的基础上，“美式模板”主要聚焦于以下四个方面的关键数字贸易规则，不断地发展丰富和演进升级。

一是在“数据获取”方面提出的数字贸易规则，包括“电子传输永久免关税”“跨境数据自由流动”和“数据存储非强制本地化”。由于数据是数字贸易中的命脉，美国力求各国放松对数据的管制以尽可能地获取他国数据，从而支持美国自身的数字产业最大限度上发挥比较优势。出于对数据安全和比较优势差异的考虑，“跨境数据自由流动”和“数据存储非强制本地化”在国际上的拓展争议较大。

二是在“知识产权保护”方面提出的数字贸易规则，要求不得强制转移数字贸易相关技术（如加密）、源代码和算法。这是因为知识产权是美国数字服务的价值所在，因此需要保护知识产权来维持美国数字产业的竞争力及垄断地位。这一诉求与不少发展中经济体要求公开源代码的立场相冲突。与此同时，由于美国在互联网零售服务中具有显著优势，美国围绕知识产权还提出了“网络服务提供商的第三方侵权责任豁免”，要求当使用网络平台的第三方侵害知识产权时，豁免网络服务提供商的连带责任，以防止因过度追究知识产侵权责任而损害网络服务提供商的权益。USMCA 在这一承诺的基础上，把责任豁免的领域从知识产权扩展至用户隐私和安全，以提高网络服务提供商提供服务的积极性。

三是提高“市场准入”水平的数字贸易规则。“美式模板”要求不得对投资或者电信部门的技术选择施加歧视性待遇。通过减少他国对技术进口的限制，美国可以保证自身优势技术在海外市场的垄断地位，同时也可以保证技术标准的统一以推动数字贸易的发展。

四是数字贸易的一般义务。“美式模板”明确了传统贸易规则对数字服务的适用性，如承诺数字产品“非歧视性待遇”，将国民待遇和最惠国待遇使用到数字产品；以及承诺既有数字服务贸易规则对新服务的自动适用性，基于负面清单将现有的数字贸易承诺自动适用于未来未排除的范围中。

在这些规则之中，“美式模板”最容易和别的数字大国产生冲突的当属“跨境数据自由流动”“数据存储非强制本地化”“源代码保护”“数字产品非歧视性待遇”。因为这关系到现阶段的“新矿产资源”——数据。另外，数字产业的知识产权保护以及数字服务在他国的市场准入等方面的议题，会因各经济体产业利益的差异及国家安全理念的不同而产生碰撞。

第7章
“美式模板”的演进升级和扩展适用趋向

“美式模板”经过了分别以 KORUS、TPP 和 USMCA 为代表的三个阶段的发展，现阶段已涵盖了大部分美国在数字贸易上核心议题。这一规则体系力求削减数字贸易壁垒、提高数字产品的市场准入，已较能体现美国在数字贸易中的雄心。但由于数字贸易谈判是一个博弈的过程，各大经济体的立场冲突导致美国仍有些诉求未能在现有的 RTAs 中实现。下文将结合美国在贸易谈判中的立场和其本身的产业利益，预测在“后 USMCA 时代”，在区域贸易谈判的层面“美式模板”会在哪些规则上做出新升级或会引入哪些新规则。另外，本章将研究“美式模板”在区域层面的渗透水平，以及结合多边贸易框架下数字贸易谈判的新动向来分析“美式模板”会如何在多边层面进行扩展适用。

7.1 “美式模板”的演进升级趋向

从所覆盖的数字贸易议题的数量以及深度来看，USMCA 已替代 TPP 成为最能代表“美式模板”诉求的区域贸易协定。但是，一些美国所关注的数字贸易利益诉求并未在美国目前所主导的协定中得以完全体现。根据“美式模板”近年来不断提高规则约束力以及推动数字贸易自由化的轨迹来看，今后“美式模板”将在 USMCA 的基础上，继续升级演进。基于美国近期在贸易谈判中所做表态以及美国本身的产业情况，本书预测在后 USMCA 时代的区域数字贸易谈判中，“美式模板”至少会在以下四个方面继续深化和延展。

7.1.1 “正当使用”知识产权

对数字内容实施“一刀切”的“知识产权保护”，不利于数字服务的发展。这是因为不少数字服务（如大数据分析、网络资料收集、源代码以及云计算技术的运用等）是基于对未授权数字内容的合理使用所提供的。因此，美国产业代表曾在USMCA谈判中要求，提出在强化“知识产权保护”的同时，有必要对版权内容构建“正当使用”的新规则（USTR，2018）。

“正当使用（Fair use）”是美国《著作权法》第107条所规定的内容，指“未经授权时合理使用著作，未构成侵权的情况”。判断是否“正当使用”的标准有：使用的目的和性质、著作物的性质和效率等。

以国内法为基础，对“正当使用”版权内容范围进行合理界定可以有效保护用户合法接入数字内容的权利。据统计，在美国需依托“正当使用”提供服务行业，每年会给美国带来4万亿美元以上的经济效益。“正当使用”版权的授权也能为价值约3680亿美元的相关产品出口提供便利（Computer and Communications Industry Association et al.，2017）。

事实上，现有的“美式模板”也规定了知识产权“正当使用”的相应内容，即提出对知识产权实施保护措施的同时，划定“例外”条款给“正当使用”预留空间。问题在于，“例外”条款多是原则性的问题，并未清晰界定实践上的具体内容和范围。在这一法制下，版权使用者需要自行裁定是否属于“正当使用”的合法范畴。当受到知识产权所有人的侵权指控时，笼统的例外规定以及国际上就数字知识产权保护案例的缺失导致侵权责任难以厘清，最终不仅不利于“正当使用”权利的行使，还不利于知识产权的保护。因此在未来的数字贸易谈判中，美国可能会进一步就贸易协定中知识产权“正当使用”的相应条款进行探讨，在保护知识产权的同时，促进知识产权的合理使用、推动数字产业的发展。

7.1.2 提高跨境数据的可获得性

如前文所述，数据是支撑数字经济时代经济发展的基础资源。“跨境数据自由流动”和“数据存储非强制本地化”是美国为争夺和保证数据所有权而在数字贸易谈判中强调的核心议题。虽然在区域贸易谈判层面，美国主导的 USMCA 已在 TPP 的基础上进一步提高了这两个议题的承诺水平，给各经济体的对接带来不少挑战。本书观察美国 2019 年多边框架 WTO 框架下的电子商务提案，发现美国在数据获取和接入上的雄心水平并不会止步于 USMCA。为提高跨境数据的可获得性，未来美国至少会在“美式模板”中添加以下两项要求。

一是放开金融服务部门的数据流动。美国是世界金融产业的引领者，拥有世界最大的证券交易市场。因此美国一直都希望通过贸易谈判来削减金融产业贸易壁垒，将自身拥有优势的金融服务推向世界。但长久以来，“金融服务”一直是各经济体在贸易谈判中非常慎重考虑的内容。这从“美式模板”的电子商务章/数字贸易章在“数字产品”的定义中将“金融工具（包括货币）的数字化表现”排除在定义之外就可见一斑。这是因为金融服务涉及一经济体的经济安全，管制不当将可能给一经济体甚至世界经济带来巨大的损失，2008 年在美国暴发并扩散至全球的金融危机就是前车之鉴。受这些顾虑影响，“美式模板”在区域贸易协定中推动数字“金融服务”开放的进程并不十分顺利。

对于金融服务，特朗普政府则采取了宽松管理的立场。在国内法层面，2018 年的《金融选择法案》涵盖了特朗普政府的金融去监管政策（刘瑶等，2018）；在国际规则构建中，特朗普自 USMCA 起，逐步要求他国提高“放开金融服务管制”的力度。

先是在 USMCA 中，美国围绕“跨境数据自由流动”这一议题，要求给予金融机构和跨境金融服务提供者获得跨境传输许可、授权或开展注册范围内的业务数据的权利；同时 USMCA 还设立了“计算设备位置”条款，要求金融服务“数据存储非强制本地化”，但保留了例外条款以保护金融交易中的个人隐私和数据安全（见 USMCA 金融服务章节第 17.18 条“计算设备位置”）。

然后在“后 USMCA 时代”的 WTO 电子商务谈判中，美国不仅重申这些金融数据相关条例，还进一步删除了 USMCA 金融服务章节“计算设备位置”中对个人隐私数据的豁免条款（INF/ECOM/23），扩大了金融服务“数据存储非强制本地化”的应用范围。如果该提案得以实现，意味着成员不得强制要求金融数据（包括信用卡使用人信息）存储在本地或者采用本地设备存储，其他成员可不受过多限制即可将金融数据移除境外。该提案可被视为特朗普政府在回应近期印度等国提出的“金融数据本地化”措施。综合考虑以上多个放松金融服务限制的措施，本书认为，放开对金融服务数据的管制将是“美式模板”在“后 USMCA 时代”着力推动的一个重要内容。

二是对“公开政府数据”的可获得性施加强制性要求。推进这一议题的意义在于，随着大数据技术的发展，美国政府、研究机构和商业团体希望能通过数据分析来给未来决策提供有效支撑。因此可靠数据的获取就显得尤为重要。特别是政府官方公布数据，其可靠性和广泛性十分有利于分析一国的经济形势和发展趋势。因此美国在贸易谈判中要求政府致力于保证所公开的数据是机器可读的且采用开放格式，可以搜索、检索、使用、重用和重新分发，以此来确保在跨境的情况下，他国政府公开数据的可获得性。“美式模板”在 USMCA 中就已就“公开数据”进行了相关规定，但由于是首次提出该议题，因此只是试探性地倡导各国政府保证公开数据在网络上的可获得性（使用措辞“shall endeavor to”）。在“后 USMCA 时代”，美国在多边框架下电子商务的最新提案中也引入了这一条款。考虑到大数据时代美国对数据的重视程度和特朗普具有攻击性的作风，本书认为美国未来将“公开政府数据”的倡导条款升级为强制性规则的可能性不低，会通过约束成员的行为来确保公开政府数据的可获得性。

三是缩小“当地存在”要求的应用范围，扩大“模式 1”数字服务出口。在“跨境服务”章中，TPP 第 10.6 条和 USMCA 第 15.6 条的“当地存在”都要求任何缔约方不得要求另一缔约方的服务提供商在其境内设立或维持企业代表处或任何形式，或在其境内居住，作为跨境提供服务的条件。这意味着，美国在提供跨境服务时可选择模式 1“跨境提供”来代替模式 3“商业存在”。如果服务部门不需要建立“当地存在”就可以跨境提供，则在服务业占有领先优势的美国将可通过互联网扩大服务输出，同时降低在他国设立当地存在的巨大成本。但在范围上，“跨境服务”章节把“跨境金融服务”排除在承诺范围之外。在“数据存储非强制本地化”这一议题上，美国已经把消除贸易壁垒、开放他方市场的目标扩展至金融领域。根据这一趋势判断，“美式模板”很有可能把跨境服务章节中的“当地存在”要求扩展至金融服务，即禁止对金融服务的跨境提供施加“当地存在”限制，要求缔约方开放金融服务市场。

7.1.3 限制数字服务国内税

相比在边境上征收关税，服务进入一国边境后受到的政策限制更为纷繁复杂，也更容易形成贸易壁垒，使市场进入不公平的竞争状态。因此，针对边境后措施（国内措施）进行协调也是数字贸易谈判中颇受美国关注的问题。如作为“边境后措施”的一种，对数字服务征收的国内税，是特朗普政府近期在贸易战中所攻击的焦点。

纠纷源自法国拟在 2019 年实施的数字服务征税法案。该法案要求对国内的数字服务征税 3%。由于征税门槛高（在全球和法国的年收入分别为 7.5 亿欧元和 2500 亿欧元以上），因此能成为征税对象的都是大型互联网企业。法国本身的互联网企业的规模较小，而在法国的大型互联网企业多来自美国，因此美国 USTR 认为该法案实质上是针对美国的歧视性政策并对法国提起了 301 调查。

追根溯源，国内税虽然并未出现在“美式模板”中，但却是美国构建数字经济国内法的重点内容。如 4.3 所述，国内法《互联网法案（1998）》限制了对互联网征收关税。虽然美国各州由于数字产业发展水平不一，导致部分州政府要求对数字服务（如基于互联网平台的零售服务）征税以保护本地实体产业，但从国家层面来看，《互联网法案》对国内数字产品倾向于采取长期免关税。考虑到美国大型互联网企业在海外市场上占据的优势，要求他国承诺减免或者不征收数字服务国内税符合美国的产业利益。同时，限制征收数字服务国内税也是美国在“后 USMCA 时代”的数字贸易谈判中，作为对法国征收国内税的回应所需要明确表达的立场。

7.1.4 敦促缔约对象在特定数字服务部门中做出更多的市场准入和国民待遇承诺

要求缔约对象放松数字服务部门的市场准入限制和做出更多国民待遇承

诺，会是美国的另一重要诉求（USTR，2018a）。在 USMCA 谈判中，美国对加拿大明确提出“要提升监管制度的透明度和成立独立的管理机构来推进电信市场准入增加电信服务市场的竞争性”（USTR，2018b）。这点在 USMCA 中已部分实现，如第 18 章电信章中对“公共电信服务的转售限制（第 18.7 条）”“电信行业授权（第 18.20 条）”和“透明度（18.24 条）”要求不对转售公共电信服务施加不合理或歧视性的贸易限制，以透明和非歧视的原则对电信部门进行监管。但加拿大所做承诺并没让美国满意。加拿大并未就电信服务市场准入做出实质性让步。在 USMCA 附件 1《投资和服务的非一致性措施》中加拿大仍然保留了对外资投资电信企业的股权限制，要求基于加拿大《电信法》以及《加拿大电信共同承运人所有权和控制条例》，限定外资在电信企业的持股比率不得高于 46.7% 且具有加拿大国籍的董事成员必须占董事会成员总数的 80%（保留条款 I－C－7）。另外在“保留条款 I－C－1”中加拿大要求对外资直接收购加拿大企业（包括电信运营商）行为实施审查。有鉴于此，本书认为除完善协定主文本中的一般数字贸易规则之外，在特定的数字服务部门争取扩大“市场准入”机会和获取“国民待遇”会成为美国在“后 USMCA 时代”与缔约对象展开谈判的要价重点。

7.2 “美式模板”的扩展适用趋向

除推进数字贸易规则“美式模板”自身内容的演进升级之外，美国还努力扩展其适用范围。事实上，如今在 RTAs 框架下“美式模板”已颇具影响力，美式数字贸易规则已渗透到不少美国未参与的 RTAs 中。而在多边框架下，近年来美国也致力于让各方经济体接受“美式模板”的立场诉求。

7.2.1 “美式模板”在 RTAs 框架下的扩展适用

除推进美式数字贸易规则自身演进升级之外，美国还努力扩展其适用范围。为对 RTAs 层面美式数字贸易规则的影响力展开客观评估，本书选择 15 个国家（美国、澳大利亚、比利时、加拿大、中国、丹麦、德国、匈牙利、意大利、日本、荷兰、俄罗斯、韩国、瑞典、英国）对外缔结的 134 个 RTAs 作为研究样本，来考察代表性美式数字贸易规则的影响力（见图 7－1）。这 15 国既是区域贸易自由进程的积极参与者，又是全球排名靠前的贸易大国。通过对这些国家对外缔结的 RTAs 文本进行研读和比照，不难看出：

第一，在 134 个 RTAs 中有 90 个涵盖数字贸易规则，占比近 70%。这表明经济体热衷于通过对外缔结 RTAs 的方式来参与国际数字贸易治理。涵盖数字贸易规则的 RTAs 中就有 62 个涵盖本书所界定的七项代表性美式数字贸易规则[①]，占比接近 70%。另外，在这 62 个 RTAs 中，美国直接参与的只有 13 个，美国未参与的有 49 个，占比接近 80%。这意味着有意通过缔结 RTAs 参与数字贸易治理的经济体，多数情形下乐于接受代表性美式数字贸易规则，即使在美国未直接参与的 RTAs 中也是如此。

第二，代表性美式数字贸易规则的受欢迎程度存在差异。与其他规则比较而言，"电子传输免关税""技术非强制本地化""网络中介责任豁免"的受欢迎程度相对高，在 90 个涵盖美式数字贸易规则的 RTAs 中接受上述规则的个数分别为 42 个、38 个和 36 个，即有超过 40% 的 RTAs 接受了上述规则（见表 7－1）。"数据存储非强制本地化"和"跨境数据自由流动"这两项规

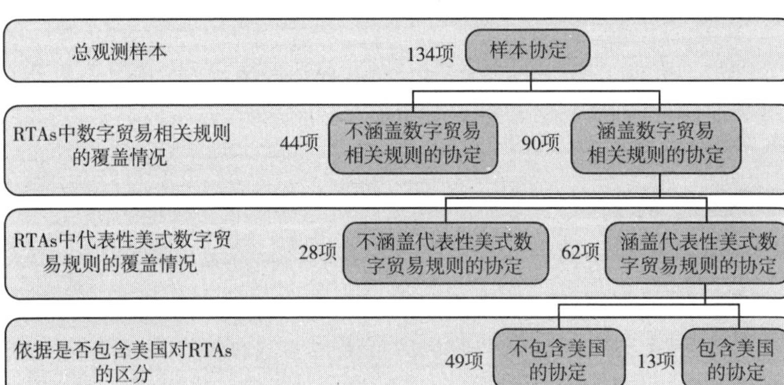

图 7－1　RTAs 框架下美式数字贸易规则的影响力评价

资料来源：根据 WTO 的 RTAs 数据库文本整理得到，网址：http://rtais.wto.org/?lang=1。

① 结合前文分析，本书选取了七条最能代表美国数字贸易核心诉求的规则，包括"电子传输免关税""跨境数据自由流动""数据存储非强制本地化""源代码保护""网络中介责任豁免""技术非强制转移""数字产品非歧视性待遇"。

则因具有较高的经济、政治和意识形态敏感性，所以被接受度较低，在非美国主导的 RTAs 更是鲜见其踪影。目前除日本－蒙古 FTA 全部涵盖“数据存储非强制本地化”“跨境数据自由流动”外，只有加拿大－韩国 FTA、加拿大－秘鲁 FTA 和澳大利亚－新加坡 FTA 极少数协定涵盖“数据存储非强制本地化”规则。虽然跟“数据存储非强制本地化”比较而言，涵盖“跨境数据自由流动”规则的 RTAs 相对较多，但多数只是停留在倡议层面，对成员方并不具备强约束力。

表 7－1　　涵盖代表性美式数字贸易规则的 RTAs 个数

	电子传输免关税	跨境数据自由流动	数据存储非强制本地化	源代码保护	网络中介责任豁免	技术非强制本地化	数字产品的非歧视性
浅（1 分）	5 个	17 个	0 个	24 个	8 个	0 个	0 个
中（2 分）	13 个	2 个	3 个	4 个	27 个	38 个	20 个
深（3 分）	24 个	1 个	1 个	1 个	1 个	0 个	1 个
合计	42 个	20 个	4 个	29 个	36 个	38 个	21 个

表格说明：本表将各项“美式数字贸易规则”按其推进数字贸易自由化的雄心水平，由高到低区分为“浅”“中”“深”三类，分别对应于表 4 的“1 分”“2 分”“3 分”，具体赋值和区分标准详见表 8－2。

资料来源：根据 WTO 的 RTAs 数据库文本整理得到，网址：http：//rtais. wto. org/？ lang = 1.

7.2.2 “美式模板”在 WTO 框架下的扩展适用

特朗普总统自上台伊始一直将双边贸易谈判作为其工作重点，但这并不意味着特朗普总统会放弃多边贸易体制。特朗普政府近期呈现出努力将数字贸易规则美式模板“多边化”的新迹象。在 2017 年 WTO 第 11 次部长会议结束时，美国贸易代表莱特希泽明确表示，美国希望能与其具有共同意愿的伙伴合作共同推动 WTO 框架下电子商务规则的发展。2018 年 4 月 2 日美国又向 WTO 总理事会提交了关于数字贸易谈判的探索性文件。该文件中的数字贸易规则主张主要围绕“信息跨境自由流动”“数字产品公平待遇”“保护知识产权”“维护数字安全”“促进互联网服务市场准入”“构建具有竞争性的电信市场”“数字贸易便利化”7 个方面展开。这些规则超出了 WTO 框架下的传统规则 GATT、GATS 和 TRIPS 等协定的覆盖范围，其实质是将区域层面数字贸易规则“美式模板”纳入多边框架，在更大范围内扩展适用。2019 年 1 月 29 日，美国、中国与其余 74 个经济体共同签署了《关于电子商务的联合声明》，确认在 WTO 现有框架的基础上正式启动与贸易有关的电子商务议题谈判。2019 年 5 月，WTO 成员就电子商务规则进行谈判。包括美国、欧盟、中国大陆/内地和日本在内的 10 余个经济体已经提交了首轮提案。

美国在 WTO 提案中，基本上是采用了在 USMCA 中达成的数字贸易规则承诺水平。本书围绕“美式模板”的核心议题，整理了以下 12 个经济体的提案：巴西、中国、中国台湾、中国香港、韩国、新加坡、加拿大、欧盟、日本、新西兰、美国和乌克兰。通过各方在提案中立场的对比，来判断“美式模板”中较具雄心的规则今后在 WTO 框架下所实现的扩展适用范围。

一是“跨境数据自由流动”。美国在 WTO 的提案中再次提出 USMCA 中的“跨境数据自由流动”条款。该条款采用强硬措辞的同时，允许在出于“合理的公共政策目标”时采取例外措施，但不得对贸易造成变相限制，后超过为实现“合理目标”所必需的限度。同时，美国要求当政府数据是公开的时候，必须将这些数据保持在可使用的状态（INF/ECOM/23）。

与此同时，不少经济体也在 WTO 提案中纳入了“跨境数据自由流动”条款。这些条款的规则措辞颇受“美式模板”的影响，即先用强制性语言对“跨境数据自由流动”承诺，然后附上以“合理公共政策目标”为代表例外条款。这些经济体提案的不同之处主要体现在对该目标的内容和表达上。

日本准许出于商业目的开放数据流动，但出于“合理政策目标”可限制数据流动。此外，成员应保证公众对政府数据的接入（INF/ECOM/20）。作为“美式模板”涵盖协议的重要成员，日本这不仅承认了“美式模板”第二阶段标准的“跨境数据自由流动”，还涉及了第三阶段 USMCA 政府数据公开内容。虽然和美国提案中的关注点存在差异，但可以明显看到日本提案包含了不少“美式模板”新元素。

加拿大并没有直接就“跨境数据自由流动”提出诉求，但在提案中默认了在 USMCA 中对这一议题的承诺（INF/ECOM/29，INF/ECOM/30）。作为 USMCA 成员，加拿大的提案体现出 USMCA 对多边谈判所产生的影响。

新加坡要求成员允许基于电子形式的“跨境信息传输”，但出于“合理的公共政策目标”时可不执行（INF/ECOM/25）。新加坡是“美式模板”协议 TPP 的重要成员，它在多边框架下的承诺亦可看到 TPP 的核心元素，即保存公共政策目标例外的跨境数据自由流动。在新加坡的推动下，美国未直接参与的协定亦引入了该标准的规则，成为多边谈判过程中的规则构建依据之一。

中国台湾强调了执行“跨境数据自由流动”时的例外条款。中国台湾提出可在“未构成任意或不合理的歧视”或是因为有必要实现“合法政策目标”的情况下，构建不符措施。此外，中国台湾还提出可执行与协议不一致的措施，只要该措施被列在协议的附件中。

巴西对“跨境数据自由流动”的提案则停留在了 TPP 的水平。一方面，巴西强调了有必要构建“跨境数据自由流动”的例外条款，要求在“未构成任意或不合理的歧视”或是因为有必要实现“合理政策目标”的情况下，可采用不符措施。另一方面，巴西还引入了 TPP 的“监管例外”条例，提出成员方在执行“跨境数据自由流动”时要认识到各国对基于电子方式传输的信息有自己的监管要求（INF/ECOM/27）。

区别于上述经济体采用“shall”等强制性语言对“跨境数据自由流动”作出承诺，中国和欧盟对“跨境数据自由流动”采用了与“美式模板”不同风格的条款。欧盟的措辞相对和缓，只要求成员方承诺确保在数字经济中，跨境数据流能促进贸易（INF/ECOM/22）。中国则认为“跨境数据自由流动”是非常敏感和复杂的一个议题，需要经过充分考虑才能确认，因此只间接就数据流动这一议题提出各成员应该通过联合学习和合作培训来推动“信息交换”。回顾中国在 G20 的立场和国内法可以更清晰地看出中国的态度。中国强调执行“跨境数据自由流动”的前提是安全，且需要依托于强有力的制度来进行保障，如工信部（2019）多次强调“国家安全”概念的《网络安全法》。在此基础上，中国在 G20 提出各国就数据流动都有各自的“监管要求”，因此应在交流与合作的基础上构建国际规则。

总体来看，在 12 个经济体提交的 WTO 电子商务首轮提案中，过半数提出了“跨境数据自由流动”的内容。美国把 USMCA 中的承诺内容直接纳入 WTO 提案，以日本和新加坡为代表的几个经济体则受“美式模板”的影响，对“跨境数据自由流动”提出强制性要求的同时，在不同程度上构建例外条款。这些经济体虽然是“美式模板”的拥护者，但承诺水平只停留在了 TPP 的标准上。日本在 2019 年 G20 的部长声明中提出“基于信任的数据自由流动”倡议（DFFT），补充了其对该议题的立场表述。日本是把工业数据作为“跨境数据自由流动”的谈判重点的，个人隐私数据则需要慎重考虑（第一财经，2019）。欧盟虽然提及了该议题，但没有做出强制性承诺。从欧盟的《一般数据保护条例》可以看出，欧盟仍会保留其在“跨境数据自由流动”中的隐私例外立场。中国则保留慎重的态度。在 WTO 框架下的电子商务谈判中，一方面，绝大部分经济体在数据流动对贸易上的重要性上达成共识，认识到这是在数字经济时代非常重要的一个议题。但另一方面，考虑到各经济体自身的产业利益以及公共安全的问题都至少保留了这例外条款：为执行“合理的公共目标”而不履行“跨境数据自由流动”的承诺。展望未来，这一议题在 WTO 的谈判将主要围绕例外条款而展开。美国要在多边框架下推展“跨境数据自由流动”，将需同时和其他成员方协商各自的“例外”情况，尤其是对“合理的公共目标”范围进行界定。

二是“数据存储非强制本地化”。从美国在 WTO 电子商务谈判的提案来看，美国在多边就“数据存储非强制本地化”的雄心甚至高于 USMCA。美国把 USMCA 中的规则植入 WTO 提案，并在此基础上作了进一步开放。具体而言，涉及这一议题的条款有两条，一是对于数字内容提出的非本地化要求，条款内容和 USMCA 数字贸易章节的第 19.12 条完全一样；二是针对金融内容提出的非强制化内容，在 USMCA 相应条款第 17.18 条的基础上，删除了考虑个人数据和隐私的例外条款，可谓是进一步升级了在数字贸易上的诉求。

在 12 个提出首轮提案的经济体中，除了美国以外，还有日本、韩国、新加坡、乌克兰和欧盟就“数据存储非强制本地化”表达了支持的立场。日本、韩国、新加坡都使用了“No... Shall”的强制性句式来禁止强制性的数据存储本地化，乌克兰也表示支持“数据存储非强制本地化”的立场，但与美国不同的是，这些经济体都保留了例外条款，要求在出于“合理的公共政策目标”时可履行相应义务。

欧盟也对“数据存储非强制本地化”表达了积极的立场，禁止成员采取以下措施来限制“数据流动”：一是要求在其领域内的计算设施处理数据；

二是要求数据本地化；三是禁止在其他成员的领土内存储或处理数据。在这一议题上，欧盟与美国提案最大的差异在于，欧盟开放的主体是“数据流动”，要求不得将上述三条措施来限制“数据流动”；美国的主体则是“在境内从事的商业行为”，要求成员方不得将“数据存储本地化”作为在其境内从事商业行为的前提条件。这意味着，欧盟虽然在他方获取或传输欧盟数据时不要求在欧盟本地设立设备或者存储在本地，但仍保留了其他成员涵盖的人在欧盟从事或提供服务时，要求其“数据存储本地化”的权利。

此外，中国提案对数据存储的态度和数据流动一样，都是因要慎重考虑而暂不表态。但从中国国内法可以窥见中国在这一议题上的立场：即在保留“国家安全例外的情况下，可以实现“数据存储非强制本地化”（见《网络安全法》）。

而对于金融服务部门的计算设备的位置，除了美国以外，其他国家和地区均无涉及。

三是“源代码保护”。美国、欧盟、日本、乌克兰、韩国和新加坡都提出了保护源代码的要求。美国的源代码提案和 USMCA 第 19.16 条源代码条款完全一样，代表“美式模板”在该议题上最高雄心水平，要求源代码和算法非强制本地化；同时在保证源代码不会受到未经授权的披露的情况下配合监管机构或司法机关的具体调查、检验、检查、强制执行或司法程序。

日本的提案内容为：不得要求转让或者接入其他成员方的人所拥有的软件源代码；但成员可要求修改源代码以符合“与本协议不相抵触的法律和法规”；成员不得要求制造商或供应商公开信息或访问任何产品中的技术或加密，除非事关政府管控的网络以及法律执行问题（INF/ECOM/20）。

新加坡提出不得要求接入源代码作为进口、分销、销售和使用该软件的前提条件；但该条款不适用于重要基础设施；成员可要求修改源代码以符合“与本协议不相抵触的法律和法规”（INF/ECOM/25）。

韩国提出，各成员不应将要求获得或转让源代码或软件作为在其境内销售软件的条件（INF/ECOM/31）。

欧盟要求成员不得要求转让或者接入其他成员方的自然人、法人所有的软件源代码。但该条例不适用于违反竞争法、知识产权保护和国家安全例外的情况（INF/ECOM/22）。

乌克兰提出不将接入源代码作为贸易条件，除非是为了实现“合法的公共政策目标”或者“他方成员自愿转移”，以及“执行知识产权”“安全考虑”和“法院要求”等例外情况（INF/ECOM/28）。

概括而言，提交首轮提案的经济体中有一半在“源代码保护”上表现了积极的立场，但在措辞和承诺的范围上还是有细微的区别。本书把在该议题上提交了立场的经济体分成两类，一类是日本、新加坡和韩国这些和美国签订区域贸易协议，受“美式模板”影响最深的三个国家。这三个国家的提案和美国有不少类似的地方，但在例外范围的界定上仍有区别。日本和新加坡的提案可被视作停留在了“美式模板”在 TPP 时期的开放水平。日本保留了在特定情况下修改源代码的权利，新加坡除了这一权利还规定了对重要基础设施的例外。韩国的开放程度很高，没有提出例外条款。另一类是在“美式模板”体系外的欧盟和乌克兰。这两个经济体所提出的例外条款在文字上与“美式模板”并不一致。因此对“源代码保护”的谈判将更多地集中在例外条款的定义和对接上。

此外，有一半成员并未对“源代码保护”这一议题表态。这些成员以发展中经济体为主。从以往国际上对“技术非强制本地化”这一议题的态度来看，发达经济体和发展中经济体分歧明显。发展中经济体由于知识产权和技术相对落后，需要通过技术转移来获取推动经济发展的知识基础，因此在没有经济或者政治压力的情况下都不愿意对此作出承诺。因此“美式模板”的追随者能在多大程度上在例外条款中给发展中经济体作出让步是推进此议题发展进程的关键所在。

四是“数字产品非歧视性待遇”。美国在 WTO 提案中采用的是 USMCA 标准的“数字产品非歧视性待遇”。要求成员给予被定义的数字产品的待遇不应低于该缔约方给与其他同类数字产品（包括非成员的“同类数字产品”）的待遇。美国提案排除了该款在“缔约方提供的补贴和补助，包括由政府支持的贷款、保证和保险”上的适用性。

但与“美式模板”近年来大幅提高“数字产品非歧视性待遇”的承诺水平相比，其他成员甚少在首轮提案中提及这一问题，只有日本和乌克兰就此作出了积极的承诺。但日本的承诺依然停留在了 TPP 的水平，提出不包含“广播”领域的“数字产品非歧视性待遇”；乌克兰提出的“数字产品非歧视性待遇”则无这一例外要求。

总体而言，WTO框架下各成员对这一议题都较为慎重，立场甚至会与美国相矛盾。其中，欧盟和中国由于数字经济体量较大，因此是美国在推动贸易规则发展时需要重点关注的对象。

欧盟的立场和美国对于数字视听产品是完全对立的。随着数字音乐、视频、数字书的普遍应用，视听部门已深度融进数字贸易的范畴（Lee - Makiyama，2013）。美国的视听产业发达，且拥有不少线上视听网站，打开视听部门的市场准入是美国构建全球数字贸易规则时重点考虑的议题。与此同时，文化部门在欧盟的经济发展和社会稳定中也举足轻重：在欧盟GDP中占比2.6%，并给欧盟内部提供了高达500万份的高质量工作。由于欧盟的视听产业发展受到美国的压制，而且视听部门对公民意识形态影响巨大，因此“视听例外”（“文化例外”的分支）是欧盟坚守的原则，在把美国的视听产业阻隔在欧盟市场之外是欧盟在构建法制时的一贯目标。欧共体12国在《无国界电视指令（1989）》中规定“保证成员国自身的电视节目在境内不受流动限制的同时，还保留了‘欧洲制作’节目在电视频道（排除新闻、时事和体育节目）中半数以上的播放时间”。这一指令不着痕迹地限制了美国文化产业（王晓德，2007）。但在实际操作中，由于互联网的普遍运用，单纯的“视听例外”已不能从根本上阻隔美国线上视听数据的入侵。欧盟应该主动出击与美国商谈有利于保护其视听产业保护措施，还是遵守欧洲议会所划定的红线继续避之不谈？欧盟内部本身也存在激烈争论。但可以预见的是，在历史惯性的影响下，WTO框架下欧盟应美国要求完全放开视听部门的可能性不大。

中国则提出考虑到成员间的不同观点而不考虑在WTO电子商务谈判中就数字产品的待遇问题进行谈判。中国国内法则在对数字产品的监管方面，规定对增值电信业务的外资股权限制。《外商投资产业指导目录（2017年）》规定WTO承诺范围以外的增值电信业务的外资比例不得超过五成（第一部分限制外商投资产业目录第21条）。虽然上海自贸区于2014年放开了该规定的限制，在《关于中国（上海）自由贸易试验区进一步对外开放增值电信业务的意见》第二条中调高了《电信业务分类目录》中七项增值电信业务（均属于数字贸易范畴）外资股权比例，但是与美国所期待的外资增值电信部门待遇仍存在差距。可以预测，美国在 WTO 框架下要求各国在电信部门就“非歧视待遇”不作任何限制的难度较大（汪蕊等，2015）。

7.3 本章小结

尽管现阶段“美式模板”已从美国的核心利益出发构造了颇具攻击性的规则体系，引领了全球数字贸易治理的发展，但本书结合美国的国内法、产业优势以及在谈判中的要价，发现美国还有一些诉求未在“美式模板”中实现。为了给美国自身的数字产业营造更完善的法制环境，相信“美式模板”会不断地对外输出这些未实现的理念，以壮大“美式模板”的规则体系及影响范围。

本书认为“美式模板”的演进升级和扩展适用会包含以下内容。一方面是在区域层面，美国致力于对协定文本中的数字贸易规则进行内容升级和扩充。本书认为“美式模板”演进升级的聚焦点会在数据流动、知识产权问题和市场准入的水平上，如推进知识产权的“正当使用”，通过开放金融部门、政府数据和扩大“模式 1”出口来提高跨境数据的可获得性。此外，“美式模板”未来还可能会重视规范缔约方对数字产品所采取的边境后措施，包括对其他经济体的数字服务国内税进行限制，以及要求其他经济体在特定数字服务部门中承诺更高水平的市场准入和国民待遇。另一方面，是“美式模板”的扩展适用。在区域层面，不少美国未直接参与的 RTAs 都就美式数字贸易规则进行了承诺，但就不同雄心水平的具体规则所做承诺存在明显差异。而在多边层面，美国于 WTO 框架下的电子商务谈判中致力于扩展适用“美式模板”，让更多的经济体最大限度上接受“美式模板”的诉求。本书结合多方的最新提案，认为就美国的核心议题“跨境数据自由流动”“数据存储非强制本地化”“技术非强制转移”“源代码保护”“数字产品非歧视性待遇”达成共识的前提条件是，美国能在多大程度上照顾其他经济体的利益，并就相应的例外条款作出让步。

第 8 章 美式数字贸易规则对数字贸易影响的经验研究

美国在区域层面构建的数字贸易规则“美式模板”不断拓展深化，彰显了美国在数字贸易上的立场和雄心。今后美国政府将继续致力于在区域层面完善“美式模板”并将其推向多边谈判。值得注意的是，美式数字贸易规则并没有局限在美国主导的 RTAs 中，还渗透到了一些美国未参与的协定里，表明数字贸易规则“美式模板”在全球数字贸易治理中具有一定的影响力。中国和美国同为数字贸易大国，但拥有不同的利益诉求，因此在构建全球数字贸易规则的过程中不可避免地会与美式数字贸易规则对接甚至产生碰撞。本章从全球角度，对 7 个具有代表性的美式数字贸易规则的数字贸易效应展开经验研究，该研究结果有助于对美式数字贸易规则的贸易影响力乃至“美式模板”在全球数字贸易治理中的领导力做出更精准判断，继而为中国因应“美式模板”的挑战提供决策参考。

8.1 模型、变量与数据

本书基于引力模型对两经济体间双边数字贸易的决定因素进行回归分析，其关键是刻画两经济体缔结的 RTAs 中所涵盖的美式数字贸易规则对双边数字贸易流量的影响。本书以 15 个出口经济体（国家或地区，A 组）对 100 个进口经济体（国家或地区，B 组，包含 15 个 A 组经济体）的双边数字贸易出口作为研究对象（见表 8－1）。

表 8－1　　样本经济体（国家或地区）

进出口	经济体（国家或地区）
出口经济体（A 组，15 个）	美国、澳大利亚、比利时、加拿大、中国、丹麦、德国、匈牙利、意大利、日本、荷兰、俄罗斯、韩国、瑞典、英国
进口经济体（B 组，100 个）	澳大利亚、奥地利、巴林、比利时、巴西、文莱、加拿大、智利、中国、哥伦比亚、捷克、丹麦、多米尼加共和国、埃及、爱沙尼亚、芬兰、法国、德国、希腊、中国香港、匈牙利、冰岛、印度、印度尼西亚、爱尔兰、以色列、意大利、日本、约旦、卢森堡、马来西亚、墨西哥、摩洛哥、荷兰、新西兰、尼日利亚、挪威、阿曼、巴拿马、秘鲁、菲律宾、波兰、葡萄牙、俄罗斯、新加坡、韩国、西班牙、瑞典、瑞士、中国台湾、泰国、土耳其、英国、美国、越南、尤宁群岛、土库曼斯坦、汤加王国、特立尼达和多巴哥、突尼斯、图瓦卢、坦桑尼亚、乌干达、乌克兰、乌拉圭、乌兹别克斯坦、梵蒂冈、圣文森特和格林纳丁斯、委内瑞拉、维尔京群岛、瓦努阿图、瓦利斯和富图纳群岛、萨摩亚、也门、南非、赞比亚、赤道几内亚、格林纳达、格陵兰岛、危地马拉、关岛、圭亚那、洪都拉斯、克罗地亚、海地、马恩岛、英属印度洋领地、伊朗、伊拉克、保加利亚、拉脱维亚、立陶宛、马耳他、罗马尼亚、斯洛伐克、斯洛文尼亚、巴基斯坦、塔吉克斯坦、哈萨克斯坦、肯尼亚

本书之所以选取这些经济体作为观测对象，主要是基于如下考虑：一是 A 组均为全球排名前列的服务贸易大国。由于数字贸易被界定为可数字化的服务贸易，在全球层面服务贸易体量排名靠前意味着这些经济体在全球数字贸易中体量较大且具有代表性。二是 B 组经济体涵盖了 A 组的主要贸易伙伴。三是为客观评价美式数字贸易规则的贸易效应，B 组同时涵盖了与 A 组签订和未签订涵盖美式数字贸易规则 RTAs 的经济体，且考虑到地理上的全面和均衡性，本书在七大洲中均选取了代表性经济体纳入 B 组。

8.1.1　模型构建—静态面板引力模型

根据研究目的，本书构建刻画双边数字贸易出口流量的静态扩展面板引力模型的对数线性表达式（8－1）和（8－2），来据此进行基准回归一和二。

$$\ln Y_{ijt} = \beta_0 + \beta_1 RTA_{ijt}^{Dummy} + \beta_2 \ln Dist_{ij} + \beta_3 Comcolony_{ij} + \beta_4 Comlang_{ij} + \gamma_{it} + \gamma_{jt} + \varepsilon_{ijt} \quad (8-1)$$

$$\ln Y_{ijt} = \beta_0 + \beta_1 RTA_{ijt}^{Depth} + \beta_2 \ln Dist_{ij} + \beta_3 Comcolony_{ij} + \beta_4 Comlang_{ij} + \gamma_{it} + \gamma_{jt} + \varepsilon_{ijt} \quad (8-2)$$

基准回归模型（8-1）和（8-2）中i和j分别代表出口和进口经济体，t代表年份。Y_{ijt}是被解释变量，代表在年份t经济体i出口到j的数字贸易额。核心解释变量RTA_{ijt}^{Dummy}和RTA_{ijt}^{Depth}用于刻画贸易双方缔结RTAs中对7项代表性美式数字贸易规则（包括“电子传输免关税”“跨境数据自由流动”“数据存储非强制本地化”“源代码保护”“网络中介责任豁免”“技术非强制转移”“数字产品非歧视性待遇”）的接纳情况（具体赋值标准及测算方式详见后文）。控制变量为双边贸易成本$Tradecost_{ij}$，包括进出口经济体间的加权距离的对数（$\ln Dist_{ij}$）、是否存在殖民地关系（$Comcolony_{ij}$）、是否采用共同官方语言（$Comlang_{ij}$）、是否接壤（$Comcontig_{ij}$）。与此同时，本书还在模型中引入进出口经济体随年份变化的固定效应γ_{it}和γ_{jt}。这样不仅可以控制随年份变动的因素，还可以有效控制多边贸易阻力因子（Baldwin等，2006）、影响数字贸易的各种变量如各自的数字经济发展水平、人口规模等。

8.1.2　变量界定及数据来源

1. 被解释变量

基准回归模型的被解释变量Y_{ijt}代表年份t经济体i对经济体j的数字贸易出口额。本书借鉴USBEA（2016，2018）将数字贸易界定为“可潜在地被信息通信技术化的服务贸易”（Potentially ICT-enabled Service Trade，PICTE）。通过对USBEA界定的PICTE的统计口径与OECD双边服务贸易数据库中的服务部门进行比照①，本书选择将“保险和退休金服务”“金融服务”“知识产权费用”“电信、计算机和信息服务”“其他商业服务”“个人、文化和娱乐服务”六大部分纳入数字贸易出口流量的统计范畴②（下文分别简称为“保险”“金融”“知识产权”“电信”“个人娱乐服务”“其他商业

① 数据来源：https://stats.oecd.org/Index.aspx?DatasetCode=TISP。

② OECD数据库的“个人、文化和娱乐服务”涵盖的视听相关产品被划分在了USBEA数字贸易统计口径中的“知识产权使用费”中，因此本书把OECD的“个人、文化和娱乐服务”也纳入数字贸易的统计范畴。

服务”)。在稳健性检验中所使用的部门 s 层面数字贸易量Y_{ijst}也源自 OECD 服务贸易数据库。

2. 核心解释变量

(1) 基准回归一中的RTA_{ijt}^{Dummy}为虚拟变量，判断贸易双方“是否签署涵盖代表性美式数字贸易规则的 RTAs”。若涵盖 7 项代表性美式数字贸易规则中的任何一项取值为 1，未能涵盖其中任何一项取值为 0。

(2) 基准回归二中的RTA_{ijt}^{Depth}为赋值变量，衡量贸易双方“签署的 RTAs 中涵盖的代表性美式数字贸易规则的深度水平”。具体而言，考虑到经济体立场诉求的差异、协定签署时代背景变迁等因素，特定数字贸易规则在 RTAs 中的相关表述会出现差异，因此对成员方的约束力也会出现差异。本书借鉴 Holfman C et. al (2017) 利用“频注法”对 WTO 规则的深度进行评价的基本思路，针对每项代表性美式数字贸易规则，根据其在促进数字贸易自由化的雄心水平、推进数字贸易规制环境的稳定性和可预见性等方面的表现，将其在协定文本中的不同表述，依据其对成员方的约束力度由高到低分别赋值为 3 到 1 分（赋值标准详见表 8 - 2）①。某特定区域贸易协定文本在 7 项代表性美式数字贸易规则上的分值进行加总可计算得到RTA_{ijt}^{Depth}。

表 8 - 2　针对每项 RTA 所涵盖代表性美式数字贸易规则的打分标准

规则 \ 分值	3 分	2 分	1 分
电子传输免关税	承诺对电子传输免收关税	承诺对电子传输免收关税，设置例外条款	倡导对电子传输免收关税
跨境数据自由流动	承诺不限制跨境数据自由流动	努力避免对跨境数据流动进行限制	倡导就跨境数据流动进行合作
数据存储非强制本地化	不得强制要求将计算设施设置在领土内	在考虑监管要求和合理公共政策目标的前提下，不得强制要求将计算设施设置在领土内	提倡数据存储非强制本地化

① 若该协定文本中未涵盖该代表性数字贸易规则，取值为 0。RTAs 的源文本来自 WTO 的 RTAs 数据库 http://rtais.wto.org/UI/PublicMaintainRTAHome.aspx.

续表

规则＼分值	3 分	2 分	1 分
源代码保护	不得强制转移源代码或算法	在商业软件中，不得强制转移源代码或算法	不得强制转移加密等保护源代码的技术
网络中介责任豁免	豁免网络中介的第三方侵权责任	豁免网络中介的第三方知识产权侵权责任，附详细执行规定	豁免网络中介的第三方知识产权侵权责任
技术非强制转移	不得强制转移技术	不得以强制转移技术作为投资的前提条件	提倡不得转移技术
数字产品非歧视性待遇	给予数字产品非歧视性遇	给予数字产品非歧视性待遇，不适用于特定部门	提倡给予数字产品非歧视性待遇

（3）扩展性分析中，本书构建解释变量“代表性美式数字贸易规则（RTA_{ijt}^{rule}）”以刻画年份 t 贸易双方已签署的 RTAs 中所涵盖的某项美式数字贸易规则的深度水平，具体可区分为“电子传输免关税（$RTA_{ijt}^{dutyfree}$）”“跨境数据自由流动（$RTA_{ijt}^{freeflow}$）”“数据存储非强制本地化（RTA_{ijt}^{local}）”“源代码保护（RTA_{ijt}^{source}）”“网络中介责任豁免（RTA_{ijt}^{inter}）”“技术非强制转移（RTA_{ijt}^{tech}）”“数字产品非歧视性待遇（$RTA_{ijt}^{ndiscrim}$）”。针对每项代表性规则的具体打分标准详见表 8－2。

3. 控制变量

（1）两个经济体（包含国家或地区，下同）间的可观测贸易成本 $Tradecost_{ij}$。包括“贸易双方的加权距离（公里，采用对数形式 $\ln Dist_{ij}$）”“是否采用共同官方语言（$Comlang_{ij}$）”，1945 年后“是否存在殖民地关系（$Comlang_{ij}$）”和“是否接壤（$Comcontig_{ij}$）”，4 项指标数据均来自 CEPII①。

（2）进出口经济体人均国内生产总值差额（简称“人均 GDP 差额”，$PGDPgap_{ijt}$）。该指标由进出口经济体人均 GDP 对数之差的绝对值构成

① 数据来源：http：//www. cepii. fr/CEPII/en/bdd_modele/presentation. asp？ id＝6。

（$PGDPgap_{ijt} = |\ln PGDP_{it} - \ln PGDP_{jt}|$），以衡量贸易双方的发展水平差距。$\ln PGDP_{it}$、$\ln PGDP_{jt}$分别是贸易双方各自的人均国内生产总值的对数。数据来自世界银行数据库①，均以 2010 年不变美元为计算依据。

（3）“互联网普及水平（ICT_{ijt}）”，该指标用以衡量贸易双方整体的互联网普及水平。由进、出口经济体的互联网普及率相加构成（$ICT_{ijt} = ICT_{it} + ICT_{jt}$）。贸易双方各自的互联网普及率$ICT_{it}$和$ICT_{jt}$分别由该经济体每百人中网络用户的数量来衡量，数据来自世界银行数据库②。

8.1.3 变量的统计性描述及 spearman 相关性分析

本书所选择的变量数据描述性统计以及各重要解释变量的相关性分析见表 8-3 和表 8-4。如表 8-4 所示，本书的控制变量与核心解释变量不存在显著的多重共线性③。

表 8-3　　描述性统计

变量名称	样本量	平均值	标准差	最小值	最大值
被解释变量					
两经济体间出口额（百万美元）对数（经济体对层面）	3363	5.437431	2.303722	-2.302585	10.86556
两经济体间出口额（百万美元）对数（部门层面）	16548	3.198291	2.509439	-2.302585	10.49013
核心解释变量					
是否签署涵盖代表性美式数字贸易规则的 RTAs	13365	0.3552469	0.4786619	0	1
签署的 RTAs 中涵盖的代表性美式数字贸易规则的深度水平	13365	1.812795	3.39233	0	20
跨境传输免关税	13365	0.7084923	1.239632	0	3

① 数据来源：https：//data. worldbank. org. cn/indicator/NY. GDP. PCAP. KD。

② 数据来源：https：//data. worldbank. org. cn/indicator/IT. NET. USER. ZS。

③ “进出口经济体人均国内生产总值差额（$PGDPgap_{ijt}$）”和“互联网普及水平（ICT_{ijt}）”不会同时出现在模型中。

续表

变量名称	样本量	平均值	标准差	最小值	最大值
跨境数据自由流动	13365	0.1742611	0.4111534	0	3
数据存储非强制本地化	13365	0.0242424	0.2209042	0	3
源代码保护	13365	0.2314254	0.4892745	0	3
网络中介责任豁免	13365	0.4469136	0.803203	0	3
技术非强制转移	13365	0.1471006	0.5220949	0	2
数字产品非歧视性待遇	13365	0.0803591	0.3939165	0	3
主要控制变量					
出口经济体人均 GDP（美元）对数	13365	10.42187	0.666435	8.422982	11.06466
进口经济体人均 GDP（美元）对数	12450	9.322429	1.300248	6.433742	11.61496
贸易双方的加权距离（公里）对数	12420	8.596163	0.9473783	4.95192	9.881396
是否采用共同官方语言	12555	0.0989247	0.2985728	0	1
是否存在殖民地关系	12555	0.0430108	0.2028894	0	1
是否接壤	12555	0.0344086	0.1822836	0	1
出口经济体的互联网普及率	12969	80.33649	14.1734	34.3	97.3192
进口经济体的互联网普及率	11959	56.66727	26.47346	2.5	99.01095

表 8-4　　解释变量间的 pearson 相关系数

变量名称	贸易双方的加权距离	是否采用共同官方语言	是否接壤	是否存在殖民地关系	是否签署涵盖代表性美式数字贸易规则的 RTAs	人均 GDP 差额	互联网普及水平
贸易双方的加权距离	1.0000						
是否采用共同官方语言	0.0246	1.0000					
是否接壤	-0.3989	0.1614	1.0000				
是否存在殖民地关系	-0.0648	0.3085	0.1538	1.0000			
是否签署涵盖代表性美式数字贸易规则的 RTAs	-0.4807	-0.0493	0.1255	-0.0355	1.0000		
人均 GDP 差额	0.2611	0.0843	-0.1397	-0.0144	-0.2405	1.0000	
互联网普及水平	-0.3159	-0.0233	0.0584	-0.0291	0.3508	-0.5591	1.0000

8.2 基准回归、稳健性检验及异质性分析

8.2.1 基准回归及稳健性检验

为对美式数字贸易规则是否会对数字贸易流量产生影响进行整体判断，本书基于基准回归模型（8－1）进行回归。与此同时，为了缓解签订协议和数字贸易量所产生的双向因果问题，本书将核心解释变量滞后了一到三期，结果如表8－5中的列（1）至列（4）所示。在1%的水平上，“是否签署涵盖美式数字贸易规则的RTAs”（简称“是否涵盖美式数字贸易规则”）对数字贸易起到显著的促进作用。本书利用公式（$e^{\beta}-1$）×100%将列（1）和列（2）的系数进行换算，发现经济体间若缔结涵盖美式数字贸易规则的RTAs可将双边数字贸易流量提升51.58%～59.76%。

在稳健性检验中，本书将数字贸易量拓展至部门（s）层面，即将基准回归模型（8－1）的被解释变量替换为$\ln Y_{ijst}$，同时在模型中添加部门－年份固定效应，以控制部门层面随时间变化的因素。相比经济体层面的贸易量，采用部门层面的数据有以下两个优点。一是可以考虑到每个特定数字贸易部门的异质性，从而避免加总数字贸易量所带来的统计偏误。二是能够大幅扩大样本量，进而考察规则对数据密集型服务部门的影响（Anderson et al.，2012；李小帆，2018）。其回归结果［见表8－7中的列（5）至列（8）］和基准回归是一致的，证明了RTAs中涵盖美式数字贸易规则可对数字贸易产生显著的促进作用。

基准回归模型（8－2）的回归结果见表8－8列（1）至列（4）。和基准回归模型（8－1）结果相一致的是，RTA_{ijt}^{Depth}对双边数字贸易的作用也是正向显著的。表8－8列（5）至列（8）是以部门层面的“数字贸易出口流量的对数值（$\ln Y_{ijst}$）”作为被解释变量的回归结果。验证了随着贸易双方“签署的RTAs中涵盖的代表性美式数字贸易规则的深度水平”（简称“美式数字贸易规则深度水平”）的提升，其对数字贸易产生的正向影响也会加强。

表 8－5 基准回归一和稳健性检验

变量名称	被解释变量：$\ln Y_{ijt}$				被解释变量：$\ln Y_{ijst}$			
	(1)	(2)	(3)	(4)	(5)	(6)	(7)	(8)
是否涵盖美式数字贸易规则	0.4685*** (3.2039)				0.4660*** (3.8842)			
是否涵盖美式数字贸易规则（滞后一期）		0.4560*** (3.0427)				0.4519*** (3.6721)		
是否涵盖美式数字贸易规则（滞后两期）			0.4160*** (2.8300)				0.4367*** (3.6048)	
是否涵盖美式数字贸易规则（滞后三期）				0.4250*** (2.8073)				0.4514*** (3.5846)
出口经济体－年份固定效应	Yes	Yes	Yes	Yes	Yes	Yes	Yes	Yes
进口经济体－年份固定效应	Yes	Yes	Yes	Yes	Yes	Yes	Yes	Yes
部门－年份固定效应	No	No	No	No	Yes	Yes	Yes	Yes
观测值	3363	3314	3325	3033	16548	16282	16349	14941
R^2	0.8746	0.8748	0.8751	0.8746	0.7717	0.7732	0.7732	0.7737

注：*** 表示在 1% 的显著性水平。回归标准误在进出口经济体对间聚类调整，括号中为 t 统计值。全部回归都控制了两经济体加权距离，1945 年后是否为殖民地，是否接壤，是否有共同语言。

表 8-6　基准回归二和稳健性检验

变量名称	被解释变量：$\ln Y_{ijt}$				被解释变量：$\ln Y_{ijst}$			
	(1)	(2)	(3)	(4)	(5)	(6)	(7)	(8)
美式数字贸易规则深度水平	0.0449*** (3.4350)				0.0465*** (4.2389)			
美式数字贸易规则深度水平（滞后一期）		0.0448*** (3.1921)				0.0470*** (3.9709)		
美式数字贸易规则深度水平（滞后两期）			0.0425*** (2.7816)				0.0482*** (3.7753)	
美式数字贸易规则深度水平（滞后三期）				0.0410** (2.4079)				0.0499*** (3.4605)
出口经济体－年份固定效应	Yes	Yes	Yes	Yes	Yes	Yes	Yes	Yes
进口经济体－年份固定效应	Yes	Yes	Yes	Yes	Yes	Yes	Yes	Yes
部门－年份固定效应	No	No	No	No	Yes	Yes	Yes	Yes
观测值	3363	3314	3325	3033	16548	16282	16349	14941
R^2	0.8743	0.8743	0.8747	0.8738	0.7716	0.7731	0.7730	0.7733

注：**、*** 分别表示在 5%、1% 的显著性水平。回归标准误在进出口经济体对间聚类调整，括号中为 t 统计值。全部回归都控制了两经济体加权距离，1945 年后是否为殖民地，是否接壤，是否有共同语言。

此外，为检验核心解释变量“是否签署涵盖代表性美式数字贸易规则的 RTAs（RTA_{ijt}^{Dummy}）”的外生性，本书尝试识别“在双方缔结涵盖美式数字贸易规则 RTAs 但该协定尚未实施的情形下双方数字贸易增速”和“双方一直未缔结 RTAs 情形下的数字贸易增速”是否存在显著差异。如果存在明显差异，则数字贸易的增速本身会影响规则的签订，导致基准回归模型（8－1）中的RTA_{ijt}^{Dummy}与扰动项相关，出现内生性问题。本书将基准回归模型（8－1）中的核心解释变量RTA_{ijt}^{Dummy}替换为虚拟变量“2018 年前是否缔结美式数字贸易规则（RTA_{ij}^{Dummy}）”。这是一个不随时变的变量，刻画两个经济体在 2018 年前（包括 2018 年）是否签署过涵盖代表性美式数字贸易规则的 RTAs。与此同时，本书还在模型中加入了其与年份的交互项（$RTA_{ij}^{Dummy} \times Year_t$）①。被解释变量只保留签订协议前（或没有签订协议时）的数字贸易流量观测值，分别为进出口经济体对层面的$\ln Y_{ijt}^{Past}$和部门层面的$\ln Y_{ijst}^{Past}$。回归结果如表 8－7 所示。交互项的系数是不显著的，这表明在签署协定前，年份给贸易带来的作用（包括数字贸易增速）在“签署涵盖美式数字贸易规则的经济体”以及“没有签署涵盖美式数字贸易规则的经济体”间是一致的，不会因未来双方缔结涵盖美式数字贸易规则 RTAs 的意向发生明显变化。

表 8－7　“是否签署涵盖代表性美式数字贸易规则的 RTAs（RTA_{ijt}^{Dummy}）”的外生性检验

变量名称	被解释变量：$\ln Y_{ijt}^{Past}$ (1)	被解释变量：$\ln Y_{ijst}^{Past}$ (2)
2018 年前是否缔结美式数字贸易规则	41.3480 (0.9535)	17.6835 (0.5182)
2018 年前是否缔结美式数字贸易规则×年份	－0.0203 (－0.9432)	－0.0086 (－0.5062)
出口经济体－年份固定效应	Yes	Yes
进口经济体－年份固定效应	Yes	Yes

① 年份变量因已被固定效应控制，不再单独加入模型。

续表

变量名称	被解释变量：$\ln Y_{ijt}^{Past}$ (1)	被解释变量：$\ln Y_{ijst}^{Past}$ (2)
部门 - 年份固定效应	No	Yes
观测值	3363	16548
R^2	0.8746	0.5827

注：回归标准误在进出口经济体对层面聚类调整，括号中为 t 统计值。全部回归都控制了两经济体加权距离，1945 年后是否为殖民地，是否接壤，是否有共同语言。

8.2.2 异质性分析

1. 针对特定美式数字贸易规则的异质性

7 项代表性美式数字贸易规则，体现了美国在数字贸易治理上的核心意志。由于代表性规则在文本内容及实施细节上千差万别，各规则在不同 RTAs 中的分布和渗透程度也不尽相同。“代表性美式数字贸易规则（RTA_{ijt}^{rule}）”对数字贸易带来的影响也会存在差异。因此本书基于模型（8－3）分别对 7 项美式数字贸易规则各自的数字贸易效应展开考察分析。结果如表 8－8 所示，7 项代表性美式数字贸易规则均能对数字贸易产生显著的促进作用。为检验其稳健性，本书基于部门层面的数字贸易流量数据，分别考察 7 项代表性美式数字贸易规则的影响，其结果和表 8－8 是一致的（见表 8－9）。以上回归结果均显示了 7 项代表性美式数字贸易规则的正向贸易效应，其中尤以“跨境数据自由流动”“数据存储非强制本地化”“源代码保护”的促进作用最为明显。因为数字贸易是可数字化的服务贸易，数字贸易对象多是知识密集型和数据密集型产品和服务，因此上述 3 个与数据流动和知识产权保护相关的规则所带来的贸易促进效果会相对更为显著。这 3 条规则也被誉为是“美式模板”中最具雄心的规则（周念利等，2019a），但由于其与不少经济体在隐私、国家安全和知识产权保护方面中相对保守的立场存在冲突，目前 3 项规则的接受度并不高（见表 7－1）。

$$\ln Y_{ijt} = \beta_0 + \beta_1 RTA_{ijt}^{rule} + \beta_2 \ln Dist_{ij} + \beta_3 Comcolony_{ij} + \beta_4 Comlang_{ij} + \beta_5 Comcontig_{ij} + \gamma_{it} + \gamma_{jt} + \varepsilon_{ijt} \quad (8-3)$$

表 8－8　特定美式数字贸易规则的数字贸易效应

变量名称	(1)	(2)	(3)	(4)	(5)	(6)	(7)
电子传输免关税	0.1431*** (2.8857)						
跨境数据自由流动		0.2813*** (2.6990)					
数据存储非强制本地化			0.3578*** (3.0139)				
源代码保护				0.3730*** (3.5957)			
技术非强制转移					0.1843*** (2.8135)		
网络中介责任豁免						0.2007*** (2.6902)	
数字产品非歧视性待遇							0.2164*** (2.8131)
出口经济体－年份固定效应	Yes	Yes	Yes	Yes	Yes	Yes	Yes
进口经济体－年份固定效应	Yes	Yes	Yes	Yes	Yes	Yes	Yes
观测值	3363	3363	3363	3363	3363	3363	3363
R^2	0.8741	0.8736	0.8733	0.8748	0.8730	0.8740	0.8732

注：*** 表示在 1% 的显著性水平。回归标准误在进出口经济体对层面聚类调整，括号中为 t 统计值。全部回归都控制了两经济体加权距离，1945 年后是否为殖民地，是否接壤，是否有共同语言。

表 8－9　稳健性检验：特定美式数字贸易规则的数字贸易效应

变量名称	(1)	(2)	(3)	(4)	(5)	(6)	(7)
电子传输免关税	0.1494*** (3.6401)						
跨境数据自由流动		0.2976*** (3.4454)					
数据存储非强制本地化			0.3367*** (3.4764)				

续表

变量名称	(1)	(2)	(3)	(4)	(5)	(6)	(7)
源代码保护				0. 3898 *** (4. 6050)			
技术非强制转移					0. 2071 *** (3. 4564)		
网络中介责任豁免						0. 1992 *** (3. 2664)	
数字产品非歧视性待遇							0. 2452 *** (3. 5982)
出口经济体 - 年份固定效应	Yes	Yes	Yes	Yes	Yes	Yes	Yes
进口经济体 - 年份固定效应	Yes	Yes	Yes	Yes	Yes	Yes	Yes
部门 - 年份固定效应	Yes	Yes	Yes	Yes	Yes	Yes	Yes
观测值	16548	16548	16548	16548	16548	16548	16548
R^2	0. 7715	0. 7711	0. 7707	0. 7721	0. 7707	0. 7713	0. 7710

注：*** 表示在 1% 的显著性水平。回归标准误在进出口经济体对层面聚类调整，括号中为 t 统计值。全部回归都控制了两经济体加权距离，1945 年后是否为殖民地，是否接壤，是否有共同语言。

2. 针对特定部门的异质性

上文的回归结果显示，经济体之间签署涵盖代表性美式数字贸易规则的 RTAs 对双边数字贸易具有显著的促进作用。但具体到特定的数字贸易部门，这些规则的贸易效应是否会产生变化？本书尝试分别考察代表性美式数字贸易规则贸易效应的部门异质性，结果如图 8 - 1 所示。

从总体看，代表性美式数字贸易规则对各数字贸易部门的贸易影响存在差别。这些规则对“金融”“保险”“其他商业服务（涵盖了咨询和调研服务）”贸易的推进作用最为显著，7 项代表性美式数字贸易规则均能对此三部门的数字贸易产生显著的促进作用。“知识产权”和“电信”部门次之，6 项代表性美式数字贸易规则能对其产生显著促进作用。而针对“个人娱乐”部门，代表性美式数字贸易规则的影响并不显著。原因可能包括如下方面：一是“个人娱乐”服务具有较强的政治和文化敏感性，经济体对开放该部门态度审慎。为捍卫意识形态底线，东道国通常会在该部门上设置很多隐

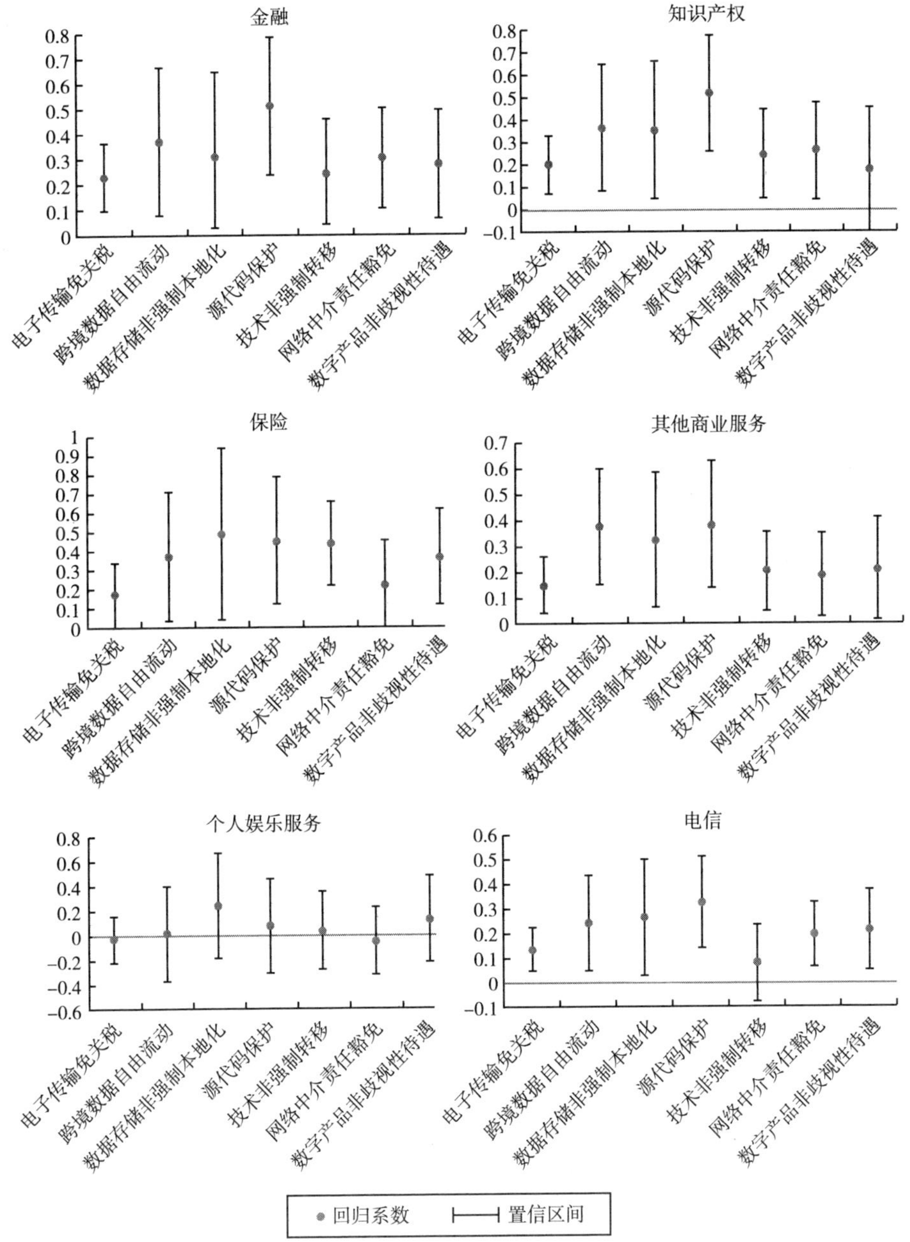

图 8－1　代表性美式数字贸易规则分部门的贸易效应

性壁垒，“大门开但小门不开”的情形会是常态，代表性美式数字贸易规则带来的贸易促进效应自然相对较弱。二是纳入本书研究范畴的 7 项代表性美式数字贸易规则对“个人娱乐”数字贸易的影响存在内在冲突。“跨境数据自由流动”和“数字产品非歧视性待遇”规则有助于线上文娱内容产品的跨境传输，有助于促进该部门数字贸易的发展，但“网络中介责任豁免”规则不利于保护文娱内容产品版权，盗版和恶意下载会随之盛行，因而会阻碍该部门数字贸易的发展。

3. 针对缔约对象的异质性

缔约伙伴间经济发展水平差距若存在差异，是否会导致 RTAs 框架下美式数字贸易规则所带来的数字贸易效应存在差异？本书分别将 7 项“代表性美式数字贸易规则（RTA_{ijt}^{rule}）”与“人均 GDP 差额（$PGDPgap_{ijt}$）”相乘构成交互项，纳入模型（8－3）中。为避免可能存在的多重共线性，本书对交互项中相乘两项都进行去中心化处理，回归结果如表 8－10 所示①。代表性美式数字贸易规则会对双边数字贸易产生显著正向作用，且交互项的系数显示贸易双方经济发展水平差异越大，双方缔结涵盖美式数字贸易规则的 RTAs，对其双边数字贸易的促进作用越大，这和本书的预期相符。

因为当贸易双方经济体发展水平差距越大时，双方在价值链中所处的位置差别可能越大，其产品形成互补的可能性越大，贸易潜力也相对更大。二者缔结涵盖代表性美式数字贸易规则的 RTAs，能为双方数字贸易开展创造了相对更自由稳定的制度环境，会更有助于将二者之间的数字贸易潜力转化为现实。此外，值得一提的是，跟传统贸易比较而言，数字贸易是依托以互联网为代表的信息通信技术来开展的，信息通信技术能帮助克服物理距离，促使双方沟通更便利，这有助于减少信息不对称，降低交易成本（马述忠，2019）。也即在贸易双方开展数字贸易的制度壁垒被削弱之后，技术因素会推波助澜，将双边数字贸易潜力更便捷高效地转化为现实的贸易流量。

---

① 由于构成“人均 GDP 差额”的 $\ln PGDP_{it}$ 和 $\ln PGDP_{jt}$ 分别是进出口经济体随时变的变量，所以在控制了进、出口经济体—年份固定效应后，不再单独放入模型中。

表 8－10　　针对缔约对象经济体发展水平差距的异质性分析

变量名称	(1)	(2)	(3)	(4)	(5)	(6)	(7)
电子传输免关税	0.2940*** (4.3309)						
电子传输免关税×人均 GDP 差额	0.1701*** (3.2121)						
跨境数据自由流动		0.8677*** (4.5120)					
跨境数据自由流动×人均 GDP 差额		0.5793*** (3.9910)					
数据存储非强制本地化			2.9252** (2.0150)				
数据存储非强制本地化×人均 GDP 差额			1.9661* (1.7879)				
源代码保护				0.7893*** (4.6651)			
源代码保护×人均 GDP 差额				0.4163*** (3.2798)			
技术非强制转移					0.3233*** (3.3382)		
技术非强制转移×人均 GDP 差额					0.1394** (1.9805)		
网络中介责任豁免						0.4464*** (4.2623)	
网络中介责任豁免×人均 GDP 差额						0.2725*** (3.3515)	
数字产品非歧视性待遇							0.4604*** (3.2715)

续表

变量名称	(1)	(2)	(3)	(4)	(5)	(6)	(7)
数字产品非歧视性待遇 × 人均 GDP 差额							0.2198** (2.1380)
出口经济体 - 年份固定效应	Yes	Yes	Yes	Yes	Yes	Yes	Yes
进口经济体 - 年份固定效应	Yes	Yes	Yes	Yes	Yes	Yes	Yes
观测值	3363	3363	3363	3363	3363	3363	3363
R^2	0.8766	0.8770	0.8739	0.8771	0.8733	0.8769	0.8734

注：*、**、*** 分别表示在 10%、5%、1% 的显著性水平。回归标准误在进出口经济体对层面聚类调整，括号中为 t 统计值。全部回归都控制了两经济体加权距离，1945 年后是否为殖民地，是否接壤，是否有共同语言。

4. 针对缔约伙伴互联网发展水平的异质性

数字贸易是依托于以互联网为代表的信息通信技术所开展的可数字化的服务贸易。那么代表性美式数字贸易规则所带来的贸易促进作用是否会因缔约双方互联网发展水平的变化而发生变化呢？为此本书分别将 7 项“代表性美式数字贸易规则（RTA_{ijt}^{rule}）”与“互联网普及水平（ICT_{ijt}）”相乘构成交互项，加入模型（8－3）中。交互项系数代表随着互联网普及率的提高，美式数字贸易规则对数字贸易流量的边际效应①。结果如表 8－11 所示，大部分交互项的系数显著为负。这表明，总体来看缔约双方互联网普及率越高，则缔结涵盖代表性美式数字贸易规则的 RTAs，对双边数字贸易流量带来的促进效应越小。这主要是因为，互联网普及率越高，意味着该经济体的网民数量越大，互联网基础设施和相关技术发展越完备。跟互联网普及率低的经济体比较而言，这些经济体的网民更有可能采取各类技术性手段和依托先进设备，来克服阻碍数字贸易开展的制度壁垒。如：为应对数据跨境流动管制措施，网民可借助虚拟专用网络（VPN）或应用各类翻墙软件

① 本书对交互项中相乘两项都进行去中心化处理；由于指标“互联网普及水平（ICT_{ijt}）”由进、出口经济体各自的互联网普及率相加构成，两者都是已被固定效应所控制的经济体个体随时变的变量，因此不再单独加入模型中。

来获取信息。在某些数字贸易制度壁垒已通过技术手段逾越或突破的情形下，贸易双方通过缔结涵盖美式数字贸易规则的 RTAs 来促进贸易的空间就相对有限了。

表 8－11　　经济体互联网普及水平的异质性分析

变量名称	(1)	(2)	(3)	(4)	(5)	(6)	(7)
电子传输免关税	0.2948*** (4.2578)						
电子传输免关税×互联网普及水平	−0.0056*** (−3.2344)						
跨境数据自由流动		0.8261*** (4.1753)					
跨境数据自由流动×互联网普及水平		−0.0170*** (−3.5880)					
数据存储非强制本地化			0.6723 (1.4755)				
数据存储非强制本地化×互联网普及水平			−0.0076 (−0.6302)				
源代码保护				0.9177*** (4.7131)			
源代码保护×互联网普及水平				−0.0158*** (−3.3197)			
技术非强制转移					0.2825** (2.2523)		
技术非强制转移×互联网普及水平					−0.0026 (−0.8543)		
网络中介责任豁免						0.4379*** (4.2074)	

续表

变量名称	(1)	(2)	(3)	(4)	(5)	(6)	(7)
网络中介责任豁免 × 互联网普及水平						-0.0087*** (-3.3555)	
数字产品非歧视性待遇							0.1975 (1.0643)
数字产品非歧视性待遇 × 互联网普及水平							0.0019 (0.3583)
出口经济体 - 年份固定效应	Yes	Yes	Yes	Yes	Yes	Yes	Yes
进口经济体 - 年份固定效应	Yes	Yes	Yes	Yes	Yes	Yes	Yes
观测值	3218	3218	3218	3218	3218	3218	3218
R^2	0.8749	0.8746	0.8720	0.8759	0.8717	0.8710	0.8720

注：**、*** 分别表示在 5%、1% 的显著性水平。回归标准误在进出口经济体对层面聚类调整，括号中为 t 统计值。全部回归都控制了两经济体加权距离，1945 年后是否为殖民地，是否接壤，是否有共同语言。

8.3 本章小结与政策内涵

美国是全球数字贸易治理的引领者。代表性美式数字贸易规则在 KORUS、TPP、USMCA 等美国主导的 RTAs 中不断演进升级，与此同时美国积极努力将美式数字贸易规则进行扩展适用。目前一些美式数字贸易规则已渗透到非美国主导的 RTAs 中，但“跨境数据自由流动”和“数据存储非强制本地化”等美式规则因其雄心水平高，在非美国主导的 RTAs 几乎鲜见踪影。本书基于 2010—2018 年的双边数字贸易面板数据，对代表性美式数字贸易规则的贸易效应展开经验研究。结果显示两经济体之间缔结涵盖美式数字贸易规则的 RTAs 能显著提升双边数字贸易流量。扩展性分析显示美式数字贸易规则的贸易效应会因特定规则、特定部门、贸易主体的经济发展水平差距和互联网普及水平呈一定的异质性。跟其他美式数字贸易规则比较而言，“跨境数据自由流动”“数据存储非强制本地化”“源代码保护”所带来的贸易促进效应最显著。代表性美式数字贸易规则对“金融”“保险”“其他商业服务”的促进作用最为明显，在“知识产权”和“电信”分部门中则相对较弱，对“个人娱乐”的促进作用则非常有限。贸易伙伴经济发展水平差距越大，美式数字贸易规则对双边数字贸易的积极促进作用越明显。随着贸易伙伴互联网普及率的提升，美式数字贸易规则对双边数字贸易的促进作用会出现下降。

中国与美国同为数字贸易大国，但支撑数字贸易发展的产业和技术基础存在差异，因此在参与数字贸易治理时，中美有共同利益也存在分歧矛盾。从本章经验研究结果中，可尝试剥离出如下政策内涵和见解：第一，鉴于美式数字贸易规则已具备一定的国际影响力，中国在参与全球数字贸易治理时，一定要对其充分重视。但针对特定的美式数字贸易规则，尤其是“跨境数据自由流动”和“数据存储非强制本地化”等目前国际接受度相对较低的规则，中国一定要态度审慎，要摸清其动态演进规律，对该规则在不同发展阶段的约束力和对中国的风险点要进行深入具体评估。第二，整体上看，代表性美式数字贸易规则具有较显著的贸易促进效应。中国的服务贸易多年处于逆差状态。既然数字贸易是服务贸易的组成部分，针对移动支付、网络游戏、地理信息服务等中国具有比较优势的数字服务产业，中国可积极谋求与主要的贸易伙伴缔结 RTAs 并融入代表性的美式数字贸易规则，以期能实现数字服务出口促进效果。第三，美式数字贸易规则的贸易效应会因特定规则、特定部门、缔约对象经济发展水平及互联网普及率的差异而呈现出明显的异质性。继货物贸易之后，服务贸易尤其是其中的数字贸易，会成为未来中国与其他经济体在国际经贸治理领域的重要角力点。结合中国的改革开放及数字服务产业发展所需，中国在参与缔结的 RTAs 中应优先涵盖哪些特定的数字贸易规则，应针对哪些部门做出数字贸易相关承诺，可与哪些经济体优先缔结涵盖特定数字贸易规则的 RTAs 都有必要统筹谋划和深入思考。

第9章

中国应对数字贸易规则“美式模板”的政策建议

中国近年来也积极在国际上提出数字贸易治理的相关主张。中美同为数字贸易大国，但在数字贸易上两国的比较优势、立场和诉求并不一致。因此中国参与全球数字贸易规则构造的过程中必然会面临“美式模板”带来的挑战。本书认为中国今后构造数字贸易规则可从以下两方面进行考虑。一方面，由于前文经验研究结果显示，“美式模板”对数字贸易存在显著影响。因此，中国在全球数字贸易规则构建中应重视美式数字贸易规则。在战术上，中国应基于改革开放发展方向、有助于产业升级和创造更好营商环境等自身情况，尝试对接美式模板中的合理要价。另一方面，相比成熟完善的“美式模板”，符合中国利益诉求的中式数字贸易规则尚处在初步构造阶段。作为数字贸易大国，中国应在合理对接“美式模板”的同时，在战略上基于自身立场诉求构建中式数字贸易规则。

9.1 中美数字贸易诉求差异

中美虽然同为数字贸易大国，但两者在数字贸易中的比较优势是不同的。美国的比较优势在可数字化的服务（产业数据见4.2.1）。与此相对，中国的跨境电子商务依托于互联网提供的零售服务，取得了迅猛增长（产业数据见1.1）。因此中国的比较优势是为跨境货物贸易提供大型平台的数字服务（周念利等，2017）。

由于比较优势不同，中美在数字贸易规则构建中所关注的内容是不一样的。美国主要通过推动跨境数据自由流动合作、加强数字贸易知识产权保护以及限制数字服务贸易市场准入壁垒来推动自身优势数字产业进入国外市场。与此相对，中国希望实现基于互联网平台的货物贸易便利化的同时发展自身的其他可数字化服务水平。如何推动海关便利化、提高消费者对跨境购物的信心是中国首要关切（见表9－1）。这也意味着，“美式模板”的核心条款可能会与中国的利益产生冲突。

表9－1　　　　中美具有不同的数字贸易规则诉求

国别与诉求	数字贸易谈判焦点
中国：树立数字货物贸易中企业和消费者的信心	争端解决机制
	消费者保护法律
	完善金融支付机制
	个人信息和隐私保护
	数字贸易中的关税及其他税（如电子传输和低价值货物免关税）安排
美国：数据跨境流动合作	追求跨境数据自由流动
	数据存储设备及存储技术非强制本地化
	限制出于保护本国企业目的的网络准入约束
	国民经济安全和公共利益例外
	推动ICT合作

9.2　战术层面：理性对接“美式模板”中的合理要求

虽然中美在数字贸易中的比较优势不一，但双方都是数字贸易大国，享有推进数字贸易发展的共同目标。这是中美在数字贸易中进行合作的基础。对于“美式模板”第一阶段的议题如“电子传输免关税”“透明度”“电子认证及电子签名”“贸易无纸化”“消费者保护”，尽管中国所签订的协议（如中国—韩国FTA和中国—澳大利亚FTA）中涵盖的数字贸易内容不多，但也对这些内容进行了承诺。因此，中国可在这些议题上实现与“美式模板”对接。

对于中国而言，对接“美式模板”所面临的挑战主要是在前述“美式模板”第二阶段和第三阶段的部分议题上，包括“数字产品的非歧视性待遇”“跨境数据自由流动”“数据存储非强制本地化”“源代码保护”“保护加密的完整性”等。由于这些规则要求的开放水平太高，或者未能保障特定部门的公共安全而与中国的国内法产生分歧，需要中美通过磋商协调来寻找平衡点。本书结合中国国内法，认为中国可在施行以下四方面基于自身法律法规，通过合理解读“美式模板”的例外条款，与“美式模板”的核心条款实现部分对接。

1. 提升数字知识产权保护水平

一是在执法上提高效率，打击数字侵权行为。数字侵权是中美贸易摩擦的焦点所在。中国是美国重要的线上内容市场（数字电影、音乐和视频等），多次被美国 301 调查指责知识产产权侵权。事实上，数字侵权行为不仅损害美国线上内容相关的经济利益，还不利于中国自身数字知识创新的发展。中国可在执法上加强打击数字侵权的力度和效率，保护线上知识产权。

二是在法制上不要求公开商业软件的源代码。对于数字贸易规则“美式模板”所要求的“源代码保护”和“保护加密的完整性”，中国在《网络安全法》第二十三条和《信息安全技术移动应用网络安全评价规范》第七条中要求对网络关键设备和网络安全专用产品需要在国家具备资格的机构接受安全审查；《密码法（征求意见稿）》第十八条也提出需对关键信息基础设施的密码应用安全性分级评估，按照国家安全审查的要求对影响或者可能影响国家安全的密码产品、密码相关服务和密码保障系统进行安全审查。在这些条款的实施过程中，监管方难免会产生获取软件的源代码和算法的需要。值得注意的是，这些法律要求公开源代码的软件并未包括商业软件。与此同时，TPP 在第 14.17 条“源代码”第 2 款也要求不得强制转移和公开大众市场软件的源代码，重大基础设施例外。因此，不要求对商业软件公开源代码可算作中美就这些议题协调的平衡点。中国可基于 TPP 中的“一般例外”或“安全例外”条款，寻求中国现行数字贸易法律法规与美式数字贸易规则求同存异的可能性。

2. 数据分类分级分层基础上的跨境自由流动

对于跨境流动的数据，《中华人民共和国网络安全法》（以下简称《网络安全法》）第四十八条明确要求需要进行监督管理，在发现与法律和行政法规相冲突的情况下，需要限制甚至停止传输。《个人信息和重要数据出境安全评估办法（征求意见稿）》第四条更是要求需要个人信息的处境需要获得个人信息主体的同意，这无疑提高了网络运营者的成本。这些法令限制了美国所期许的“缔约方应允许包括个人信息的跨境传输”。本书认为，实现数据跨境完全自由流动会对国家安全带来巨大威胁。中国可在数据分类分级分层基础上实现跨境数据自由流动。对于不涉及国家安全的数据，允许其跨境自由流动；对于一些重要数据则加以限制。中美就这一问题进行磋商时可通过解读美国 TPP 第 14. 11 条“通过电子方式跨境转移数据”第 3 款“维护合理公共政策目的”的例外条款，以商榷中国在此领域的现行政策能否符合该例外要求。

3. 不实施“一刀切”的本地化要求

对于数据存储地，中国《网络安全法》第三十七条要求在一定范围内实施“数据存储本地化”，提出关键信息基础设施的运营者在中国运营过程所获得的个人信息和重要数据应当在境内存储。实在需要提供往境外的，需要进行“安全评估”。更进一步，2017 年《个人信息和重要数据出境安全评估办法（征求意见稿）》第二条把安全评估对象从“关键基础设施运营者”更改为“网络运营者”，即把审查对象扩展至所有主体（万方等，2018）。这其实间接规定了如果企业的经营范围涉及个人信息数据业务，则必须将数据存储中心设置在中国境内。如果全部数据存储在境内，可能不利于企业运用他国设备和招商引资。中国可在关键领域实施本地化要求，但可不实施“一刀切”的本地化要求，即不硬性要求非关键设施存储在本地。鉴于 TPP14. 13 条“计算设备的位置”第 3 款的例外条款“允许缔约方在出于‘维护合理公共政策目的’的情况下要求数据存储本地化”，中国可以有弹性的本地化要求与“美式模板”实现部分对接。

4. 适当放松网络内容审查和安全过滤

中国对网络内容实施安全审查。如 6. 3. 2 所述，USITC（2017）指责中国的过滤关键词高达 14000 多条。数据是新时代的重要矿产资源，过多地过滤数据虽可保护国民免受不良信息的侵扰，但同时也有可能会阻隔掉一些有价值、能创造经济效益的信息。为保证中国公民对有价值数据的获取，中国可适当放松网络内容审查和安全过滤，减少过滤词。这可在满足国民对数据的需求的同时，部分对接“美式模板”对“跨境数据自由流动”的要求。

9.3 战略层面：提出中式数字贸易规则

如表 9 - 1 所示，中国与美国在数字贸易上的主要诉求是截然不同的。因此除了合理对接“美式模板”，中国还应积极构建符合自身利益的中式数字贸易规则。但与中国的数字贸易体量在世界上处于领先地位形成鲜明反差的是，中国在国际数字贸易规则构造上还处在初级阶段。尽管目前中国已对外缔结了一系列区域贸易协定，但直至 2015 年签署的《中国 - 韩国 FTA》及《中国 - 澳达利亚 FTA》才开始涵盖独立的“电子商务章”，其中只涉及一些简单的，分歧较少的第一代数字贸易规则。中国曾试图加入 TISA 谈判，以更好地参与到国际服务贸易规则尤其是国际数字贸易规则的制定之中，但该申请遭到美国的强烈反对。在此情形下，中国只能另辟蹊径。目前中国主要通过两条途径构建中式数字贸易规则。一是遵循非官方的、自下而上的路径来提出符合自身需求的政策主张。如：影响最大的是“电子世界贸易平台规则（eWTP）”的倡议。该倡议是以阿里作为代表的私营部门引领的、市场驱动的、多利益攸关方共同参与的国际贸易规则合作平台。二是近期在多边框架下包括中国在内的 76 个世贸组织成员发起了“电子商务谈判”声明，这给中国在全球平台中提出自己的诉求提供了一个新的窗口。多边框架下的 WTO 协定在争端解决机制的作用下，所涵盖的规则具有了相对完善的法律约束力。因此，相比在区域层面上努力，在多边机制中推广符合自身诉求的数字贸易规则，会更有影响力。

无论采用何种路径，中国都需要发展符合自身诉求的中式数字贸易规则雏形，重点需放在自身比较优势所在的“基于互联网的零售服务”的规则体系。旨在推动占全球市场份额 80% 的中小企业参与进国际贸易，2016 年电商巨头阿里巴巴发起了建立“世界电子贸易平台（eWTP）”倡议。该平台致力于促进政府和企业间的合作，力图把复杂的规则简单化以适应数字贸易的发展。尽管现在 eWTP 只是一个提案，没有清晰的框架，但分析阿里巴巴公布的文件以及中国 WTO 多边谈判中就电子商务工作计划中上交的提案（JOB/GC/110/Rev. 1，2016；INF/ECOM/19，2018），本书梳理出中式数字贸易规则的基本架构和主要内容如下（见表 9 – 2）。

表 9 – 2　　中式数字贸易规则雏形的基本构成和主要内容

序号	数字贸易政策建议	主要内容
一	基于互联网的零售服务	对数字货物贸易给予税收优惠，如低值货物免关税、给予中小企业进出口税收优惠、出口退税等
		设立“单一窗口”数字口岸，最终建立全球“数字关境”
		构建简便高效的争端解决机制
		针对跨境电商零售商品，简化海关进口税收征管体系和海关程序，如提供更为简化的通关程序和检验检疫程序。允许设立境内关外的海关仓库
二	可数字化服务	进一步推动电子商务相关服务部门的开放与合作，包括但不限于以下领域：电信、计算机相关服务、金融支付、运输和物流、专业服务等。可合并下列三项到此类目）
三	其他领域相关	加强消费者权益保护、个人信息保护
		增强各国电子商务相关政策的透明度
		对比实物贸易和国内产品，实施数字产品贸易非歧视待遇
		在实施公共目标的前提下，推动跨境数据自由流动；降低数字基础设施本地化要求
		加强对全球中小微企业在电子商务领域的指导、支持和能力培训。加强对发展中国家和最不发达国家的电子商务基础设施和能力建设援助

资料来源：根据中国电子商务研究中心资料整理所得.

从表 9 – 2 可看出，中国预想的数字贸易规则框架所覆盖的面是比较广泛的。而围绕以下两个目标展开的内容是最翔实的。一是基于互联网提供的零售服务便利化，构建和完善交易体制。二是强化消费者保护，维护消费者在跨境交易中的权益。这些规则有利于我国发挥比较优势、推动基于互联网平台的零售服务的发展。本书参考阿里巴巴的资料和各方相关做法，整理出具体规则建言如下：

1. 呼吁低货值物品免关税

首先，低值货物免关税。设定低值货物的标准，如对低于 200 美元进出口货物免税。中国国内市场对跨境电商低值进口货物需求的快速上升，然而政府迟迟没有减免该类货物的关税，甚至推出实际上抬高税率的政策，这显然会对跨境电商零售进口造成不利影响。美国对低于 800 美元的小额进口商品是不征税的，中国可效仿欧美的免税规定，设置税收免征门槛。其次，对中小微企业电子商务进出口给予关税优惠。在定义方面，国际贸易中对中小微企业的划分并无统一标准。可参考我国的《中小企业划型标准规定》(2011 年)，把国际贸易中营业收入 10000 万元以下的或从业人员 300 人以下的定义为中小微型企业。在税收方面，把其中的 B2B（企业对企业）出口货物免征门槛定位在 100 万美元。再次，若货物价值超出税收免征点，按照不同档次的统一税率（含国内税和关税）对超值部分进行征收。可以考虑先由电商平台代征代缴，再转交给进口国海关或财政部门。复次，考虑 B2C（企业对个人）方式下的出口退税政策。

2. 构建简便高效的争端解决机制

中国跨境电商平台巨头在迅猛发展的同时，大量的纠纷伴随而来。应该基于怎样的机制来解决这些纠纷？考虑到物流成本和时间等因素，现居国内电商市场主流的“不签则退”和“七天无理由退货”机制显然不能直接套用。本书认为可参考美国易趣网（eBay）的方法。为了以较小的人力物力来解决跨境纷争，eBay 在 2008 年设立了社区法庭，该机制的运行基础是设立陪审团。即随机选择 21 名符合标准（如对平台有足够高的利用率、正面的反馈评级，以及充足的交易量等）的买家或者卖家当陪审员来审理纠纷。具体流程为：①如纠纷中的买卖一方觉得有不合理的地方，其可在社区法庭上阐述缘由并提交相关材料。②另一方可在浏览这些材料的基础上提交反馈材料来驳斥。③前者可有一次机会以文本形式驳斥后者的观点。④双方完成信息提交后，陪审员在阅读这些材料的基础上进行判定。最终结果采用少数服从多数的原则。

为防止陪审员徇私枉法，社区法庭设立了以下两个制度。一是限制陪审员进入法庭系统的时间和次数，以防止他和买卖双方私下联系达成某种交易。二是单独让陪审员作出裁定，不需要同时凑齐 21 人才宣告开庭。

中国目前的市场是以阿里巴巴和京东等带头运行的低值货物贸易模式为主。eBay 给争端解决提供了一个很好的模式。由于它的商业模式与中国市场的相近，所以这种跨境争端解决模式很符合中国市场的需求。中国可结合自身国情，借鉴一下 eBay 的跨境争端解决机制，充分发挥买家和卖家这两大群体的力量，花费低成本高效地解决纠纷。但由于数字贸易中我国的法律法规并未完善，在借鉴之前必须加强立法，明确规定双方的权利与义务，以保证裁决有法可依而更具说服力。

3. 进一步推动“基于互联网的零售服务”相关部门的开放与合作

加强物流运输、金融支付、电信和专业服务等服务贸易领域的合作，具体在以下三个领域进行操作：

一是在辅助服务领域与贸易伙伴交换服务监管程序信息方面，推动数字贸易谈判。包括电子和网上支付服务，物流和速递服务、在线通关等贸易便利服务。如：加强跨境支付合作，在贸易谈判中就外企第三方支付市场准入问题进行磋商；支持各国物流企业合作，与当地政府合作建设海外仓，打通跨境 B2C 物流公司如菜鸟的通关渠道；加快实施《贸易便利化协定》，以推动“单一窗口”数字口岸的构建，使贸易方能够通过单一接入点向相关机构提交进出口或过境货物的材料或数据要求。

二是在金融领域促进全球跨境互联网金融行业合作。如：政府间交换关于贸易融资创新的监管政策信息，探讨便利贸易融资的可能性；帮助中小微企业解决融资问题，考虑根据平台信用额度进行无抵押贷款等。

三是在新服务领域促进各国在云计算和大数据服务领域的开放和合作。基于电子商务、大数据和云计算，建立全球企业的网络信用体系、认证体系等。

4. 加强消费者权益保护、个人信息保护

现在我国消费者权益保护主要存在以下三个问题：一是针对跨境电商的消费者立法亟待完善。二是针对个人数据保护的立法存在空白。由于服务商在暗自搜集个人数据（中国消费者协会，2015），个人数据被非法获取和利用的现象非常普遍。严重损害了消费者权益。三是我国在数字货物贸易的相关法律运行以及监管方面缺乏跨境合作。有鉴于此，推进我国跨境电商消费者保护可从以下三方面着手：

（1）推进跨境消费者权益立法。参照 OECD（2013）的数字贸易政策建议报告，我国制定跨境贸易中的消费者权益保护政策，可从以下几点出发：一是在消费者权利层面上，明确消费者在跨境电商购物时的权益，如：对应国内的“七天无理由”退货，在国际上应制定相应的退货制度；构建合理的退款机制；保证消费者争端解决途径。二是在企业层面上，对跨境电商义务进行界定，包括但不限于：企业不可歪曲或隐藏可能会影响消费者决策的有关交易条款；企业不得限制消费者作出负面评论、提出争议纠纷、向政府及其他相关机构投诉；企业应该为商品或服务给消费者带来的伤害提供赔偿（包括有缺陷的、损害消费者设备的、质量标准和广告不符以及物流出现问题的货物）。三是在政府和利益相关者层面上，规定政府的执行义务，如：政府对仲裁结果的执行，保证给消费者的补偿能及时到位。

（2）加强个人数据保护。电商平台通过非货币交易等方法，大量获取了消费数据如身份证、银行卡信息等。这些数据万一泄露，将造成不可估量的损失。政府和利益相关者应慎重审视这一问题，考虑补救政策。欧盟在个人数据保护方面素来有着严格规定，中国可参照欧盟在个人数据中的规则，规定企业义务和消费者权益如下：

首先，企业确保对消费者数据的使用和其他行为措施是合法、透明且公平的。企业应保护消费者的隐私，禁止企业未授权获取、使用，甚至盗取消费者个人信息。

其次，企业应防范数字安全风险。企业需实施有力的安全措施，减少或减轻消费者参与电子商务会受到的不良影响。

最后，给消费者提供合理的权利。保证消费者对个人数据的“知情权”和“被遗忘权”，允许其查看储存在电商平台数据库中涉及其个人隐私的数据，并保留删除其数据的权利。

（3）合理发挥政府的力量，推动政府间合作：

一是对内合理发挥政府的力量。首先，加强政府自身的谈判能力，以在跨境电子商务中有力地保护消费者权益、交流信息以及加强合作等。其次，打好政策制定的理论（经验）基础，如加强信息和行为经济学的研究，防止商家做出投机取巧的行为损害消费者的利益。最后，政府和利益相关者应该共同努力通过教育和宣传计划来提高消费者的数字能力，提高消费者对消费者保护框架中网上活动的权利义务之认识。

二是对外加强政府间合作。通过在全球范围内签订协议，争取从核心的消费者保护，到消费者福利的提高以及消费者的信心的建立方面达成共识。首先，在支付领域，政府和利益相关者共同努力，制定最低水平的消费者跨境支付机制保护措施，共同制止欺诈行为和未经授权的行为；其次，在产品安全领域，与有关当局合作，确保不安全或者离线零售市场中禁止出售、被召回的产品不在网上进行销售。最后，执行赔偿判决。政府和利益相关者应该致力于保证消费者保护执法机构和其他相关机构，如处理消费者投诉的消费者组织，有能力采取行动及时实施对消费者的赔偿判决，包括货币上的赔偿。

9.4　本章小结

数字贸易规则“美式模板”日渐成熟且颇具雄心。相比而言，中国在贸易协定中尚未构建出一个符合自身诉求的数字贸易相关的规则体系。中美同为数字贸易强国，如何构建数字贸易规则也是中国对外政策的关切所在。在将来参与全球数字贸易治理的过程中，中国不可避免地会与“美式模板”进行对接。鉴于“美式模板”对数字贸易具有显著的促进作用，本书认为中国应重视“美式模板”，在战术上理性对接其中的合理部分，包括提升数字知识产权保护水平、数据分类分级分层基础上实施跨境自由流动、不实施“一刀切”的本地化要求和适当放松网络内容审查和安全过滤等。与此同时，由于比较优势、立场诉求差异巨大，中美在数字贸易规则构建过程有着不同的关注点。因此中国应在战略上基于自身数字产业优势，在数字贸易治理上提出中式数字贸易规则。

| 第 10 章 |

研究结论、不足之处和未来展望

美国近年来在 RTAs 框架下积极推进“美式模板”的发展演进和扩展适用，标志着全球数字贸易发展的政策环境正在发生变化。本书对“美式模板”进行了多维度的研究分析。首先，本书基于传统国际贸易理论的视角，探讨美国推出“美式模板”背后的经济学逻辑。其次，为把握“美式模板”的起源、现状和发展趋向，本书先分析了“美式模板”形成的时代背景、经济动力以及法制基础，接着在整体上研究了“美式模板”的发展轨迹、典型特征和主要内容，然后聚焦于“美式模板”中的代表性数字贸易规则，全面解读其背后的形成机理；再对“美式模板”在区域谈判以及多边框架下的发展趋向进行前瞻性研究。再次，在充分把握“美式模板”特征性质的基础上，本书考察了 RTAs 框架下美式数字贸易规则的数字贸易促进效应，测度了规则、部门、缔约对象以及互联网普及水平异质性所带来的数字贸易促进效应非均衡性。最后，根据研究结果对中国对接“美式模板”，提出了战略和战术上的政策建言。通过对“美式模板”进行理论研究、定性分析以及实证考察，本书得出了一些结论与观点，但同时也存在一些不足之处，有待进一步深化研究。

10.1 研究结论

1. 理论研究结论

区别于传统的贸易，数字贸易的产生机理、运行过程和发展趋向都具有不少新的特征，但仍可基于传统的国际贸易理论对其进行分析。为给美国推出“美式模板”夯实理论基础，本书采用传统国际贸易理论来解释以下四类问题：一是为什么美国积极在 RTAs 中推出数字贸易规则，进而构建规则网络，最终形成“美式模板”？这是因为美国在数字产业具有“比较优势”，因此积极推动数字贸易的发展，并构建数字贸易规则为数字服务的输出营造良好的法规环境。更进一步，美国通过在多个 RTAs 中植入满足自身诉求的数字贸易规则，可发挥“轮轴—辐条”效应中的“轮轴国”优势，有利于美国拓展海外市场和提高规则影响力。二是“美式模板”何以如此重视数据的流通和获取？这是因为在大数据的支持下，充分实现“产品差异化”和“差别定价”成为可能。“产品差异化”可巩固数字产业市场的强势地位，“差别定价”则扩大了数字产业的利润空间。三是“美式模板”为何积极降低市场准入壁垒？对于美国的数字产业而言，构建数字贸易规则的一个重要激励在于扩大海外市场。基于“规模经济”理论，当数字产品的市场规模超过一定的门槛，边际成本则趋向于 0，也因此获得了显著的竞争优势；从“外部性”视角来看，数字产品将获得显著的正外部性效应，提高了产品的价值和竞争力。四是为什么美国重视知识产权保护？基于“市场垄断”理论，通过保护知识产权可以保障数字产品的竞争力，进而巩固数字市场中的主导权。以上理论研究深度剖析了美国构建“美式模板”背后的经济学逻辑，也佐证了美国在全球范围内提高“美式模板”接受度的必然性。这为今后进一步研究“美式模板”，把握“美式模板”的发展动向夯实了理论基础；同时也为中国未来应对“美式模板”、制定数字贸易治理的决策战略提供更有力的理论依据。

2. 定性研究结论

由于 WTO 成员在数字贸易治理上立场差异巨大，且受制于多边贸易体制的谈判效率，WTO 框架下的数字贸易相关谈判一直难以取得突破性进展。在多边数字贸易规则发展缓慢的背景下，美国“另辟蹊径”，致力于在其主导的 RTAs 中不断输出符合其利益诉求的数字贸易规则，构建出颇具雄心的数字贸易规则“美式模板”。美国是世界领先的数字贸易大国和强国，美国在数字产业中领先的比较优势是其发展“美式模板”的根本动力。美国国内较为完善的数字经济相关国内法体系则为美国构建“美式模板”提供法制基础。

经过近20年的努力，在美国主导的一系列RTAs之中，数字贸易规则“美式模板”已然成型并不断演进升级。基于对国际规则文本的比照和研读，本书根据协定中数字贸易的议题范围和雄心水平，将“美式模板”的发展历程划分为分别以KORUS、TPP和USMCA为代表的三个阶段，捕捉了“美式模板”区别于传统贸易的规则的显著特征，并梳理了三个阶段中“美式模板”的主要内容。

聚焦于“美式模板”中的关键数字贸易规则，本书一方面基于时间维度，对RTAs文本中这些议题进行纵向比照；另一方面，本书横向比对了不同经济体在这些议题上的立场。研究主要解析了“美式模板”中关键规则的演变轨迹、主要内容、形成动因以及在国际上的扩展适用所面临的挑战。分析的核心议题除了数字贸易的基本术语，还涉及“数据流动和获取”“知识产权保护”“市场准入”和“一般义务”四个方面的内容。研究表明，由于各经济体产业利益的、国家和隐私安全理念等方面存在较大差异，因此“美式模板”中关系到数据资源、关键数字知识产权保护以及数字贸易市场准入的议题是最容易在数字贸易谈判的大国博弈中产生分歧的。这些矛盾焦点的议题包括“跨境数据自由流动”“数据存储非强制本地化”“源代码保护”“数字产品的非歧视性待遇”。展望未来，结合美国自身的产业利益进行分析，本书认为在区域层面“美式模板”将聚焦数据的流动、知识产权问题和市场准入继续演进升级，多边层面则致力于让更多经济体提高对“美式模板”的接受程度。

3. 实证研究结论

本书基于OECD服务贸易经验数据，量化了“美式模板”中关键数字贸易规则对数字贸易产生的影响。研究目标锁定在了“美式模板”项的七条关键美式数字贸易规则。本书先选定了具有代表性的134项RTAs，并对典型美式数字贸易规则在RTAs中的影响力进行分析，发现大部分经济体是乐于在RTAs中纳入数字贸易相关内容的。即使是非美国主导的RTAs，也不排斥接受代表性美式数字贸易规则。但与此同时，在美国未参与的RTAs中，代表性美式数字贸易规则的受欢迎程度存在异质性。“跨境数据自由流动”和“数据存储非强制本地化”的受欢迎程度较低，涵盖这些承诺的非美国主导的 RTAs 更是寥寥无几。而“技术非强制转移”“网络中介责任豁免”和“电子传输免关税”的被接受程度则相对较高。

在评价 RTAs 框架下代表性美式数字贸易规则的渗透水平之基础上，本书先对这些规则是否出现在 RTAs 中及其雄心水平进行赋值打分，再基于引力模型考察了“美式数字贸易规则”对数字贸易的促进作用。模型采用了双向固定效应、滞后项来缓解遗漏变量和双向因果所带来的内生性问题。本书还证明了核心解释变量不会因自选择偏误而产生内生性。研究表明，整体来看签订“美式数字贸易规则”具有显著且积极的贸易效应。而且随着承诺水平的提高，其促进作用也不断提高。具体到代表性美式数字贸易规则个体，不同规则的贸易效应具有异质性。在本书选定的代表性规则之中，“跨境数据自由流动”“数据存储非强制本地化”“源代码保护”对数字贸易的促进作用最为显著。数字贸易的部门异质性、缔约方发展水平差异也带来了美式数字贸易规则的贸易促进效应差异。美式数字贸易规则的贸易促进作用在部门“金融”“保险”和“其他商业服务”中最为显著，而在部门“个人娱乐”中则无显著影响。随着贸易双方经济发展水平差距的拉大或双方互联网发展整体水平的降低，美式数字贸易规则对贸易的促进作用则越大。

4. 对策研究结论

中国与美国同为数字贸易大国，但支撑数字贸易发展的产业和技术基础存在差异，因此在参与数字贸易治理时，中美有共同利益也存在分歧矛盾。从本书经验研究结果中，可尝试剥离出如下政策内涵和见解：第一，鉴于美式数字贸易规则已具备一定的国际影响力，中国在参与全球数字贸易治理时，一定要对其充分重视。针对特定的美式数字贸易规则，尤其是“跨境数据自由流动”和“数据存储非强制本地化”等目前国际接受度相对较低的规则，中国一定要态度审慎，摸清其动态演进规律，对该规则在不同发展阶段的约束力和对中国的风险点进行深入具体评估。第二，美式数字贸易规则具有较显著的贸易促进效应。针对地理信息服务、移动支付等中国具有比较优势的数字产业领域，中国可在自己主导的 RTAs 中积极融入部分美式数字贸易规则，以期实现数字贸易出口促进效果。第三，数字贸易规则的贸易效应会因规则、部门以及缔约对象的不同而呈现出明显的异质性。预期数字贸易会成为未来中国与其他经济体在经贸领域角力的重点。结合改革开放所需，中国在参与缔结的 RTAs 中应优先涵盖哪些特定的数字贸易规则，应针对哪些部门做出数字贸易相关承诺，可与哪些经济体优先缔结涵盖特定数字贸易规则的 RTAs 都有必要统筹谋划和深入思考。

此外，在战略层面，中国可基于自身的比较优势，积极通过贸易谈判构建符合自身利益诉求的中式数字贸易规则，即着眼于树立数字货物贸易中企业和消费者的信心，为基于互联网的零售服务的发展构建良好的法规环境。在提出中式数字贸易规则发展框架的基础上，本书建议中国采取以下几项政策：承诺低货值物品免关税、构建简便高效的争端解决机制、推动“基于互联网的零售服务”相关部门的开放与合作、加强个人隐私保护和消费者权益保护。

10.2　不足之处和未来展望

一是在关于数字贸易规则“美式模板”的定性分析方面，本书主要存在以下不足，可在未来进行深化研究。随着时间的推移，RTAs 框架下数字贸易规则内容不断发展演变，越来越多的经济体在新签订的协定中纳入数字贸易相关内容，各大经济体的数字贸易博弈也出现了新的动向。而本书对“美式模板”的研究仅停留在了既有的规则贸易的文本分析，将来有必要对新情况进行密切关注，研读最新签订的美式数字贸易规则相关内容，以在本书的研究基础上，与时俱进地把握“美式模板”的新变化以及新动向，进而加深对全球数字贸易治理的认知，更好地为中国构建中式数字贸易规则提供政策检验。

二是在研究对象方面，有必要进行细化，在数字贸易分部门层面对“美式模板”进行深入分析。本书主要是在经济体间的贸易规则层面对“美式模板”关键议题进行解读和分析。但是，作为服务贸易的重要组成部分，数字贸易的每个分部门个体分化程度较高，这导致“美式模板”在每个分部门中有不同的侧重点和特征，发展现状和趋向也存在差异。因此将来有必要聚焦于分部门个体，对“美式模板”在各部门所具有的规则异质性展开进一步研究。

三是在经验研究方面，未来可朝以下三个方向展开拓展分析。第一，受制于时间维度上数据的可获得性，本书无法考察美式数字贸易规则在一个更长时间内的数字贸易效应。随着时间的推移，规则的贸易促进效用会不断增加，保持不变，抑或是会在上升到一个峰值后出现下降趋势？随着未来数据可获得性的提高，本书可以在既有结论的基础上，考察美式数字贸易规则的长期贸易效应。第二，受限于发展中经济体间服务贸易数据的可获得性，本书主要是针对发达经济体之间，发达经济体和发展中经济体之间的美式数字贸易规则之贸易效应展开研究。随着以后发展中经济体服务贸易数据可获得性的提高，后续研究可进一步扩大样本容量，力求更准确地测度出数字贸易规则的贸易效应。第三，本书采用的数字贸易代理变量是可数字化的服务贸易。但是，不同部门的数据密集程度具有异质性。在未来，可在获取相关数据的基础上，考察美式数字贸易规则随着服务贸易部门数据密集程度的增加，对数字贸易的边际效应会产生一个怎么样的影响。研究结果可以把握数据密集程度的增加与规则促进作用之间的关系，以及加深对数字贸易中获取数据本身所带来的效用之认识。第四，本书的经验研究是基于既有的数据进行回归分析，再在此基础上提出政策建言。区别于对既定事实的经验研究，将来前瞻性研究也有可能是本书的拓展分析方向之一。如通过模拟分析来预判一些突发性事件（如新型冠状病毒疫情暴发，中美贸易摩擦中可能增加的贸易壁垒等）可能会对数字贸易产生的影响；在量化这些可能影响的基础上，中国在数字贸易应治理中应该实施怎么样的应对之策，应该构建什么样的规则措施来促进数字贸易的发展？这些问题都值得进一步深入研究。

附　　录

附录 A

表 A　　JPO 界定的 ICT 分类

技术领域	子领域	用途	包括
1. 高速网络	数字通信技术	通过网络进行高速通信，增强沟通能力	电子传输、网络（协议、架构等）、电话通信、广播和传输、接收、信道；无线网络技术不包括在内
	交流，选择		
	其他		
2. 移动通信		通过移动设备进行无线通信	蜂窝系统、无线局域网（LAN）和个人局域网（PAN）
3. 安全	计算、身份验证	信息处理和通信中的安全性	秘密编码、认证和电子支付
	电子支付		
4. 传感器和设备网络	传感器网络	传感器和设备之间的通信	“泛在传感器网络”，即智能传感器结点组成的网络
	电子标签		
	其他		
5. 高速计算		高速数据处理，提高计算机的数据处理能力	计算机架构、硬件组成（算术、逻辑、控制、输入/输出和存储单元）、计算机程序和操作系统
6. 大容量、高速存储		存储大容量数据和高速存储	各种存储设备相关技术（如半导体存储器、磁存储器、光存储器等）；网络（如网络附加存储、NAS；存储区域网络）；和文件系统
7. 大容量信息分析	数据库	处理大量数据进行分析	数据库与数值分析、计算科学和计算机辅助工程
	数据分析、模拟、管理		
8. 认知与意义理解		高层概念的理解	认知计算

续表

技术领域	子领域	用途	包括
9. 人机交互		人操作时的可操作性	人机交互技术
10. 影像及音响技术	成像技术	图像和声音数据的处理和传输	视频设备、电视、图像处理、声学设备和音频信号处理相关技术
	良好的技术		
11. 信息通信工具	电子电路	电子元器件（包括有源器件和无源器件），实现信息处理或通信功能	电子电路、通信电缆、半导体激光器等
	电缆和导线		
	半导体		
	光学设备		
	其他		
12. 电子测量		利用信息处理和通信的电子测量技术	无线电导航、无线电测向等
13. 其他		剩余的类别，不属于上述类别资讯及通讯科技相关技术	数据输入输出、混合计算机等

资料来源：Inaba，T. and M. Squicciarini（2017），“ICT：A new taxonomybased on the international patent classification”，OECDScience，Technology and Industry Working Papers，2017/01，OECD Publishing，Paris. http：//dx. doi. org/10. 1787/ab16c396 – en.

附录 B

表 B　　美国主导的 RTAs 框架下代表性数字贸易规则的演进升级

规则	KORUS（1.0 版）	TPP（2.0 版）	USMCA（2.5 版）
电子传输免关税	要求电子传输永久免关税	同 KORUS	同 KORUS
跨境数据自由流动	首次提出要推进跨境数据自由流动，但仅为倡议，该规则具有非强制性	对跨境数据自由流动提出了强制性要求。该规则共分三款，第一款要求认识到各缔约方在数据跨境流动问题上具有自己的监管诉求，第二款是“义务款”，要求缔约方允许跨境商业数据自由传输，第三款是“公共政策目标例外”	对跨境数据自由流动提出了强制性要求。在 TPP 该条的基础上剔除了第一款，仅保留第二款“义务款”和第三款“公共政策例外”，使规则更具约束力

续表

规则	KORUS（1.0 版）	TPP（2.0 版）	USMCA（2.5 版）
数据存储非强制本地化	未涵盖此规则	对数据存储非强制本地化提出了强制性要求。该条共分三款，第一款认识到各方在数据存储问题上有自身的监管要求，第二款是“义务款”，要求禁止实施计算机设施的本地化，第三款是“公共政策目标例外”	对数据存储非强制本地化提出了强制性要求。在 TPP 该条的基础上剔除第一款和第三款，仅保留第二款“义务款”，使规则更具有约束力
源代码保护	仅简单提及要保护源代码	明确要求不得以转让源代码作为软件等产品市场准入的前提条件，但此处软件只包括大众市场软件不包括关键基础设施软件	在 TPP 该条的基础上剔除例外，即使针对关键基础设施软件，东道国也不得以要求开放源代码作为市场准入的前提条件。该规则更具约束力
网络中介责任豁免	“避风港”原则，ISPs 在第三方知识产权侵权中能免责	同 KORUS	新增 ISPs 在第三方非知识产权侵权中能免责。加强了在第三方侵权情形下对网络中介的保护力度
技术非强制本地化	不得将转移技术作为投资的前提条件	同 KORUS	同 KORUS
数字产品非歧视性待遇	承诺对数字产品给予非歧视性待遇	同 KORUS，特别注明“广播”例外条款	更具强制性，非歧视性待遇也需适用于“广播”

附录 C

表 C　　本书缩略语一览表

缩写/简称	英文全称	中文名称
ACTA	Anti – Counterfeiting Trade Agreement	《反假冒贸易协议》
AI	Artificial Intelligence	人工智能
APEC	Asia – Pacific Economic Cooperation	亚洲太平洋经济合作组织

续表

缩写/简称	英文全称	中文名称
BIS	Bureau of Industry and Security	美国商务部工业安全署
CDA	Communications Decency Act	通信规范法
CETA	Comprehensive Economic and Trade Agreement	《综合性经济贸易协议》
CPC	UN Provisional Central Product Classification System	联合国临时主要产品分类体系
CPTPP	Comprehensive Progressive Trans – Pacific Partnership	《全面与进步跨太平洋伙伴关系协定》
DFFT	Data Free Flow with Trust	基于信任的数据自由流动机制
DMCA	Digital Millennium Copyright Act	数字千年版权法
EC	European Commission	欧洲联盟
ECJ	European Court of Justice	欧洲法院
ECRA	Export Control Reform Act	《出口管制改革法》
eWTP	Electronic World Trade Platform	电子世界贸易平台
FTA	Free Trade Agreement	自由贸易协定
GATS	General Agreement on Trade in Services	《服务贸易总协定》
GATT	General Agreement on Tariffs	《关税贸易总协定》
GDPR	General Data Protection Regulation	《通用数据保护条例》
GVC	Global Value Chain	全球价值链
ICT	Information and Communication Technology	信息通信技术
IDC	Internet Data Center	互联网数据中心
IOT	Internet of Things	物联网
IPC	International Patent Classification	国际版权分类法
ISPs	Internet Service Providers	网络服务提供商
ITA	Information Technology Agreement	《信息技术协定》
ITU	International Telecommunication Union	国际电信联盟
KORUS	United States – Korea Free Trade Agreement	《美国 – 韩国 FTA》
ML	Machine Learning	机器学习
NCCUSL	National Conference of Commissioners on Uniform State Laws	全国统一州法律委员会议
NSTIC	National Strategy for Trusted Identities in Cyberspace	网络空间可信身份标示国家战略

续表

缩写/简称	英文全称	中文名称
OECD	Organization for Economic Co – operation and Development	经济合作与发展组织
PICTE	Potentially ICT – Enabled Services	可潜在地被信息通信技术化的服务贸易
RTAs	Regional Trade Agreements	区域贸易协定
TBT	Agreement on Technical Barriers to Trade	《技术性贸易壁垒协定》
TFA	Trade Facilitation Agreement	《贸易便利化协定》
TISA	Trade in Service Agreement	《服务贸易协定》
TPP	Trans – Pacific Partnership Agreement	《跨太平洋伙伴关系协定》
TRIPs	Agreement on Trade – Related Aspects of Intellectual Property Rights	《与贸易有关的知识产权协定》
TTIP	Transatlantic Trade and Investment Partnership	《跨大西洋贸易与投资伙伴协议》
UNCTAD	United Nations Conference on Trade and Development	联合国贸易和发展会议
UNESCAP	United Nations Economic and Social Commission for Asia and the Pacific	联合国亚洲及太平洋经济社会委员会
USBEA	U. S. Bureau of Economic Analysis	美国经济分析局
USDTA	U. S. – Japan Digital Trade Agreement	《美日数字贸易协定》
USITC	United States International Trade Commission	美国国际贸易委员会
USMCA	United States – Mexico – Canada Agreement	《美国、墨西哥和加拿大协定》
USTR	United States Trade Representative	美国贸易代表办公室
VPN	Virtual Private Network	虚拟专用网络
WB	World Bank	世界银行
WIPO	World Intellectual Property Organization	世界知识产权组织
WTO	World Trade Organization	世界贸易组织
美国商务部	U. S. Department of Commerce	美国商务部

参考文献

[1] 阿里研究院．eWTP2017年度报告，http：//www. aliresearch. com/Blog/Article/detail/id/21290. html，2017－3－23.

[2] 陈寰琦，周念利．从USMCA看美国数字贸易规则核心诉求及与中国的分歧［J］．国际经贸探索，2019（6）：104－114.

[3] 陈靓．数字贸易自由化的国际谈判进展及其对中国的启示［J］．上海对外经贸大学学报，2015（3）.

[4] 戴振华．论国际数字产品贸易的关税问题［J］．理论观察，2015（8）：85－86.

[5] 第一财经．安倍的全球数据治理野心：欲借G20峰会平台，抢占主导全球数据"朋友圈"先机，https：//baijiahao. baidu. com/s？id＝1637489473508291033&wfr＝spider&for＝pc，2019－6－27.

[6] 高鸿业．西方经济学（微观部分）［M］．北京：中国石化出版社，2014.

[7] 工信部．工信部部长苗圩倡议各国加强创新合作壮大数字经济新动力［J］．第一财经，2019－6－11. https：//www. yicai. com/news/100219375. html.

[8] 弓永钦，王健．TPP电子商务条款解读以及中国的差距［J］．亚太经济，2016（3）：36－41.

[9] 桂畅旎．美欧跨境数据传输《隐私盾协议》前瞻［J］．中国信息安全，2016（3）：83－85.

[10] 郭鹏．电子商务立法：全球趋同化中存在利益分歧——美国与欧盟的立场分析［J］．中国社会科学院研究生院学报，2010（2）：60－65.

[11] 何其生．美国自由贸易协定中数字产品贸易的规制研究［J］．河

南财经政法大学学报，2012（5）：142－153.

［12］黄建锋，陈宪．信息通讯技术对服务贸易发展的促进作用——基于贸易引力模型的经验研究［J］．世界经济研究，2005（11）：58－64.

［13］姜萌．韩国欧盟自由贸易区的经济效应分析［D］．青岛：中国海洋大学，2010.

［14］来莎莎．云业务年收入达 80 亿美元，成谷歌增长重要推动力［EB/OL］．第一财经，2019 年 7 月 26 日，https：//www.yicai.com/news/100274326.html.

［15］蓝庆新，窦凯．美欧日数字贸易的内涵演变、发展趋势及中国策略［J］．国际贸易，2019（6）：48－54.

［16］李进良．3G 抉择与自主知识产权［J］．现代传输，2006（3）：8－11.

［17］李嘉图．政治经济学及赋税原理［M］．北京：北京联合出版公司，2013.

［18］李墨丝．超大型自由贸易协定中数字贸易规则及谈判的新趋势［J］．上海师范大学学报（哲学社会科学版），2017（1）：100－107.

［19］李晓龙，王健．eWTP 倡议下构建国际贸易新规则的探索［J］．国际经贸探索，2018（11）：102－114.

［20］李小帆．服务业 FDI 管制的差异能否引起双边贸易——基于引力模型的研究［J］．经济学报，2018（5）：90－111.

［21］李杨，陈寰琦，周念利．数字贸易规则“美式模板”对中国的挑战及应对［J］．国际贸易，2016（10）.

［22］李忠民，周维颖．美国数字贸易发展态势及我国的对策思考［J］．全球化，2014（11）：60－72.

［23］刘佳，等．格力、小米首登世界 500 强榜单，互联网 7 强中国占 4 席［EB/OL］．第一财经，2019 年 7 月 22 日，https：//www.yicai.com/news/100269244.html.

［24］刘瑶，张明．特朗普政府经济政策：政策梳理、效果评估与前景展望［J］．财经智库，2018（3）：25－41.

［25］马述忠，房超，张洪胜．跨境电商能否突破地理距离的限制［J］.

财贸经济，2019（8）：116 - 131.

[26] 梅新育．横跨国境的“网络新政”——美国政府的电子商务发展政策［J］．国际贸易，1999（1）：29 - 32.

[27] 邱智丽．人工智能是否有国界？警惕AI开源风险关键技术待破解［EB/OL］．第一财经，2019年6月5日，https：//www.yicai.com/news/100213788.html.

[28] 沈玉良，李海英，李墨丝，等．数字贸易发展趋势与中国的策略选择［J］．全球化，2018（7）：28 - 40.

[29] 宋玉萍．美国和欧盟的电子商务法律竞争［J］．特区经济，2007（12）：97 - 99.

[30] 孙益武．《欧盟加拿大经济贸易协定》知识产权条款研究［J］．电子知识产权，2015（10）：38 - 45.

[31] 万方，余凯．《网络安全法》系列解读（四）——数据出境安全评估［EB/OL］．搜狐，2018年1月12日，https：//www.sohu.com/a/245923758_779735.

[32] 汪蕊，肖宇．经营类电子商务交易平台外资股权比例可达100%［D］．北京：北京市金杜律师事务所，2015。

[33] 王健，巨程晖．互联网时代的全球贸易新格局：普惠贸易趋势［J］．国际贸易，2016（7）：4 - 11.

[34] 王靖华．美国互联网管制的三个标准［J］．当代传播，2008（3）：51 - 54.

[35] 王立武，杨柳．美国自由贸易协定的电子商务条款探析［J］．亚太经济，2013（6）：45 - 50.

[36] 王翔，Harry Clark．美国外国投资委员会与出口管制改革：中国投资人需要关注的十大要点［EB/OL］．2018年8月8日，https：//www.sohu.com/a/245923758_779735.

[37] 王晓德．全球自由贸易框架下的“文化例外”——以法国和加拿大等国抵制美国文化产品为例［J］．世界经济与政治，2007（12）：71 - 77.

[38] 韦伟．电子商务在美国经济中的作用［J］．美国研究，2000（4）：123 - 145.

[39] 温树英. 金融服务贸易国际法律规制的新发展与启示——以 TPP/CPTPP 和 USMCA 为视角 [J]. 国际经济法学刊, 2019 (3): 72-89.

[40] 谢尧雯. 论美国互联网平台责任规制模式 [J]. 行政法学研究, 2018 (3): 133-144.

[41] 余世英. 电子商务经济学 [M]. 武汉: 武汉大学出版社, 2011.

[42] 张楚. 美国电子商务法评析 [J]. 法律科学, 2000 (2): 99-106.

[43] 张飞逸. 全球云服务进一步“破碎”, 是服务商的机会还是噩梦? [J]. 云计算, 2017 (12):

[44] 张金平. 跨境数据转移的国际规制及中国法律的应对——兼评我国《网络安全法》上的跨境数据转移限制规则 [J]. 政治与法律, 2016 (12): 136-154.

[45] 张雷. 中美英德日韩信息技术与信息服务业国际竞争力分析 [D]. 长春: 吉林大学, 2018: 66.

[46] 张莉. 析美国《网络空间可信身份国家战略》 [J]. 江南社会学院学报, 2012 (4): 6-9.

[47] 张猛.《反假冒贸易协定》(ACTA) 解析: 标准之变与体制之争 [D]. 长春: 吉林大学, 2013: 113.

[48] 张茉楠, 周念利. 数字贸易对全球多边贸易规则体系的挑战、趋势及中国对策 [J]. 全球化, 2019 (6): 32-46.

[49] 张婷玉. 美国自由贸易区战略研究 [D]. 沈阳: 辽宁大学, 2014.

[50] 赵付春. 2018 年全球数字经济企业竞争力发展报告 [D]. 上海: 上海社会科学院信息研究所, 2018: 33.

[51] 郑志平. 美国互联网治理机制及启示 [J]. 理论视野, 2016 (3): 63-66.

[52] 中国消费者协会. 2014 年度消费者个人信息网络安全报告 [R]. 中国消费者协会, 2014.

[53] 中华人民共和国商务部, 中央网信办, 工业和信息化部. 关于组织申报国家数字服务出口基地的通知 [Z]. 商办服贸函〔2019〕245 号.

[54] 中华人民共和国商务部．欧美隐私盾协议仍存争议［EB/OL］. 搜狐，2016－6－8.

[55] 中华人民共和国商务部．中国数字服务贸易报告 2018［EB/R］. http：//www. 199it. com/archives/941255. html.

[56] 周念利，陈寰琦，黄建伟．全球数字贸易规制体系构建的中美博弈分析［J］. 亚太经济，2017（4）：37－45，173－174.

[57] 周念利，陈寰琦．数字贸易规则“欧式模板”的典型特征及发展趋向［J］. 国际经贸探索，2018（3）：96－106.

[58] 周念利，李玉昊，刘东．多边数字贸易规制的发展趋向探究——基于 WTO 主要成员的最新提案［J］. 亚太经济，2018（2）：46－54＋150.

[59] Aaronson Susan Ariel, Leblond P.. Another digital divide: The rise of data realms and its implications for the WTO [J]. *Journal of International Economic Law*, 2018, 21 (2): 245－272.

[60] Aaronson Susan Ariel, A China－U. S. Approach to Digital Trade, Jul, https: //www. chinausfocus. com/finance－economy/a－china－us－approach－to－digital－trade, 2017.

[61] Aaronson Susan Ariel, The digital trade imbalance and its implications for internet governance, Centre for International Governance Innovation, 2016.

[62] Anderson J E., Yotov Y V. "Gold Standard Gravity", *NBER Working Paper*", No. 17835, 2012.

[63] Anderson J E., Milot C A, Yotov Y V.. How much does geography deflect services trade? Canadian Answers [J]. *International Economic Review*, 2014, 55 (3): 791－818.

[64] Andrej Savin, "Regulating internet platforms in the EU－The emergence of the 'Level playing Field'", *Computer Law & Security Review*, 2018, 34 (6): 1215－1231.

[65] Andrew D. Mitchell & Neha Mishra. Data at the Docks: Modernizing International Trade Law for the Digital Economy [J]. *Vanderbilt Journal of Entertainment & Technology Law*, 2018, (20): 1073－1132.

[66] Baldwin & Richard E.. The Spoke Trap: hub and spoke bilateralism in

East Asia [J]. *China, Asia, and the New World Economy*, 2008: 51 -86.

[67] Baldwin & Richard E.. Towards an Integrated Europe [J]. *London: Centre for Economic Policy Research*, 1994, 25 (234).

[68] Baldwin R, Taglioni D. “Gravity for Dummies and Dummies for Gravity Equations”, *NBER Working Papers*, No. 12516, 2006.

[69] Baller S. et al, The Global Information Technology Report 2016: Innovating in the Digital Economy, World Economic Forum, PP14, 2016.

[70] Baller S., Dutta S., & Lanvin B., Global information technology report 2016: Innovating in the Digital Economy, Geneva: Ouranos, 2016.

[71] Bellia P. L., Berman P. S., Brett M. F. & David G. P., Cyberlaw: Problems of Policy and Jurisprudence in the Information Age, West Academic Publishing, 2018.

[72] BIS, Review of Controls for Certain Emerging Technologies, Bureau of Industry and Security, Commerce, 2018, https://www.federalregister.gov/documents/2018/11/19/2018 - 25221/review - of - controls - for - certain - emerging - technologies.

[73] Blackmon, K., Why Partners Should Care About Russian Mandatory Source Code Reviews, Chanel Futures, Feb13, 2018, https://www.channelfutures.com/strategy/whypartners - should - care - about - russian - mandatory - source - codereviews.

[74] Blum, Bernardo S. & Avi Goldfarb, “Does the Internet Defy the Law of Gravity”, *Journal of International Economics*, 2006, 70 (2), PP384 -405.

[75] Burri M., Should There Be New Multilateral Rules for Digital Trade?, Think piece for the E15 Expert Group on Trade and Innovation, 2013.

[76] Burri M., “The International Economic Law Framework for Digital Trade”, *Social Science Electronic Publishing*, 135, PP10 -72, 2015.

[77] Burri M., “The Regulation of Data Flows through Trade Agreements”, *48 Geo. J. Int'l L*, 407, PP415, 2017b.

[78] Burri, M. “New Legal Design for Digital Commerce in Free Trade Agreements”, *Digiworld Economic Journal*, 107 (3rd Q), PP16, 2017a.

[79] Burri, M. "Understanding and Shaping Trade Rules for the Digital Era", *Digiworld Economic Journal*, 107 (3rd Q), PP06, 2017b.

[80] Casalini, F., J. López González & Moïsé, E., Approaches to market openness in the digital age, OECD Trade Policy Papers, 219, 2019.

[81] Chamberlin, E. H., The Theory of Monopolistic Competition. Cambridge, Harvard University Press, 1933.

[82] Choi, Soon – Yong, Stahl, Dale & Whinston, Andrew, The Economics of Electronic Commerce, Macmillan Techniacl Publishing, 1997.

[83] Clinton B., Eliminating Barriers to Electronic Commerce while Protecting Consumers, 2000, https://clintonwhitehouse3. archives. gov/WH/Work/index. html.

[84] Clinton B., Announcing 20 Million New Jobs Created and Investing in a High – tech Economy, 1999b. https://clintonwhitehouse3. archives. gov/WH/Work/120399_1. html.

[85] Clinton B., Remarks Announcing the Financial Privacy and Consumer Protection Initiative, 1999a, https://www. presidency. ucsb. edu/documents/remarks – announcing – the – fifinancial – privacy – and – consumer – protection – initiative.

[86] Computer and Communications Industry Association et al., NAFTA Copyright Letter, 2017, https://www. itic. org/public – policy/NAFTA Copyright Letter – 11 – 15 – 17. pdf.

[87] CRS, Digital Trade and U. S. Trade Policy, Congressional Research Service, Jun 2017, https://www. hsdl. org/? abstract&did = 801365.

[88] CRS, Digital Trade and U. S. Trade Policy, Congressional Research Service, May 2019, https://fas. org/sgp/crs/misc/R44565. pdf.

[89] CRS, NAFTA Renegotiation and the Proposed United States – Mexico – Canada Agreement (USMCA), PP29, 2019.

[90] CRS. U. S. – Japan Trade Agreement Negotiations, Congressional Research Service, Oct 2019, https://fas. org/sgp/crs/row/IF11120. pdf.

[91] Deighton, John & Leora Kornfeld, "Interactivity's Unanticipated Con-

sequences for Marketers and Marketing", *Journal of Interactive Marketing*, 23 (1), PP4 - 10, 2009.

[92] EC, Digital Single Market website, 2016, https: //ec. europa. eu/ digital - single - market/en/ digital - single - market.

[93] Freund, Caroline L. , & Diana Weinhold, "The Effect of the Internet on International Trade", *Journal of International Economics*, 62 (1), PP171 - 189, 2004.

[94] G20, G20 Ministerial Statement on Trade and Digital Economy, Feb 2020, https: //trade. ec. europa. eu/doclib/docs/2019/june/tradoc_157920. pdf.

[95] Garcia - Israel, Katya & Grollier, Julien, Electronic Commerce Joint Statement: Issues in the Negotiations Phase, CUTS International, PP1 - 15, 2019.

[96] Gonzúlez, Javier López & Janos Ferencz, Digital Trade and Market Openness, OECD Trade Policy Papers, 217, 2018.

[97] Goolsbee A. & Klenow P J. , "Valuing consumer products by the time spent using them: An application to the Internet", *American Economic Review*, 96 (2), 108 - 113, 2006.

[98] Graham, Vickery & Wunsch - Vincent, Sacha. ICT use in services and the growth of digital content services, OECD, Enhancing the performance of the services sector, PP205 - 238, 2005.

[99] Hahn M. J. , Sauvé P. , Research for Cult Committee of the European Parliament - Culture and Education in CETA, Brussels: European Parliament, Policy Department for Structural and Cohesion Policy, 2016.

[100] Hotelling, H. , "Stablity in Competetion", *Economic Journal*, 39, PP41 - 57, 1929.

[101] Inaba, T. , & M. Squicciarini. ICT: A new taxonomy based on the international patent classification, OECD Science, Technology and Industry Working Papers, 2017.

[102] InsightsIAS, Data Localization, 2019, https: //www. insightsonindia. com/2019/07/24/data - localization - 3/.

[103] Internet Association, Modernizing NAFTA for Today's Economy, June, 2017, https://internetassociation.org/.

[104] ITA, Canada – eCommerce, ITA, 2017, https://www.export.gov/.

[105] Jaeger T., The EU Approach to IP Protection in Partnership Agreements, SSRN Electronic Journal, 24, PP171 – 210, 2010.

[106] James Manyika & Susan Lund, Globalization for the little guy, McKinsey Global Institute, 2016, https://www.mckinsey.com/business-functions/strategy-and-corporate-finance/our-insights/globalization-for-the-little-guy.

[107] Krugman, Paul R. & Maurice Obstfeld, International Economics: Theory and Policy 8/E, Pearson Education India, 1988.

[108] Lee – Makiyama Hosuk, Submission to the USITC Investigation 'Digital Trade in the U. S. and Global Economies', European Centre for International Political Economy (ECIPE), 3, PP1 – 6, 2013.

[109] LeeTuthill, Cross – Border Data Flows: What Role for Trade Rules?, Research Handbook on Trade in Services, supra note 2, at 357, 359, 2016.

[110] Lin, Faqin, "Estimating the Effect of the Internet on International Trade", *Journal of International Trade & Economic Development*, 24 (3), PP409 – 428, 2015.

[111] Wu M., Digital Trade – Related Provisions in Regional Trade Agreements: Existing Models and Lessons for the Multilateral Trade System, RTA Exchange, Geneva: ICTSD and IDB, PP6, Nov 2017.

[112] Malcolm Jeremy, NAFTA's Digital Trade Chapter Could Be Finalized Next Month, Nov 2017, https://www.eff.org/deeplinks/2017/11/naftas-digital-trade-chapter-could-be-finalized-next-month.

[113] Malkawi B. H., "Digitalization of Trade in Free Trade Agreements with Reference to the WTO and the USMCA: A Closer Look", 5 (1), China and WTO Review, PP149 – 166, 2019.

[114] Mankiw N. G., Essentials of Economics, Cengage Learning, 2020.

[115] Martin Schoeter, Digital Elements of the US – Japan Trade Agreement are a Model for the World, IBM, Feb 2020, https://www.ibm.com/blogs/policy/us – japan – trade – agreement/.

[116] Martina F. Ferracane & Erik van der Marel, Do Data Policy Restrictions Inhibit Trade in Services?, Europe Centre for International Political Economy, Oct 2018.

[117] Mattoo A. & Schuknecht L., Trade policies for electronic commerce, The World Bank, 1999.

[118] Meléndez – Ortiz, Ricardo & Richard Samans, The E15 Initiative: Strengthening the Global Trade and Investment System in the 21st Century, World Economic Forum, 2016.

[119] Meltzer J. P., A New Digital Trade Agenda, International Centre for Trade and Sustainable Development, 2017.

[120] Meltzer J. P., Maximizing the opportunities of the internet for international trade. ICTSD and World Economic Forum, 2016.

[121] Meltzer Joshua P., "Governing Digital Trade". *World Trade Review*, 18 (S1), PP23 – 48, 2019.

[122] Milner, Helen V., "The Digital Divide: The Role of Political Institutions in Technology Diffusion", Comparative Political Studies, 39 (2), PP176 – 199, 2006.

[123] Mohammed Irfan, "Data Flows, Data Localization, Source Code: Issues, Regulations and Trade Agreements", CUTS International, PP1 – 25, 2018.

[124] Nakagawa Junji, Japan – US Trade Negotiations on Promise of Trade Liberalization: Results in Better Than Equal Terms, Japan Foreign Policy Forum, Feb 2020, https://www.japanpolicyforum.jp/pdf/2020/no55/DJweb_55_eco_02.pdf.

[125] OECD, Internet Economy Outlook 2012, OECD, 2012, www.oecd.org/sti/ieconomy/oecd – internet – economy – outlook – 2012 – 9789264086463 – en.htm.

[126] OECD, OECD Privacy Framework, OECD Privacy Guidelines, 2013, http://www.oecd.org/internet/ieconomy/oecd_privacy_framework.pdf.

[127] OECD, Measuring the digital economy: a new perspective. OECD, 2014.

[128] Patrick Vittet - Philippe, "A Comparative Analysis of the US 'Magaziner Paper' and of the EU communication 'a european initiative in electronic commerce'", Computer Law & Security Review, 4 (12), PP87 - 95, 1998.

[129] Paul Hofheinz & Michael Mandel, Uncovering the Hidden Value of Digital Trade, The Lisbon Council, 19 (3), PP1 - 12, 2015.

[130] Porges, Amy & Alice Enders, Data Moving Across Borders: The Future of Digital Trade Policy, International Centre for Trade and Sustainable Development, PP1 - 14, 2016.

[131] Raymond J. Ahearn. Europe's Preferential Trade Agreements: Status, Content, and Implications, Congressiona Research Service, PP1 - 42, 2010.

[132] Sauvé, Pierre & Martin Roy, Research Handbook on Trade in Services, Edward Elgar Publishing, 2016.

[133] Simonich Brad, NAFTA 2.0 Priorities Must Include Digital Trade, 2017, http://actonline.org/2017/08/17/nafta - 2 - 0 - priorities - must - include - digital - trade/.

[134] The White House, The Framework for Global Electronic Commerce, 1997, https://clintonwhitehouse4.archives.gov/WH/New/Commerce/.

[135] U.S. Department of Commerce, Digital Trade in North America, U.S. Department of Commerce, 2018, https://www.commerce.gov/sites/default/files/media/files/2018/digital - trade - in - north - america.pdf.

[136] UNCTAD, Information Economy Report: Unlocking the Potential of E - commerce for Developing Countries, E.15.II.D.1, 2015, http://unctad.org/en/PublicationsLibrary/ier2015_en.pdf.

[137] UNESCAP, Asia - Pacific Development Journal, United Nations, ESCAP, 23 (2), PP104 - 119, 2016, https://www.unescap.org/sites/default/files/aptir - 2016 - ch7.pdf.

[138] US Chamber, Preventing Deglobalization: An Economic and Security Argument for Free Trade and Investment in ICT, US Chamber, 2016.

[139] USBEA, Defining and Measuring the Digital Economy, Bureau of Economic Analysis, Bureau of Economic Analysis, Mar 2018, https: //www.bea. gov/system/files/papers/WP2018 -4. pdf.

[140] USBEA, Trends in U. S. Trade in Information and Communications Technology (ICT) Services and ICT Enabled Services, Bureau of Economic Analysis, 2016.

[141] USITC, United States - Mexico - Canada Agreement: likely impact on the U. S. Economy, USITC, 2019: 177.

[142] USITC, Digital Trade in the U. S. and Global Economies Part 1, U. S. International Trade Commission, 2013, https: //www. usitc. gov/publications/332/pub4415. pdf.

[143] USITC, Recent Trends in U. S. Services Trade, USITC, 4526, 2015.

[144] Usman Ahmed & Grant Aldonas, Addressing Barriers to Digital Trade, International Centre for Trade and Sustainable Development, Dec 2015.

[145] USTR, 2019 National Trade Estimate Report on Foreign Trade Barriers, USTR, 2019.

[146] USTR, Key Barriers to Digital Trade, USTR, 2017.

[147] USTR, National Trade Estimate Report on Foreign Trade Barriers, USTR, 2017.

[148] USTR, 2018 National Trade Estimate Report on Foreign Trade Barriers. Office of the United States Trade Representative, 2018a.

[149] USTR, Summary of Objectives for the NAFTA Renegotiation, Office of the United States Trade Representative, Nov, 2018b.

[150] Weber R. H. , “The digital future - A challenge for privacy?”, *Computer Law & Security Report*, 2015, 31 (2): PP234 -242.

[151] Weber, Rolf H. , Information Technology Markets - Asia's Opportunity to Revitalise the WTO, Hong Kong LJ, 2007 (37): 185.

[152] Wolfe, "Robert. Learning about Digital Trade: Privacy and E – Commerce in CETA and TPP", *World Trade Review*, 2019, 18 (S1): 63 – 84.

[153] WTO, World Trade Report 2016: Levelling the trading field for SMEs, WTO Annual Report, 2016.

[154] Wunsch – Vincent S. , Trade rules for the digital age, GATS and the Regulation of International Trade in Services, Cambridge, 2008: 497 – 520.

[155] Wunsch – Vincent S. , "The Digital Trade Agenda of the US: Parallel Tracks of Bilateral, Regional and Multilateral Liberalization", *Aussenwirtschaft*, 58 (3): 7 – 46, 2003.

致　谢

首先，特别感谢我的导师周念利老师对我的栽培和照顾。这几年，在周老师的悉心指导下，我对自己的研究发展道路有了更清晰的认知和更完整的规划，学术水平得到大幅提高。生活上的各种情况使我的读博之路非常不易，但周老师的鼓励和支持让我坚持下来。周老师在学习和生活上都给了我太多的帮助，没有周老师的指导和关心，我是绝不可能顺利完成博士求学之路的。

其次，感谢我院屠新泉老师、杨荣珍老师、李杨老师、刘斌老师、吕越老师、李思奇老师、杜映昕老师、李小帆老师，以及外审专家罗振兴老师和崔凡老师对我博士论文提出的宝贵意见，为完善论文起到了很大帮助。感谢高媛老师、戴臻老师、孙娜老师、高健老师在日常学习生活中的帮助。

同时，我要感谢我的同学和朋友在我读博期间给予我的支持和帮助。博士生涯中跟大家一起为学业奋战、一起交流谈心的回忆是我非常宝贵的财富。真的很谢谢大家陪伴我的这些日子。

感谢我家人的理解和给予我的各种帮助。当年正是因为有家人做我坚实的后盾，我才下定决心去读博，以及好好规划我的学术生涯。特别感谢我先生对我的鼓励、理解和大力支持，让我在对自己产生怀疑时重拾信心，让我在挫折中鼓起勇气继续科研工作。非常感谢孩子的爷爷奶奶、外公外婆在生活上对我施以援手。如果没有长辈帮我照顾小孩以及提供各种帮助，我是不会有足够的时间和精力进行科研的。长辈对我以及我的小家庭的照顾，让我十分感动，也非常感慨。虽然不知道未来会如何，但是正因为有长辈给我带来的温暖，让我拥有坚定的信念和强大的内心去努力，去积极奋斗。

最后，感谢国家社科基金和广东外语外贸大学经济贸易学院对本书出版的支持。

感激之情溢于言表！

陈寰琦

2022 年 12 月于广州